Hueber Sprachführer

Juliane Forßmann / Carmen de Miguel

Mit Spanisch unterwegs

Hueber Verlag

Bildnachweis
Umschlagfotos: © iStockphoto/terex; © iStockphoto/danleap; © iStockphoto/rustycloud | Seite 1: © iStockphoto/terex; © iStockphoto/danleap | Seite 11: © iStockphoto/Aleksandar Jocic | Seite 18: © iStockphoto/Aydın Mutlu: | Seite 19: © iStockphoto/Terraxplorer | Seite 25: © iStockphoto/kike | Seite 27: © fotolia/axeldrosta | Seite 28: © fotolia/Konstantin Kulikov | Seite 32: © iStockphoto/KevinAlexanderGeorge | Seite 35: © irisblende.de | Seite 38: © fotolia/Ilan Amith | Seite 41: © iStockphoto/Imagesbybarbara | Seite 50: © iStockphoto/domino | Seite 57: © iStockphoto/brytta | Seite 60: © iStockphoto/lillisphotography | Seite 63: © panthermedia.net/Michael Kupke | Seite 70: © iStockphoto/Maica | Seite 74: © iStockphoto/travellinglight | Seite 76: © iStockphoto/instamatics | Seite 82: © Carmen de Miguel | Seite 84: © iStockphoto/glesik | Seite 88: © iStockphoto/Mlenny | Seite 91: © digitalstock | Seite 94: © iStockphoto/blackjake | Seite 95: © iStockphoto/matthewleesdixon | Seite 97: © panthermedia.net/Karl-Heinz Spremberg | Seite 101: © iStockphoto/milalala | Seite 110: © iStockphoto/brytta | Seite 112: © fotolia/kubais | Seite 116: © panthermedia.net/Dietmar Plotka | Seite 120: © iStockphoto/AdamGregor | Seite 123: © fotolia/Andreas Haertle | Seite 125: © Carmen de Miguel | Seite 127: © iStockphoto/rramirez125 | Seite 130: © iStockphoto/photooiasson | Seite 132: © fotolia/samantha vial | Seite 135: © fotolia/Paco Ayala | Zeichnungen: © Gisela Specht

Ein kostenloser MP3-Download zum Buch ist unter
www.hueber.de/audioservice erhältlich.

Eingetragene Warenzeichen oder Marken sind Eigentum des jeweiligen Besitzers,
auch dann, wenn diese nicht gekennzeichnet sind. Es ist jedoch zu beachten, dass
weder das Vorhandensein noch das Fehlen derartiger Kennzeichnungen die Rechtslage
hinsichtlich dieser gewerblichen Schutzrechte berührt.

Das Werk und seine Teile sind urheberrechtlich geschützt.
Jede Verwertung in anderen als den gesetzlich zugelassenen
Fällen bedarf deshalb der vorherigen schriftlichen
Einwilligung des Verlags.

Hinweis zu § 52a UrhG: Weder das Werk noch seine Teile dürfen ohne
eine solche Einwilligung überspielt, gespeichert und in ein Netzwerk
eingespielt werden. Dies gilt auch für Intranets von Firmen, Schulen
und sonstigen Bildungseinrichtungen.

3. 2. 1. | Die letzten Ziffern
2015 14 13 12 11 | bezeichnen Zahl und Jahr des Druckes.
Alle Drucke dieser Auflage können, da unverändert,
nebeneinander benutzt werden.
1. Auflage
© 2011 Hueber Verlag, 85737 Ismaning, Deutschland
Redaktion: Stephanie Pfeiffer und Juliane Forßmann, Hueber Verlag, Ismaning
Layout: Holger Latzel und Sarah-Vanessa Schäfer, Hueber Verlag, Ismaning
Umschlaggestaltung: wentzlaff | pfaff | güldenpfennig kommunikation gmbh
Satz: Memminger MedienCentrum AG, Memmingen
Druck und Bindung: Himmer AG, Augsburg
Printed in Germany
ISBN 978-3-19-009713-5

DAS WICHTIGSTE AUF EINEN BLICK

A20	Wo ist *die Toilette/die nächste Tankstelle/das deutsche Konsulat*?	Por favor, ¿dónde está *el baño/la gasolinera más próxima/el consulado alemán*? [por faˈbor ˈdonde esˈta el ˈbaɲo/la gasoliˈnera mas ˈproxima/el konsuˈlaðo aleˈman]
A21	Haben Sie noch ein Zimmer frei?	¿Tiene una habitación libre? [ˈtiene ˈuna aβitaˈθion ˈlibre]
A22	Lassen Sie mich in Ruhe!	¡Déjeme en paz! [ˈdecheme en paθ]
A23	Ich habe mich verlaufen.	Me he perdido. [me e perˈðido]
A24	Wie komme ich *zum Bahnhof/zur U-Bahn*?	Por favor, ¿para ir *a la estación/al metro*? [por faˈbor ˈpara ir a la estaˈθion/al ˈmetro]
A25	Hilfe!	¡Socorro! [soˈkorro]
A26	Bitte helfen Sie mir!	¡Por favor, ayúdeme! [por faˈbor aˈjuðeme]
A27	Feuer!	¡Fuego! [ˈfu̯ego]
A28	Rufen Sie *einen Arzt/einen Krankenwagen/die Polizei/die Feuerwehr*!	¡Llame a *un médico/una ambulancia/la policía/los bomberos*! [ˈjame a un ˈmeðiko/ˈuna ambuˈlanθia/la poliˈθia/los bomˈberos]
A29	Ich rufe gleich die Polizei!	¡Voy a llamar a la policía! [ˈboi a jaˈmar a la poliˈθia]
A30	Was?	¿Qué? [ke]
A31	Wer?	¿Quién? [ˈki̯en]
A32	Wann?	¿Cuándo? [ˈku̯ando]
A33	Wie?	¿Cómo? [ˈkomo]
A34	Warum?	¿Por qué? [porˈke]
A35	Wo?	¿Dónde? [ˈdonde]
A36	Wessen?	¿De quién? [de ˈki̯en]

DAS WICHTIGSTE AUF EINEN BLICK

A37	Millimeter	milímetro [mi'limetro]
A38	Zentimeter	centímetro [θen'timetro]
A39	Meter	metro ['metro]
A40	1,92 m	un metro noventa y dos [un 'metro no'βenta i 'dos]
A41	Kilometer	kilómetro [ki'lometro]
A42	50 Kilometer pro Stunde	50 kilómetros por hora [θin'kuenta ki'lometros por 'ora]
A43	Gramm	gramo ['gramo]
A44	Pfund	500 gramos [ki'nientos 'gramos]
A45	Kilogramm	kilogramo [kilo'gramo]
A46	1 Zentner (50 kg)	1 quintal (cincuenta kilos) [un kin'tal (θin'kuenta 'kilos)]
A47	Tonne	tonelada [tone'laða]
A48	Liter	litro ['litro]

Das Wichtigste auf einen Blick

Einführung	6

Die richtige Aussprache	8

Reisevorbereitungen 11

Eine Unterkunft buchen	12
Ein Ticket buchen	13
Am Telefon	14
Per E-Mail, Fax oder Brief	15
Angaben zur Person machen	16

Auf der Reise 18

An der Grenze	19
Wo gehts lang?	19
Tanken und Rasten	21
Panne und Unfall	22
Verkehrskontrolle	23
Unterwegs mit Bus, U-Bahn und Zug	24
Rund ums Gepäck	26
Am Flughafen	28
Mit dem Schiff	29
Ein Fahrzeug mieten	30
Ein Taxi nehmen	31

Endlich da: die Unterkunft 32

Beim Ankommen	33
Sich nach dem Wichtigsten erkundigen	33
Um etwas bitten	34
Sich beschweren	34

Mit Kindern reisen 35

Ganz allgemein	36
Sicherheit	36
Unterhaltung	36
Beim Essen	37

Besondere Bedürfnisse 38

Nützliches für behinderte Reisende	39

Miteinander sprechen 41

Bitten und danken	42
Begrüßung und Verabschiedung	42
Sich vorstellen und von sich erzählen	43
Etwas über den anderen herausfinden	44
Sich verabreden und jemanden einladen	45
Komplimente und wie man darauf reagiert	47
Zustimmen und ablehnen	48
Bedauern ausdrücken und sich entschuldigen	48

Rund um die Zeit 50

Die Uhrzeit	51
Tageszeiten	53
Die Woche	54

Die Monate	55	Wo im Supermarkt ...?	96
Die Jahreszeiten	56	Wie viel darf es sein?	96
Das Datum	56	In der Drogerie und	
Feiertage	57	der Apotheke	97
		Beim Optiker	100

Gastronomisches und Kulinarisches 60

		Kleidung und Mode	101
Spanisches Frühstück:		In der Reinigung	105
schnell und leicht	61	Beim Friseur	105
Zum Essen ausgehen	63	Im Fotogeschäft	106
Reservieren	64	Musik	107
Bestellen	65	Elektrische und elektronische	
Getränke zuerst	67	Produkte	108
Zeit zum Essen	69	Etwas zum Lesen	109
Die Speisekarte: Vorspeisen	70	Etwas zum Schreiben	109
Salate	71	Souvenirs und Geschenke	110
Suppen	72	Etwas bezahlen	112
Kleine Mahlzeiten	72	Um den Preis handeln	114
Fleisch	73	Gekauftes umtauschen oder	
Geflügel	75	zurückgeben	114
Fisch und Meeresfrüchte	76		
Gemüse und Pilze	78		

Bank und Post 116

Zubereitungsarten	79		
Beilagen	80	Die Währung	117
Kräuter und Gewürze	81	Geld besorgen	118
Nachspeisen	82	In der Post	118
Käseauswahl	83		
Spanische Spezialitäten	83		

Freizeitaktivitäten 120

Sonderwünsche	85		
Beanstanden und loben	85	Ganz allgemein	121
Bezahlen	86	Sport	122
		Wassersport	123

Zeit für den Einkauf 88

		Am Strand	125
		Wellness	126
Was man bei jedem Einkauf		Museen und Ausstellungen	127
braucht	89	Nachtleben	128
Lebensmittel	92	Kino, Theater, Konzert	129

Notfälle 132

Notruf	133
Auf der Polizeiwache	134
Beim Arzt und im Krankenhaus	135
Beim Zahnarzt	140
Achtung: Tiere und Ungeziefer!	141

Ein wenig Grammatik 142

Nomen	142
Genus und Plural	142
Artikel	144
Bestimmter Artikel	144
Unbestimmter Artikel	144
Adjektiv	144
Adverb	146
Muy und mucho	147
Steigerung und Vergleich	148
Gleichheit	148
Ungleichheit	148
Superlativ (höchste Steigerungsform)	149
Wichtige unregelmäßige Steigerungsformen	151
Pronomen und Begleiter	151
Personalpronomen	151
Demonstrativbegleiter und -pronomen	153
Possessivbegleiter	154
Verb	156
Regelmäßige und unregelmäßige Verben in der Gegenwart	156
Perfekt	161
Indefinido	163
Imperfekt	165
Zukunft	167
Konditional	169
Befehlsform	170
Verneinung	173
Präpositionen	173

Bildtafeln 178

Von A bis Z 182

Deutsch-Spanisch	182
Spanisch-Deutsch	221

Alles gepackt? 252

Zahlen

Introducción
Einführung

Herzlich willkommen beim Hueber Sprachführer Spanisch! Wenn Sie nach Spanien reisen wollen, ist dieser Sprachführer das Richtige für Sie. Und auch in den spanischsprachigen Ländern Südamerikas kommen Sie dank der angegebenen lateinamerikanischen Alternativen gut zurecht.

Das hier hauptsächlich verwendete Standardspanisch heißt eigentlich castellano (Kastilisch). In bestimmten Regionen Spaniens existieren neben dem Standardspanisch andere offizielle Sprachen. So spricht man in der Region Galizien noch Galizisch (gallego), in Katalonien Katalanisch (catalán) und im Baskenland Baskisch (euskera). In den genannten Regionen ist man sehr stolz auf die eigene Sprache und die besonderen Traditionen.

Meist wird man in Spanien schon beim Kennenlernen geduzt. Das ist nicht unhöflich gemeint, sondern signalisiert Aufgeschlossenheit und Jugendlichkeit bzw. zumindest eine jugendliche Einstellung. So mancher Spanier wäre sogar enttäuscht, wenn man ihn siezt. Natürlich sollte man ältere Menschen und sogenannte ‚Respektpersonen' wie Ärzte, Polizisten etc. vorsichtshalber siezen.

Der Sprachführer setzt sich aus vier hilfreichen Komponenten zusammen: Die kompakte Einführung in die Aussprache macht Sie mit der vereinfachten Lautschrift vertraut; mit deren Hilfe können Sie alle Wörter und Sätze problemlos aussprechen. Die darauffolgenden Kapitel bieten Ihnen nützliche Formulierungen für alle typischen Reisesituationen. In der Kurzgrammatik können Sie die Sprache besser kennenlernen, um Sie noch effizienter zu nutzen. Das Wörterbuch für Reisende, in dem Sie Wörter von A bis Z nachschlagen können, vervollständigt Ihre „Sprachausrüstung".

Aber es gibt noch mehr: Die zum Sprachführer passende Audiodatei können Sie sich auf www.hueber.de/audioservice herunterladen und die wichtigsten Laute und Sätze anhören

EINFÜHRUNG

und üben. Die Audiodatei enthält eine Vertonung aller Wörter und Sätze, die mit dem Symbol 🔊 E05 markiert sind.

Folgende Symbole und Abkürzungen werden im Sprachführer verwendet, um Ihnen die Verwendung zu erleichtern:

f.	feminin = weiblich
m.	maskulin = männlich
Pl.	Plural = Mehrzahl
Sing.	Singular = Einzahl
Ⓛ	lateinamerikanische Variante
🔊 E05	Tracknummer, mit der Sie eine bestimmte Aufnahme in den Audiodateien finden.
f.	Wenn Sie als Frau diesen Satz sagen möchten, wählen Sie diese Variante.
m.	Wenn Sie als Mann diesen Satz sagen möchten, wählen Sie diese Variante.
♀	Ist Ihre Gesprächspartnerin eine Frau oder handelt es sich um ein weibliches Adjektiv, wählen Sie diese Variante.
♂	Ist Ihr Gesprächspartner ein Mann oder handelt es sich um ein männliches Adjektiv, wählen Sie diese Variante.
?	Lücke, in die Sie die darunter folgenden Alternativen einsetzen können.
☑	Wort / Wörter, die Sie in den Lückensatz einsetzen können.

Nun wünschen wir Ihnen eine gute Reise mit Ihrem Hueber Sprachführer!

La pronunciación
Die richtige Aussprache

In den meisten Fällen wird das Spanische so ausgesprochen, wie man es schreibt. Die Aussprache einiger Buchstabenkombinationen unterscheidet sich jedoch vom Deutschen: Beispielsweise wird ch wie [tsch] ausgesprochen. Deshalb finden Sie nach jedem spanischen Wort und Satz eine leicht ablesbare Umschreibung der Aussprache, die so weit wie möglich auf der deutschen Aussprache der Buchstaben beruht. Im Folgenden werden die wichtigsten Buchstaben und Buchstabenkombinationen sowie deren Aussprache kurz erläutert.

Sprechen Sie b und d immer so weich wie möglich aus.

Vor den Vokalen e und i wird c wie **th** im englischen *through* ausgesprochen, ansonsten wie **k** in *Kilo*.

Im Gegensatz zum Deutschen wird ein E am Wortende nicht wie in *Sorge* ausgesprochen, sondern wie in *fest*.

Vor den Vokalen e und i wird g wie **ch** in *Dach* ausgesprochen, ansonsten wie **g** in *Garten*.

Das H ist stumm, d. h. man spricht es im Spanischen gar nicht aus. In der Aussprache gibt es also keinen Unterschied zwischen hola (*hallo*) und ola (*Welle*).

Das Doppel-L (ll) und y werden wie ein hartes deutsches **j** in *jedoch* ausgesprochen. Nur wenn y als eigenes Wort allein (y = *und*) steht, spricht man es wie ein **i** aus.

Der spanische Buchstabe ñ wird wie [nj] in *Champagner* ausgesprochen.

Qu wird vor e und i ebenfalls wie **k** ausgesprochen.

DIE RICHTIGE AUSSPRACHE

Das spanische R wird immer gerollt ausgesprochen, auch am Ende des Wortes. Den Doppelkonsonanten rr rollt man einfach etwas länger.

Das spanische V spricht man generell wie ein sehr weiches B aus.

Z wird wie das stimmlose englische **th** ausgesprochen.

In den spanischsprachigen Ländern Lateinamerikas wird das C in ce und ci sowie das Z wie ein stimmloses S ausgesprochen und nicht gelispelt.

In der folgenden Tabelle erklären wir Ihnen einige Symbole, die eine genauere vereinfachte Lautschrift ermöglichen und Laute, die im Deutschen teilweise nicht existieren, darstellen. Laden Sie sich auf unserer Webseite unter www.hueber.de/audioservice die zum Sprachführer passende Audiodatei herunter; dann können Sie sich die Aussprache von phonetischen Beispielen und vielen Wendungen auch anhören.

B01	'	steht immer vor der Wortsilbe, die betont wird	**casa** [ˈkasa] Haus
B02	|	gibt an, dass zwei aufeinanderfolgende Laute getrennt gesprochen werden	**Europa** [E|uˈropa] Europa
B03	‿	verbindet Laute, die hintereinander gesprochen werden und fast zu einem einzigen Laut verschmelzen	**auto** [ˈa‿uto] Auto
B04	ƀ	ein Reibelaut zwischen **b** und **v**; sprechen Sie das entsprechende **B** besonders weich aus	**vivir** [biƀir] leben
B05	ch	wird wie **ch** in *Dach* ausgesprochen	**ajo** [ˈacho] Knoblauch
B06	đ	ein stimmhafter Reibelaut zwischen **d** und dem englischen **th** in *the*	**edad** [eˈđađ] Alter
B07	e	wird wie **e** in *fest* ausgesprochen	**pelo** [ˈpelo] Haar
B08	rr	steht für ein länger gerolltes **R**	**río** [ˈrrio] Fluss

DIE RICHTIGE AUSSPRACHE

B09	θ	ein stark gelispeltes **S**, das stimmlos ist; man schiebt die Zungenspitze über die obere Zahnreihe hinaus und presst sie nur leicht dagegen, wie beim englischen *through*	**paz** [paθ] Frieden
B10	s	ein stimmloses **S** wie in *Straße* oder *Verlust*	**sol** [sol] Sonne
B11	tsch	wird wie **tsch** in *tschüß* ausgesprochen	**Chile** ['tschile] Chile

Preparativos para el viaje
Reisevorbereitungen

REISEVORBEREITUNGEN

Eine Unterkunft buchen
Reservar alojamiento

Ich möchte gern ⃞ buchen.	Quisiera reservar ⃞. [ki'sjera rreser'bar]
C01 ⃞ eine Übernachtung mit *Frühstück/Halbpension/Vollpension*	⃞ una noche con *desayuno/media pensión/pensión completa* ['una 'notsche kon desa'juno/'meðia pen'sjon/pen'sjon kom'pleta]
C02 ⃞ ein *Einzelzimmer/Doppelzimmer*	⃞ una habitación *individual/doble* ['una aβita'θjon indiβi'dual/'doβle]
C03 ⃞ sieben Nächte *Halbpension/Vollpension*	⃞ siete noches con *media pensión/pensión completa* ['sjete 'notsches kon 'meðia pen'sjon/pen'sjon kom'pleta]
C04 ⃞ eine Ferienwohnung für *zwei/drei/vier* Personen	⃞ un apartamento para *dos/tres/cuatro* personas [un aparta'mento 'para dos/tres/'kuatro per'sonas]
C05 ⃞ ein Ferienhaus	⃞ un chalé [un tscha'le]
C06 mit einem Kinderbett	con una cama para niños [kon 'una 'kama 'para 'niɲjos]
C07 für zwei Erwachsene und *ein Kind/zwei Kinder*	para dos adultos y *un niño/dos niños* ['para dos a'ðultos i un 'niɲjo/dos 'niɲjos]
C08 mit *Toilette/Dusche/Bad*	con *servicio/ducha/baño* [kon ser'βiθio/'dutscha/'baɲjo]
C09 für *eine Woche/zwei Wochen*	para *una semana/dos semanas* ['para 'una se'mana/dos se'manas]
(für die Zeit) vom ... bis zum ...	del ... al ... [del ... al ...]
C10 in *ruhiger/zentraler* Lage	en una zona *tranquila/céntrica* [en 'una 'θona tran'kila/'θentrika]
C11 in Strandnähe	cerca de la playa ['θerka de la 'plaja]

REISEVORBEREITUNGEN

C12	Sind Haustiere erlaubt?	¿Se admiten mascotas? [se ađ'miten mas'kotas]
C13	Können wir unseren Hund mitbringen?	¿Podemos llevar a nuestro perro? [po'đemos je'ḃar a 'nu̯estro 'perro]
C14	Müssen wir Bettzeug und Handtücher selbst mitbringen?	¿Tenemos que llevar ropa de cama y toallas? [te'nemos ke je'ḃar 'rropa de 'kama i to'ajas]
	Ich reise am ... um ca. ... Uhr an.	Llego el día ... hacia las ... ['jego el 'dia ... 'aθia las ...]
	Wir reisen am ... ab.	Salimos el día ... [sa'limos el 'dia]

Ein Ticket buchen
Reservar un billete

	Ich möchte gern ☐ buchen.	Quisiera reservar ☐. [ki'si̯era rreser'ḃar]
C15	☑ einen Flug	☑ un vuelo [un 'ḃu̯elo]
C16	☑ eine Fähre	☑ un billete de ferry [un bi'jete de 'ferri]
C17	☑ eine Reise	☑ un viaje [un bi'ache]
C18	☑ Hin- und Rückfahrt	☑ ida y vuelta ['iđa i 'ḃu̯elta]
C19	Die *Hinreise/Rückreise* ist am ...	El viaje de *ida/vuelta* es el ... [el bi'ache de 'iđa/'ḃu̯elta es el]
C20	Ich würde gern *einen Sitzplatz/Sitzplätze* reservieren.	Quisiera reservar *un asiento/asientos*. [ki'si̯era rreser'ḃar un a'si̯ento/a'si̯entos]
C21	Ich möchte erster Klasse reisen.	Quisiera viajar en primera clase. [ki'si̯era bi̯a'char en pri'mera 'klase]
	Um wie viel Uhr geht ☐ nach ...?	¿A qué hora sale ☐ a ...? [a ke 'ora 'sale ... a]
C22	☑ die Fähre	☑ el ferry [el 'ferri]
C23	☑ der nächste Flug	☑ el próximo vuelo [el 'proksimo 'ḃu̯elo]

🔊 REISEVORBEREITUNGEN

C24 ☑ der nächste Zug	☑ el próximo tren [el 'proksimo tren]
C25 Wann kommt der Zug an?	¿Cuándo llega el tren? ['kuando 'jega el tren]
C26 Wann fährt der Bus ab?	¿Cuándo sale el autobús? ['kuando 'sale el auto'bus]
C27 Wie viel kostet das Ticket?	¿Cuánto cuesta el billete? ['kuanto 'kuesta el bi'jete]
C28 Bitte bestätigen Sie mir die Buchung schriftlich.	Por favor, confirme la reserva por escrito. [por fa'bor kon'firme la rre'serba por es'krito]
C29 Ich möchte die Reservierung stornieren.	Quisiera cancelar la reserva. [ki'siera kanθe'lar la rre'serba]

Am Telefon
Por teléfono

> Klingelt in Spanien das Telefon und nimmt man den Hörer ab, meldet man sich nicht mit seinem Namen, sondern fragt ¿diga? ['diga] oder ¿dígame? ['digame], was sich ungefähr mit *Ja, bitte?* übersetzen läßt.
> In Firmen und Institutionen nennt man normalerweise zuerst den Namen des Unternehmens oder der Abteilung und sagt anschließend ¿dígame?.
> In Mexiko meldet man sich am Telefon mit ¿Bueno? ['bueno], in Argentinien mit ¿Hola? ['ola], in Peru, Chile und Kolumbien mit ¿Alo? [a'lo].

Soy ... (🕒 Le habla ...) ¿En qué puedo ayudarle? [soi ... (le 'abla ...) en ke 'puedo aju'darle]	... am Apparat. Wie kann ich Ihnen helfen?
C30 Hier ist ...	Soy ... (🕒 Me llamo ...) [soi (me 'jamo)]

REISEVORBEREITUNGEN

C31	Bin ich hier richtig beim ... Hotel?	¿Es el hotel ... ? [es el o'tel]
C32	Ich würde gern mit ... sprechen.	Quisiera hablar con ... [ki'sjera a'blar kon]

Lo siento pero (él/ella) no está. [lo 'sjento 'pero (el/'eja) no es'ta]	Er/Sie ist leider nicht da.
¿Quiere dejar un recado (Ⓛ un mensaje)? ['kjere de'tʃar un rre'kaðo (un men'satʃe)]	Möchten Sie eine Nachricht hinterlassen?

C33	Könnten Sie ihm/ihr ausrichten, dass ...?	¿Podría decirle que ...? [po'dria de'θirle ke]
C34	Könnte *er/sie* mich zurückrufen?	¿Podría llamarme *él/ella*? [po'dria ja'marme el/'eja]
C35	Meine Nummer ist ...	Mi número es ... [mi 'numero es]

Un momento por favor. [un mo'mento por fa'βor]	Einen Moment, bitte.
Le paso con ... (Ⓛ Le comunico con ...) [le 'paso kon (le komu'niko kon)]	Ich verbinde Sie mit ...

C36	Könnten Sie mir die Nummer von ... geben?	¿Me podría dar el número de ...? [me po'dria dar el 'numero de]

El número es ... [el 'numero es]	Die Nummer ist ...

C37	Auf Wiederhören!	¡Adiós! [a'ðjos]

Per E-Mail, Fax oder Brief
Por correo electrónico, fax o carta

Sehr *geehrter Herr .../ geehrte Frau ...*,	*Estimado Sr. ... /Estimada Sra.* ..., [esti'maðo se'ɲjor/esti'maða se'ɲjora]

REISEVORBEREITUNGEN

Sehr geehrte Damen und Herren,	Señoras y señores: [se'lnjoras i se'lnjores]
Bitte lassen Sie mich wissen, ▢.	Dígame por favor (🕒 Por favor comuníqueme) ▢. ['digame por fa'bor (por fa'bor komu'nikeme)]
☑ ob die Unterkunft noch frei ist	☑ si el alojamiento aún está disponible [si el alocha'miento a'un es'ta dispo'nible]
☑ wie viel das kostet und was der Preis mit einschließt	☑ cuánto cuesta y qué está incluido en el precio ['kuanto 'kuesta i ke es'ta inklu'iđo en el 'preθio]
☑ ob eine Anzahlung erforderlich ist	☑ si es necesario dar una señal (🕒 un adelanto) [si es neθe'sario dar una se'lnjal (un ađe'lanto)]
Mit freundlichen Grüßen	Un cordial saludo, [un kor'đial sa'luđo]

Angaben zur Person machen
Datos personales

¿Cuál es ▢? [kual es]	Wie lautet ▢?
☑ su nombre [su 'nombre]	☑ Ihr Vorname
☑ su apellido [su ape'jiđo]	☑ Ihr Nachname
☑ su dirección [su direk'θion]	☑ Ihre Adresse
☑ su número de teléfono [su 'numero de te'lefono]	☑ Ihre Telefonnummer
☑ su dirección de correo electrónico [su direk'θion de ko'rreo elek'troniko]	☑ Ihre E-Mail-Adresse

C38	Ich heiße ...	Me llamo ... [me 'jamo]
C39	Meine Telefonnummer ist ...	Mi número de teléfono es ... [mi 'numero de te'lefono es]
C40	Meine Handynummer ist ...	Mi número de móvil es ... [mi 'numero de 'mobil es]

| C41 Meine E-Mail-Adresse lautet ... | Mi dirección de correo electrónico es ... [mi direk'θion de ko'rreo elek'troniko es] |

Wenn Sie Ihre E-Mail-Adresse angeben, sprechen Sie @ als arroba [a'rroba] und .de, .at oder .ch als punto de ['punto de e], punto at ['punto a te], punto ch ['punto θe 'atsche] aus. Wenn man Internetseiten angibt, ist es üblich, das obligatorische www nicht zu nennen, in manchen Fällen sagt man triple w [triple 'uβe 'doβle] und danach den Namen der Seite.

| ¿Cuál es su nacionalidad? [kual es su naθionali'dad] | Welche Nationalität haben Sie? |

| C42 Ich bin *Deutscher/Österreicher/Schweizer*. | Soy *alemán/austriaco/suizo.* [soi ale'man/aus'triako/'suiθo] |
| C43 Ich bin *Deutsche/Österreicherin/Schweizerin*. | Soy *alemana/austriaca/suiza.* [soi ale'mana/aus'triaka/'suiθa] |

De viaje
Auf der Reise

An der Grenze
En la frontera

Pasaportes, por favor. [pasa'portes por fa'bor]	Die Pässe, bitte!
Tengan listos los pasaportes, por favor. ['tengan 'listos los pasa'portes por fa'bor]	Bitte halten Sie die Pässe bereit!

D01	Bitte sehr.	Aquí tiene. [a'ki 'tiene]
D02	Ich kann meinen Pass nicht finden.	No encuentro mi pasaporte. [no en'kuentro mi pasa'porte]

Póngase a un lado, por favor. ['pongase a un 'lado por fa'bor]	Bitte treten Sie an die Seite.

Wo gehts lang?
¿Por dónde se va?

D03	Ich habe mich verfahren/verlaufen.	Me he perdido. [me e per'diđo]

AUF DER REISE

Wie komme ich ?	¿Cómo se llega ? ['komo se 'jega]
D04 ☑ zum Flughafen	☑ al aeropuerto [al aero'puerto]
D05 ☑ zum Bahnhof	☑ a la estación [a la esta'θion]
D06 ☑ zum Fährhafen	☑ al puerto de ferry [al 'puerto de 'ferri]
D07 ☑ zur Autobahn	☑ a la autopista [a la auto'pista]

Continúe hasta . [konti'nue 'asta]	Fahren Sie weiter bis .
☑ el próximo semáforo [el 'proximo se'maforo]	☑ zur nächsten Ampel
☑ el final de la calle [el fi'nal de la 'caje]	☑ Sie zum Ende der Straße kommen
☑ la segunda rotonda [la se'gunda rro'tonda]	☑ zum zweiten Kreisverkehr
☑ el centro de la ciudad [el 'θentro de la θiu'dad]	☑ ins Stadtzentrum
Gire a la *izquierda/derecha*. ['chire a la iθ'kierda/de'retscha]	Biegen Sie *links/rechts* ab.
Tome/Coja la segunda calle *a la izquierda/la derecha*. ['tome/'kocha la se'gunda 'caje a la iθ'kierda/a la de'retscha]	Nehmen Sie die zweite Straße *links/rechts*.
De la vuelta. [de la 'buelta]	Drehen Sie um.
Siga de frente. ['siga de 'frente]	Fahren Sie immer geradeaus.

D08	Wie weit ist es noch bis ...?	¿Cuántos kilómetros faltan para llegar a ...? ['kuantos ki'lometros 'faltan 'para je'gar a]
D09	Wie viele Kilometer ...?	¿Cuántos kilómetros ...? ['kuantos ki'lometros]

La carretera está cortada (Ⓛ cerrada). [la karre'tera es'ta kor'tada (θe'rrada)]	Die Straße ist gesperrt.

AUF DER REISE

| Tome/Coja la desviación (ⓛ el desvío). ['tome/'kocha la desβia'θion (el des'βio)] | Nehmen Sie die Umleitung. |

| D10 | Gibt es eine alternative Route? | ¿Hay una ruta alternativa? [ai 'una 'rruta alterna'tiβa] |
| D11 | Darf ich hier parken? | ¿Puedo aparcar (ⓛ parquear) aquí? ['pueðo apar'kar (parke'ar) a'ki] |

Tanken und Rasten
Repostar y hacer un alto

	Wo ist 🔲?	¿Dónde está 🔲? ['donde es'ta]
D12	🔲 die nächste Tankstelle	🔲 la gasolinera más cercana [la gasoli'nera mas θer'kana]
D13	🔲 die nächste Raststätte	🔲 la estación de servicio más cercana [la esta'θion de ser'βiθio mas θer'kana]

Hay oder está?

Hay und está verwendet man, um anzugeben, wo sich etwas befindet. Doch sie sind nicht austauschbar. Hay bedeutet so viel wie *es gibt* und wird gebraucht, wenn man nach Nomen fragt, denen ein unbestimmter Artikel vorausgeht: ¿Hay **una** farmacia por aquí cerca? – *Gibt es hier in der Nähe **eine** Apotheke?* Mit está (für Nomen im Singular) oder están (für Nomen im Plural) dagegen bezieht man sich auf etwas Bestimmtes, also Nomen, denen ein bestimmter Artikel vorausgeht: ¿Dónde está **el** ayuntamiento? – *Wo ist **das** Rathaus?*

	Wo gibt es 🔲?	¿Dónde hay 🔲? ['donde ai]
D14	🔲 eine Werkstatt	🔲 un taller [un ta'jer]
D15	🔲 eine VW®-/BMW®-Vertragwerkstatt	🔲 un taller de VW™/BMW™ [un ta'jer de βolks'βagen/beεeme'uβe]

🔊 AUF DER REISE

D16	Bitte volltanken.	Lleno, por favor. ['jeno por fa'βor]
D17	Ich tanke *Diesel/Benzin/Super*.	El coche es *diesel/de gasolina normal/de gasolina súper*. [el 'kotsche es 'diesel/de gaso'lina nor'mal/de gaso'lina 'super]
	Könnten Sie bitte ⃞?	¿Por favor, podría ⃞? [por fa'βor po'dria]
D18	☑ das *Öl/Wasser* nachsehen	☑ revisar el *aceite/agua* [rreβi'sar el a'θeite/'agua]
D19	☑ Öl nachfüllen	☑ rellenar el depósito del aceite [rreje'nar el de'posito del a'ceite]
D20	☑ den Reifendruck prüfen	☑ comprobar la presión de las ruedas [kompro'βar la pre'sion de las 'rruedas]
D21	Ich habe aus Versehen *Diesel/Benzin* getankt!	¡He echado *diesel/gasolina* por error! [e e'tschaðo 'diesel/gaso'lina por e'rror]

Panne und Unfall
Avería y accidente

D22	Ich habe einen Platten.	He tenido un pinchazo. (Ⓛ Me pinché.) [e te'niðo un pin'tschaθo (me pin'tsche)]
D23	Könnten Sie bitte den Reifen wechseln?	¿Podría cambiar la rueda? [po'dria kam'biar la 'rrueda]
D24	Ich brauche einen Abschleppdienst.	Necesito un servicio de grúa. [neθe'sito un ser'βiθio de 'grua]
D25	Bitte schleppen Sie den Wagen bis zur nächsten Werkstatt.	Por favor lleve el coche hasta el taller más cercano. [por fa'βor 'jeβe el 'kotsche 'asta el ta'jer mas θer'kano]
D26	Der Motor springt nicht an.	El motor no arranca. [el mo'tor no a'rranka]
D27	Die Kupplung ist kaputt.	El embrague está roto. [el em'brage es'ta 'rroto]
D28	Der Tank ist leer.	El depósito (Ⓛ El tanque) está vacío. [el de'posito (el 'tanke) es'ta ba'θio]

D29	Bis wann können Sie es reparieren?	¿Cuánto tardará en repararlo? ['kuanto tar'ɗara en rrepa'rarlo]
D30	Es gab einen Unfall.	Ha habido un accidente. [a a'ɓiɗo un akθi'ɗente]
D31	Bitte geben Sie mir die Anschrift Ihrer Versicherung.	Por favor déme los datos de su seguro. [por fa'bor 'deme los 'datos de su se'guro]
D32	Rufen Sie bitte *die Polizei/einen Krankenwagen*!	¡Llame a *la policía/una ambulancia*! ['jame a la poli'θia/'una ambu'lanθia]
D33	... Personen sind (schwer) verletzt.	... personas están (gravemente) heridas. [per'sonas es'tan (graβe'mente) e'riɗas]
D34	Haben Sie den Unfall gesehen?	¿Ha visto el accidente? [a 'bisto el akθi'ɗente]
D35	Bitte geben Sie mir Ihre Anschrift.	Dígame su nombre y dirección, por favor. ['digame su 'nombre i direk'θion por fa'bor]

Verkehrskontrolle
Control de tráfico

¿Me enseña su *carnet de conducir/contrato de alquiler del vehículo*? [me en'senja su kar'net de konɗu'θir/kon'trato de al'kiler del be'ikulo]	Kann ich bitte Ihren *Führerschein/Mietwagenvertrag* sehen?
Bitte sehr.	Aquí tiene. [a'ki 'tiene]
Muchas gracias. ['mutschas 'graθias]	Vielen Dank.

D36	Es tut mir sehr leid – ich habe meine Papiere nicht dabei.	Lo siento mucho pero no llevo los documentos. [lo 'siento 'mutscho 'pero no 'jeβo los doku'mentos]

Bájese del coche, por favor. ['baxese del 'kotsche por fa'bor]	Bitte steigen Sie aus.

🔊 AUF DER REISE

Abra el maletero (Ⓛ el baúl), por favor. ['aβra el male'tero (el ba'ul) por fa'βor]	Öffnen Sie bitte den Kofferraum.
Tengo que ponerle una multa por exceso de velocidad. ['tengo ke po'nerle 'una 'multa por ex'θeso de beloθi'ðað]	Ich muss Sie für Geschwindigkeitsübertretung mit einem Bußgeld belangen.

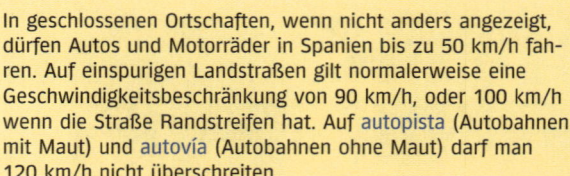

In geschlossenen Ortschaften, wenn nicht anders angezeigt, dürfen Autos und Motorräder in Spanien bis zu 50 km/h fahren. Auf einspurigen Landstraßen gilt normalerweise eine Geschwindigkeitsbeschränkung von 90 km/h, oder 100 km/h wenn die Straße Randstreifen hat. Auf autopista (Autobahnen mit Maut) und autovía (Autobahnen ohne Maut) darf man 120 km/h nicht überschreiten.

D37	Ich möchte das Bußgeld gleich zahlen.	Voy a pagar la multa ahora. [boi a pa'gar la 'multa a'ora]
D38	Ich habe nicht genug Bargeld dabei.	No llevo suficiente dinero en efectivo. [no 'jeβo sufi'θiente di'nero en efek'tiβo]
D39	Ich habe kein Bargeld dabei.	No llevo dinero en efectivo. [no 'jeβo di'nero en efek'tiβo]

Unterwegs mit Bus, U-Bahn und Zug
Viajar en autobús, metro y tren

D40	Ich möchte nach ... fahren.	Quiero ir a ... ['kiero ir a]
D41	Welche Line fährt nach/zu ...?	¿Qué línea va a ...? [ke 'linea ba a]
D42	Fährt dieser Bus nach ...?	¿Va este autobús a ...? [ba 'este auto'bus a]

AUF DER REISE

D43	An welcher Haltestelle muss ich aussteigen?	¿En qué parada tengo que bajarme? [en ke pa'rada 'tengo ke ba'charme]
D44	Können Sie mir Bescheid sagen, wenn ich aussteigen muss?	¿Me puede avisar cuando llegue mi parada? [me 'puede abi'sar 'kuando 'jege mi pa'rada]
D45	Muss ich hier umsteigen?	¿Tengo que hacer transbordo aquí? ['tengo ke a'θer trans'bordo a'ki]
D46	Wann kommt *der nächste Bus/die nächste U-Bahn/der nächste Zug* nach ...?	¿A qué hora llega el próximo *autobús/metro/tren* a ...? [a ke 'ora 'jega el 'proximo auto'bus/'metro/tren a]
D47	Eine einfache Fahrt nach ...	Un billete de ida a ... [un bi'jete de 'ida a]
D48	Hin- und Rückfahrt nach ...	Ida y vuelta a ... ['ida i 'buelta a]

🔊 AUF DER REISE

D49	eine Tageskarte	un billete para un día [un bi'ʝete 'para un 'dia]
D50	Gilt diese Karte auch für ...?	¿Vale este billete también para ...? ['bale 'este bi'ʝete tam'bien 'para]
	Wo ist ??	¿Dónde está ?? ['donde es'ta]
D51	☑ die nächste U-Bahnhaltestelle/ Bushaltestelle	☑ la parada de *metro/autobús* más cercana [la pa'raða de 'metro/au̯to'βus mas θer'kana]
D52	☑ der Busbahnhof	☑ la estación de autobuses [la esta'θi̯on de au̯to'βuses]
D53	☑ der Bahnhof	☑ la estación de ferrocarril [la esta'θi̯on de ferroka'rril]
D54	Von welchem Gleis geht der Zug nach ...?	¿De qué andén sale el tren a ...? [de ke an'den 'sale el tren a]

Spanien besitzt ein dichtes Linienbusnetz. Man kann jede große und fast jede kleine Stadt mit dem Bus erreichen. Außerdem sind Busfahrkarten deutlich billiger als Zugtickets. Das Eisenbahnnetz ist in Spanien nicht so gut ausgebaut wie z. B. in Deutschland. In Lateinamerika sollte es Sie nicht überraschen, wenn jemand den Bus durch ein Handzeichen mitten auf der Straße anhält. Es gibt nicht immer Bushaltestellen oder feste Fahrpläne.

Rund ums Gepäck
Todo sobre el equipaje

¿Va a facturar equipaje? [ba a faktu'rar eki'paxe]	Haben Sie Gepäck zum Einchecken?
Su equipaje sobrepasa el límite de peso. [su eki'paxe soβre'pasa el 'limite de 'peso]	Ihr Gepäck hat Übergewicht.

D55	Ich möchte mein Gepäck aufgeben.	Quisiera facturar mi equipaje. [ki'si̯era faktu'rar mi eki'paxe]

AUF DER REISE

D56	Ich habe nur Handgepäck.	Sólo tengo equipaje de mano. ['solo 'tengo eki'pache de 'mano]
D57	Wo kann ich mein Gepäck abholen?	¿Dónde puedo recoger mi equipaje? ['donde 'pu̯eđo reko'cher mi eki'pache]
D58	Sperrgepäck	equipaje voluminoso [eki'pache volumi'noso]
	Mein Gepäck ▢.	Mi equipaje ▢. [mi eki'pache]
D59	☑ ist nicht angekommen	☑ no ha llegado [no a je'gađo]
D60	☑ ist beschädigt	☑ está dañado [es'ta da'ɲađo]
D61	Mein Gepäck ist nicht vollständig.	Me falta equipaje. [me 'falta eki'pache]
D62	Wo gibt es hier Schließfächer?	¿Dónde están las consignas (🕐 los casilleros)? ['donde es'tan las kon'siglnas (los kasi'jeros)]

AUF DER REISE

Am Flughafen
En el aeropuerto

D63	Wie komme ich zu Terminal *eins/zwei*?	¿Cómo se llega a la terminal *uno/dos*? ['komo se 'jega a la termi'nal 'uno/dos]
	Wo finde ich ??	¿Dónde puedo encontrar ??? ['donde 'pueɖo enkon'trar]
D64	☑ einen Informationsstand der Lufthansa	☑ un mostrador (Ⓛ un stand) de información de Lufthansa [un mostra'ɖor (un es'tanɖ) de informa'θion de luf'tansa]
D65	☑ einen Schalter der Iberia	☑ un mostrador de facturación de Iberia [un mostra'ɖor de faktura'θion de i'beria]
D66	Wann geht der nächste Flug nach ...?	¿A qué hora sale el próximo vuelo a ...? [a ke 'ora 'sale el 'proximo 'buelo a]
D67	Den nehme ich.	Cogeré ése. (Ⓛ Lo tomo.) [koche're 'ese (lo 'tomo)]
	Ich möchte ??.	Quisiera ??. [ki'siera]

AUF DER REISE

D68	☑ *Economy Class/Business Class/erster Klasse* fliegen	☑ volar en *clase turista/Business/primera clase* [bo'lar en 'klase tu'rista/'bisnis/pri'mera 'klase]
D69	☑ *am Fenster/am Gang* sitzen	☑ un asiento de *ventanilla/pasillo* (🕒 *a la ventana/al pasillo*) [un a'siento de benta'nija/pa'sijo (a la ben'tana/al pa'sijo)]
D70	☑ meinen Flug umbuchen	☑ cambiar mi vuelo [kam'biar mi 'buelo]
D71	☑ meinen Flug stornieren	☑ cancelar mi vuelo [kanθe'lar mi 'buelo]
D72	Warum hat die Maschine Verspätung?	¿Por qué tiene retraso el avión? [por ke 'tiene re'traso el a'bion]
D73	Wie viel Verspätung hat die Maschine?	¿Cuánto retraso tiene el vuelo? ['kuanto re'traso 'tiene el 'buelo]

El vuelo número ... se ha cancelado. [el 'buelo 'numero ... se a kanθe'laðo]	Der Flug Nummer ... ist annulliert.

Mit dem Schiff
En barco

D74	Wann läuft *das Schiff/die Fähre* aus?	¿A qué hora sale *el barco/el ferry*? [a ke 'ora 'sale el 'barko/el 'ferri]
	Wo finde ich 🔲?	¿Dónde está 🔲? ['donde es'ta]
D75	☑ die Kabine Nr. ...	☑ la cabina número ... [la ka'bina 'numero]
D76	☑ das Bordrestaurant	☑ el restaurante [el restau'rante]
D77	Mir ist übel.	Me estoy mareando. [me es'toi mare'ando]
D78	Ich muss mich übergeben.	Tengo que vomitar. ['tengo ke bomi'tar]
D79	Ich brauche einen Brechbeutel.	Necesito una bolsa para vomitar. [neθe'sito 'una 'bolsa 'para bomi'tar]

🔊 AUF DER REISE

Ein Fahrzeug mieten
Alquilar un vehículo

	Ich möchte ⍰ mieten.	Quisiera alquilar ⍰. [ki'si̯era alki'lar]
D80	☑ ein Auto	☑ un coche (🕒 un carro) [un 'kotsche (un 'karro)]
D81	☑ einen Automatikwagen	☑ un coche (🕒 un carro) con cambio automático [un 'kotsche (un 'karro) kon 'kambi̯o au̯to'matiko]
D82	☑ ein Auto mit Allradantrieb	☑ un coche (🕒 un carro) con tracción a las cuatro ruedas [un 'kotsche (un 'karro) kon trak'θi̯on a las 'ku̯atro 'rru̯eđas]
D83	☑ ein Cabrio	☑ un descapotable (🕒 un convertible) [un deskapo'table (un konβer'tible)]
D84	☑ ein Motorrad	☑ una motocicleta ['una motoθi'kleta]
D85	mit Klimaanlage	con aire acondicionado [kon 'ai̯re akondiθi̯o'nađo]
D86	mit Navigator	con navegador [kon naβega'đor]
D87	Wie viel kostet das *pro Tag/pro Woche*?	¿Cuánto cuesta *al día/a la semana*? ['ku̯anto 'ku̯esta al 'dia/a la se'mana]
D88	Ist der Preis inklusive *Versicherung/Vollkasko*?	¿El precio incluye *seguro/seguro a todo riesgo*? [el 'preθi̯o in'kluje se'guro/se'guro a 'tođo 'ri̯esgo]
D89	Wann muss ich das Fahrzeug zurückbringen?	¿Qué día tengo que devolver el vehículo? [ke 'dia 'tengo ke deβol'βer el be'ikulo]
D90	Wo *sind die Fahrzeugpapiere/ist der Mietvertrag*?	¿Dónde *están los documentos del coche/está el contrato de alquiler*? ['donde es'tan los doku'mentos del 'kotsche/es'ta el kon'trato de alki'ler]

AUF DER REISE

Ein Taxi nehmen
Coger un taxi

Bitte fahren Sie mich nach/zu …!	A … por favor. [a … por faˈbor]
D91 Könnten Sie *schneller/langsamer* fahren?	¿Puede ir más *rápido/despacio*? [ˈpue̯đe ir mas ˈrrapiđo/desˈpaθi̯o]
D92 Wie viel kostet die Fahrt nach …?	¿Cuánto cuesta el trayecto a …? [ˈku̯anto ˈku̯esta el traˈjekto a]
D93 Bitte halten Sie dort!	¡Pare allí por favor! [ˈpare aˈji por faˈbor]
D94 Ich hätte gern für morgen früh um 8 Uhr ein Taxi zum Flughafen.	Quisiera un taxi al aeropuerto para mañana a las 8. [kiˈsi̯era un ˈtaxi al ae̯roˈpu̯erto ˈpara maˈɲana a las ˈotʃo]

In den Taxis der lateinamerikanischen Großstädte (z. B. in Bogotá) ist eine Preisliste ausgehängt, mit Informationen zum Taxi-Unternehmen, dem Fahrer und den Einheiten des Taxameters. Man sollte darauf achten, dass Letzteres auch eingeschaltet wird und kann mittels der Liste verfolgen, was die Fahrt kostet, da die Taxameter oftmals nur Einheiten anzeigen. Auch hier ist es wieder vorteilhaft, Kleingeld dabei zu haben.

El alojamiento
Endlich da: die Unterkunft

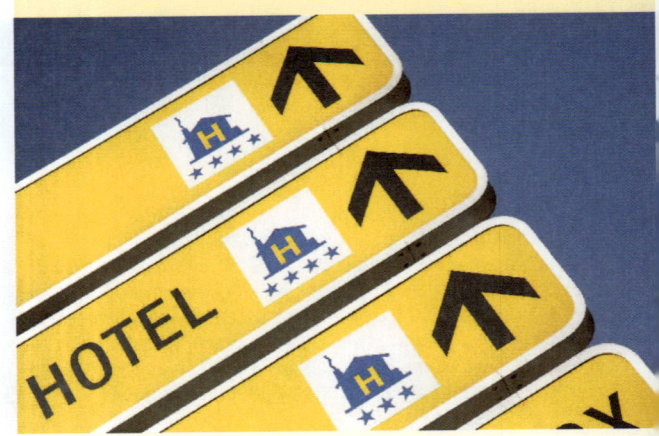

ENDLICH DA: DIE UNTERKUNFT

Beim Ankommen
En la recepción

Wo ist ?	¿Dónde está ? ['donde es'ta]
E01 ☑ die Rezeption	☑ la recepción [la rreθep'θion]
E02 ☑ Zimmer Nr. ...	☑ la habitación número ... [la aβita'θion 'numero]
E03 ☑ unser Zeltplatz	☑ nuestra plaza de camping ['nuestra 'plaθa de 'kamping]
E04 Wir haben reserviert.	Hemos hecho una reserva. ['emos 'etscho 'una rre'serβa]
E05 Die Zimmerschlüssel, bitte.	Las llaves de la habitación, por favor. [las 'jaβes de la aβita'θion por fa'βor]

Sich nach dem Wichtigsten erkundigen
Preguntar por lo esencial

Eine günstige und weit verbreitete Übernachtungsmöglichkeit bieten die casas rurales. Das sind Ferienhäuser in ländlichen Gebieten, oft alte Häuser in Ortschaften mit einem besonderen rustikalen Charakter.

Wo gibt es hier ?	¿Hay por aquí ? [ai por a'ki]
E06 ☑ ein *einfaches/gutes* Hotel	☑ algún hotel *sencillo/bueno* [al'gun o'tel sen'θijo/'bueno]
E07 ☑ eine Pension	☑ una pensión ['una pen'sion]
E08 ☑ eine Jugendherberge	☑ un albergue juvenil [un al'βerge chuβe'nil]
E09 ☑ einen Campingplatz	☑ un camping [un 'kamping]

ENDLICH DA: DIE UNTERKUNFT

Wo ist ▢?	¿Dónde está ▢? ['donde es'ta]
E10 ☑ die Bar	☑ el bar [el bar]
E11 ☑ der Speisesaal	☑ el comedor [el kome'ðor]
Gibt es ▢?	¿Hay ▢? [ai̯]
E12 ☑ ein Telefon	☑ teléfono [te'lefono]
E13 ☑ einen Fernseher	☑ televisor [teleβi'sor]
E14 ☑ eine Waschmaschine	☑ lavadora [laβa'ðora]

Um etwas bitten
Solicitar algo

Ich möchte ▢.	Quisiera ▢. [ki'si̯era]
E15 ☑ *ein anderes/ein ruhiges* Zimmer	☑ *otra habitación/una habitación tranquila* ['otra aβita'θi̯on/'una aβita'θi̯on tran'kila]
E16 ☑ ein Nichtraucherzimmer	☑ una habitación de no fumadores ['una aβita'θi̯on de no fuma'ðores]
E17 ☑ eine zusätzliche Decke	☑ otra manta (Ⓛ otra cobija) ['otra 'manta (otra ko'βicha)]
E18 ☑ noch ein Kissen	☑ otra almohada ['otra al'mo̯aða]

Sich beschweren
Hacer una reclamación

E19	Das Zimmer riecht schlecht.	La habitación huele mal. [la aβita'θi̯on 'u̯ele mal]
E20	*Das Licht/Die Dusche* geht nicht.	*La luz/La ducha* no funciona. [la luθ/la 'dutsha no fun'θi̯ona]
E21	Das Bettzeug ist schmutzig.	Las sábanas están sucias. [las 'saβanas es'tan 'suθi̯as]
E22	Es gibt kein warmes Wasser.	No hay agua caliente. [no ai̯ 'agu̯a ka'li̯ente]

Viajar con niños
Mit Kindern reisen

🔊 MIT KINDERN REISEN

Ganz allgemein
Generalidades

¿Viaja con niños? [ˈbiacha kon ˈniĺnjos]	Reisen Sie mit Kindern?
Ja, wir sind mit *Kind/Kindern* unterwegs.	Sí, viajamos con *un niño/niños*. [si biaˈchamos kon un ˈniĺnjo/ˈniĺnjos]
¿Cuántos años *tiene su hijo/tienen sus hijos*? [ˈkuantos ˈaĺnjos ˈtiene su ˈicho/ˈtienen sus ˈichos]	Wie alt *ist Ihr Kind/sind Ihre Kinder*?
Er/Sie ist … Jahre alt.	Tiene … años. [ˈtiene … ˈaĺnjos]
F01 Ist das für Kinder geeignet?	¿Está adaptado para niños? [esˈta aðapˈtaðo ˈpara ˈniĺnjos]
F02 Gibt es eine Kinderermäßigung?	¿Hay descuento para niños? [ai desˈkuento ˈpara ˈniĺnjos]

Sicherheit
Seguridad

F03 Ist das auch ungefährlich für Kinder?	¿Es seguro para niños? [es seˈguro ˈpara ˈniĺnjos]
Wir brauchen 🔲.	Necesitamos 🔲. [neθesiˈtamos]
F04 ☑ einen Kindersitz für das Auto	☑ una silla de coche (ⓛ de carro) para niños [ˈuna ˈsija de ˈkotsche (de ˈkarro) ˈpara ˈniĺnjos]
F05 ☑ einen Kindersitz für das Fahrrad	☑ una silla porta niños para la bicicleta [ˈuna ˈsija ˈporta ˈniĺnjos ˈpara la biθiˈkleta]
F06 ☑ einen Gurt, um das Kind anzuschnallen	☑ un cinturón de seguridad para el niño [un θintuˈron de seguriˈðað ˈpara el ˈniĺnjo]

Unterhaltung
Entretenimiento

Gibt es hier 🔲?	¿Hay aquí 🔲? [ai aˈki]

MIT KINDERN REISEN

F07	☑ einen Spielplatz	☑ un parque de juegos [un 'parke de 'chuegos]
F08	☑ ein Planschbecken	☑ una piscina para niños ['una pis'θina 'para 'ninjos]
F09	☑ ein Spielwarengeschäft	☑ una tienda de juguetes ['una 'tienda de chu'getes]
F10	☑ einen Freizeitpark	☑ un parque de ocio [un 'parke de 'oθio]
F11	Gibt es ein Programm mit Kinderunterhaltung?	¿Hay programa de actividades para niños? [ai pro'grama de aktibi'ðaðes 'para 'ninjos]
F12	Wir brauchen *einen Babysitter/eine Babysitterin*.	Necesitamos *un/una* canguro (⏱ *un niñero/una niñera*). [neθesi'tamos un/'una kan'guro (un ni'njero/'una ni'njera)]

Beim Essen
Ir a comer

	Haben Sie ⍰?	¿Tienen ⍰? ['tienen]
F13	☑ einen Hochstuhl	☑ una silla más alta para niños ['una 'sija mas 'alta 'para 'ninjos]
F14	☑ ein Lätzchen	☑ un babero [un ba'bero]
F15	☑ eine Schnabeltasse	☑ un vaso para niños [un 'baso 'para 'ninjos]
F16	☑ einen Stillraum	☑ una habitación para dar el pecho ['una aβita'θion 'para dar el 'petscho]
F17	☑ eine Wickelmöglichkeit	☑ un lugar para cambiar los pañales [un lu'gar 'para kam'biar los pa'njales]
F18	☑ ein Kindermenü	☑ menú para niños [me'nu 'para 'ninjos]
F19	Gibt es auch Kinderportionen?	¿Tiene también porciones para niños? ['tiene tam'bien por'θiones 'para 'ninjos]
F20	Könnten Sie das *Fläschchen/Gläschen* aufwärmen?	¿Puede calentar el *biberón/vaso*? ['puede kalen'tar el biβe'ron/'baso]

Requerimientos especiales
Besondere Bedürfnisse

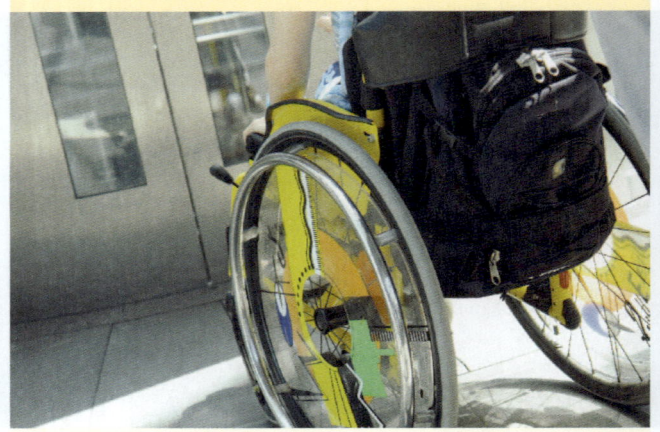

BESONDERE BEDÜRFNISSE

Nützliches für behinderte Reisende
Informaciones útiles para viajeros con discapacidades

Ich bin ▢.	Soy ▢. [soi]
F21 ☑ behindert	☑ m. discapacitado/f. discapacitada [diskapaθi'tađo/diskapaθi'tađa]
F22 ☑ blind	☑ m. ciego/f. ciega ['θi̯ego/'θi̯ega]
F23 ☑ taub	☑ m. sordo/f. sorda ['sorđo/'sorđa]
F24 Ich bin sehbehindert.	Padezco ceguera. [pa'đeθko θe'gera]
F25 Ich bin schwerhörig.	Padezco sordera. [pa'đeθko sor'đera]
F26 Könnten Sie bitte etwas lauter sprechen?	¿Podría hablar más alto, por favor? [po'đria a'blar mas 'alto por fa'bor]
F27 Würden Sie das bitte für mich aufschreiben?	¿Me lo puede escribir, por favor? [me lo 'pu̯eđe eskri'bir por fa'bor]
Gibt es ▢?	¿Hay ▢? [ai̯]
F28 ☑ Parkplätze für Behinderte	☑ un aparcamiento para discapacitados [un aparka'mi̯ento 'para diskapaθi'tađos]
F29 ☑ eine Rollstuhlauffahrt	☑ una rampa para sillas de ruedas ['una 'rrampa 'para 'sijas de 'rrueđas]
F30 ☑ einen Behindertenzugang	☑ un acceso para discapacitados [un ak'θeso 'para diskapaθi'tađos]
F31 ☑ eine Behindertentoilette	☑ un baño para discapacitados [un 'baɲo 'para diskapaθi'tađos]
F32 Ich bräuchte einen Rollstuhl.	Necesitaría una silla de ruedas. [neθesita'ria 'una 'sija de 'rrueđas]
F33 Ich hätte gern den Schlüssel für die Behindertentoilette.	Querría las llaves para el baño de discapacitados. [ke'rria las 'jabes 'para el 'baɲo de diskapaθi'tađos]
Könnten Sie ▢?	¿Podría ▢? [po'đria]
F34 ☑ mir helfen	☑ ayudarme [aju'đarme]

Besondere Bedürfnisse

F35	☑ mir über die Straße helfen	☑ ayudarme a cruzar la calle [aju'ðarme a kru'θar la 'kaʎe]
F36	☑ mir die Tür aufhalten	☑ abrirme la puerta [a'βrirme la 'pu̯erta]
F37	Kann ich meinen Blindenhund mitnehmen?	¿Puedo llevar a mi perro lazarillo? ['pu̯eðo je'βar a mi 'perro laθa'riʝo]
F38	Ist das für Behinderte geeignet?	¿Está adaptado para discapacitados? [es'ta aðap'taðo 'para diskapaθi'taðos]

Conversar
Miteinander sprechen

MITEINANDER SPRECHEN

Bitten und danken
Pedir y dar las gracias

G01	Danke (sehr).	(Muchas) gracias. [('mutschas) 'graθias]
G02	Bitte sehr!	Aquí tiene. [a'ki 'tiene]
G03	Gern geschehen.	De nada. [de 'naða]
G04	Nein, danke.	No, gracias. [no 'graθias]
G05	Herzlichen Dank!	¡Muchísimas gracias! [mu'tschisimas 'graθias]

Begrüßung und Verabschiedung
Saludo y despedida

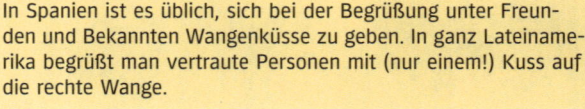

In Spanien ist es üblich, sich bei der Begrüßung unter Freunden und Bekannten Wangenküsse zu geben. In ganz Lateinamerika begrüßt man vertraute Personen mit (nur einem!) Kuss auf die rechte Wange.

G06	Guten Morgen!	¡Buenos días! ['buenos 'dias]
G07	Hallo/Guten Tag!	¡Hola! ['ola]
G08	Guten Abend!	¡Buenas tardes! ['buenas 'tarðes]
G09	Gute Nacht!	¡Buenas noches! ['buenas 'notsches]
G10	Auf Wiedersehen!	¡Adiós! [a'ðios]
G11	Tschüss!	¡Adiós! [a'ðios]
G12	Bis später!	¡Hasta luego! ['asta 'luego]

MITEINANDER SPRECHEN

In Spanien wird sehr oft die Form hasta luego im Sinne von adiós verwendet. Hasta luego bedeutet eigentlich *bis dann*, wird aber einfach im Sinne von *tschüss* verwendet. Umgangssprachlich werden unter anderem auch Ausdrücke wie nos vemos (*Wir sehen uns!*) oder que te vaya bien (*Mach's gut!*) benutzt, um sich zu verabschieden.

Sich vorstellen und von sich erzählen
Presentarse y hablar sobre uno mismo

G13	Ich heiße ...	Me llamo ... [me ˈjamo]
G14	Ich bin aus *Deutschland/Österreich/der Schweiz*.	Soy de *Alemania/Austria/Suiza*. [soi de aleˈmania/ˈaustria/ˈsuiθa]
G15	Ich bin ... Jahre alt.	Tengo ... años. [ˈtengo ... ˈaɲos]
G16	Ich bin verheiratet.	Estoy (Ⓛ Soy) m. casado/f. casada. [esˈtoi (soi) kaˈsaðo/kaˈsaða]
G17	Ich bin geschieden.	Estoy (Ⓛ Soy) m. divorciado/f. divorciada. [esˈtoi (soi) diβorˈθiaðo/diβorˈθiaða]
G18	Ich bin ledig.	Estoy (Ⓛ Soy) m. soltero/f. soltera. [esˈtoi (soi) solˈtero/solˈtera]
G19	Ich mache hier Urlaub.	Estoy aquí de vacaciones. [esˈtoi aki de bakaˈθiones]
G20	Ich wohne im ... Hotel.	Estoy m. alojado/f. alojada en el hotel ... [esˈtoi aloˈxaðo/aloˈxaða en el oˈtel]
G21	Ich bleibe noch ... *Tage/Wochen*.	Me quedaré ... *días/semanas*. [me keðaˈre ... ˈdias/seˈmanas]
	Ich bin ... (von Beruf).	Soy ... [soi]
G22	Ich bin selbstständig.	Soy autónomo (Ⓛ independiente). [soi auˈtonomo (inðepenˈðiente)]
G23	Ich bin Student/Studentin.	Soy estudiante. [soi estuˈðiante]

🔊 **MITEINANDER SPRECHEN**

G24 Ich gehe noch zur Schule.	Todavía voy al colegio. [toða'βia boi al ko'lechio]
G25 Ich habe *Kinder/einen Sohn/eine Tochter*.	Tengo *hijos/un hijo/una hija*. ['tengo 'ichos/ un 'icho/'una 'icha]
G26 Das ist mein Mann.	Este es mi marido (Ⓛ esposo). ['este es mi ma'riðo (es'poso)]
G27 Das ist meine Frau.	Esta es mi mujer (Ⓛ esposa). ['esta es mi mu'cher (es'posa)]
G28 Das ist mein Lebensgefährte.	Este es mi pareja. ['este es mi pa'recha]
Das ist meine Lebensgefährtin.	Esta es mi pareja. ['esta es mi pa'recha]
G29 Das ist mein Freund.	Este es mi novio. ['este es mi 'noβio]
Das ist meine Freundin.	Esta es mi novia. ['esta es mi 'noβia]
G30 Das ist ein Freund.	Este es un amigo. ['este es un a'migo]
Das ist eine Freundin.	Esta es una amiga. ['esta es 'una a'miga]

Etwas über den anderen herausfinden
Preguntar sobre los demás

G31 Wie *heißen Sie/heißt du*?	¿Cómo *se llama/te llamas*? ['komo se 'jama/ te 'jamas]
G32 Wie geht es *Ihnen/ dir*?	¿Cómo *está/estás*? ['komo es'ta/es'tas]
G33 Danke, gut.	Bien, gracias. [bien 'graθias]
G34 Gefällt es *Ihnen/dir* hier?	¿*Le/Te* gusta estar aquí? [le/te 'gusta es'tar a'ki]
G35 Sehr gut.	Mucho. ['mutscho]
G36 Geht schon.	Regular. [regu'lar]
G37 Wie alt *sind Sie/bist du*?	¿Cuántos años *tiene/tienes*? ['kuantos 'alnjos 'tiene/'tienes]

MITEINANDER SPRECHEN

G38	Woher *kommen Sie/ kommst Du*?	¿De dónde *es/eres*? (🕒 ¿De dónde *viene/ vienes*?) [de 'donde es/'eres (de 'donde 'bi̯ene/ 'bi̯enes)]
G39	*Sind Sie/Bist du* verheiratet?	¿Está usted/Estás ♂ casado/♀ casada? [es'ta us'teđ/es'tas ka'sađo/ka'sađa]
G40	Was *machen Sie/ machst du* beruflich?	¿En qué *trabaja/trabajas*? [en ke tra'bacha/ tra'bachas]
G41	*Machen Sie/Machst du* Urlaub hier?	¿*Está/Estás* aquí de vacaciones? [es'ta/ es'tas a'ki de baka'θi̯ones]
G42	Wie lang *bleiben Sie/ bleibst du* noch?	¿Cuánto tiempo *se va/te vas* a quedar? ['kṷanto 'ti̯empo se ba/te bas a ke'đar]
G43	Wo *wohnen Sie/ wohnst du*?	¿Dónde *vive/vives*? ['donde 'biβe/'biβes]

Sich verabreden und jemanden einladen
Quedar e invitar a alguien

G44	Darf ich *Sie/dich* zu einem Getränk einladen?	¿*Le/Te* gustaría tomar algo? [le/te gusta'ria to'mar 'algo]
G45	Sollen wir etwas essen gehen?	¿Vamos a comer algo? ['bamos a ko'mer algo]
G46	*Hätten Sie/Hättest du* Lust, heute Abend etwas zu unternehmen?	¿*Le/Te* apetece que hagamos algo esta noche? [le/te ape'teθe ke a'gamos 'algo 'esta 'notʃe]
	Wir treffen uns ⁇.	Quedamos ⁇. [ke'đamos]
G47	☑ um *ein Uhr/zwei Uhr*	☑ a *la una/las dos* [a la 'una/las dos]
G48	☑ in *einer Stunde/ zwei Stunden*	☑ dentro de *una hora/dos horas* (🕒 en *una hora/dos horas*) ['dentro de 'una 'ora/dos 'oras (en 'una 'ora/dos 'oras)]

MITEINANDER SPRECHEN

Wenn man zu einer Party oder Verabredung 20 Minuten oder eine halbe Stunde später kommt, ist das nicht so schlimm. Man sollte es mit der Unpünktlichkeit aber auch nicht übertreiben. Es ist übrigens auch nicht gern gesehen, wenn Gäste überpünktlich sind.

Dem Gastgeber einer Party bringt man Essen oder Getränke mit, beispielsweise etwas Süßes, einen Kuchen bzw. eine Flasche Wein oder einen Schnaps. In Spanien und Lateinamerika gilt es als höflich, die Geschenke der Gäste sofort vor deren Augen zu öffnen. Auf den Dank der Gastgeber reagiert man z. B. mit Es sólo un detalle. [es 'solo un de'taʎe] (*Es ist nur eine Kleinigkeit.*) oder Espero que te guste. [es'pero ke te 'guste] (*Ich hoffe es gefällt Dir.*). Es ist durchaus auch üblich, Leute ganz spontan noch für denselben Tag einzuladen.

Wenn man zu jemandem nach Hause eingeladen ist, ist es in Spanien üblich, dass der Gast die Schuhe anbehält (außer der Gastgeber bittet darum, die Schuhe auszuziehen).

G49	Wir treffen uns *im Hotel/an der Bar/am Eingang*.	Quedamos *en el hotel/en el bar/en la entrada*. [ke'ðamos en el o'tel/en el bar/en la en'traða]
G50	Ich begleite *Sie/dich* noch nach Hause.	*Le/Te* acompaño a casa. [le/te akom'paɲjo a 'kasa]
G51	Kann ich Sie irgendwo *hinfahren/absetzen*?	¿Le *llevo/dejo* en algún sitio? [le 'jeβo/'decho en al'gun 'sitio]
G52	Ich hole *Sie/dich* ab.	*Le/Te* recojo. [le/te rre'kocho]
G53	Nein danke. Das ist nicht notwendig.	No gracias. No es necesario. [no 'graθias no es neθe'sario]
G54	Ja bitte. Das ist sehr nett von Ihnen.	Sí gracias. Es muy amable de su parte. [si 'graθias es mui a'maβle de su 'parte]
G55	Danke für die Einladung.	Gracias por la invitación. ['graθias por la invita'θi̯on]

G56	Kann ich *Sie/dich* wiedersehen?	¿*Le/Te* puedo volver a ver? [le/te 'pue̞do bol'ber a ber]
G57	Ich habe leider keine Zeit.	Lo siento pero no tengo tiempo. [lo 'si̯ento 'pero no 'tengo 'ti̯empo]
G58	Nein danke!	No gracias. [no 'graθi̯as]

Komplimente und wie man darauf reagiert
Piropos y cómo reaccionar ante ellos

G59	*Sie sehen/Du siehst* toll aus!	¡*Está/Estás* ♂ guapísimo/♀ guapísima! [es'ta/es'tas gu̯a'pisimo/gu̯a'pisima]
G60	*Sie haben/Du hast* ein nettes Lächeln.	*Tiene/Tienes* una sonrisa agradable. ['ti̯ene/'ti̯enes 'una son'rrisa agra'dable]
G61	*Sie haben/Du hast* wunderschöne Augen.	*Tiene/Tienes* unos ojos preciosos. ['ti̯ene/'ti̯enes 'unos 'ochos pre'θi̯osos]
G62	*Sie sind/Du bist* wunderschön.	*Es/Eres* muy hermosa. [es/'eres mu̯i er'mosa]
G63	Danke für das Kompliment.	Gracias por el piropo. ['graθi̯as por el pi'ropo]
G64	Das war ein sehr schöner Abend.	Ha sido una noche encantadora. [a 'sido una 'notsche enkanta'dora]
G65	*Mit Ihnen/Mit dir* kann man sich gut unterhalten.	*Con usted/Contigo* se puede conversar muy bien. [kon us'ted/kon'tigo se 'pu̯ede konber'sar mu̯i bi̯en]
G66	*Übertreiben Sie/Übertreib* nicht!	No *exagere/exageres*. [no exa'chere/exa'cheres]
G67	Hör bloß auf!	¡Calla! ['kaja]
G68	Du gefällst mir sehr.	Me gustas mucho. [me 'gustas 'mutscho]
G69	Ich bin leider schon vergeben.	Lo siento pero ya tengo pareja. [lo 'si̯ento 'pero ja 'tengo pa'recha]
G70	Tut mir leid, du bist nicht mein Typ!	¡Lo siento pero no eres mi tipo! [lo 'si̯ento 'pero no 'eres mi 'tipo]

🔊 MITEINANDER SPRECHEN

Zustimmen und ablehnen
Mostrarse de acuerdo y rechazar

G71	Das ist in Ordnung.	De acuerdo. [de a'kuerđo]
G72	Ja, bitte.	Sí, por favor. [si por fa'βor]
G73	Damit bin ich einverstanden.	Estoy de acuerdo. [es'toi de a'kuerđo]
G74	Das gefällt mir.	Me gusta. [me 'gusta]
G75	Das möchte ich gern tun.	Me gustaría hacerlo. [me gusta'ria a'θerlo]
G76	Das ist sehr gut.	Está muy bien. [es'ta mui bien]
G77	Das ist super!	¡Es fantástico! [es fan'tastiko]
G78	Nein, danke!	¡No gracias! [no 'graθias]
G79	Das gefällt mir nicht.	No me gusta. [no me 'gusta]
G80	Das möchte ich nicht tun.	No quiero hacerlo. [no 'kiero a'θerlo]
G81	Das sehe ich anders.	No estoy de acuerdo. [no es'toi de a'kuerđo]
G82	Das ist schlecht.	Está mal. [es'ta mal]
G83	Das ist furchtbar.	Eso es horrible. ['eso es o'rriβle]
G84	Das kommt gar nicht in Frage!	¡De ninguna manera! [de nin'guna ma'nera]
G85	Auf keinen Fall!	¡Bajo ningún concepto! ['baχo nin'gun kon'θepto]

Bedauern ausdrücken und sich entschuldigen
Disculparse

G86	Tut mir leid.	Lo siento. [lo 'siento]
G87	Das tut mir sehr leid.	Lo siento mucho. [lo 'siento 'mutsho]
G88	Entschuldigung. Das war keine Absicht.	Lo siento. Ha sido sin querer. [lo 'siento a 'siđo sin ke'rer]

G89	Das soll nicht mehr vorkommen.	No volverá a ocurrir. (🕒 No va a pasar otra vez.) [no bolβe'ra a oku'rrir (no ba a pa'sar 'otra beθ)]
G90	Da habe ich *Sie/dich* falsch verstanden.	*Le/Te* he entendido mal. [le/te e enten'diđo mal]
G91	Das war ein Missverständnis.	Ha sido un malentendido. [a 'siđo un malenten'điđo]
G92	Das war meine Schuld.	Fue culpa mía. [fu̯e 'kulpa 'mia]
G93	Das macht doch nichts!	¡No importa! [no im'porta]
G94	Kein Problem.	No hay problema. [no ai̯ pro'βlema]

Todo sobre el tiempo
Rund um die Zeit

RUND UM DIE ZEIT

Die Uhrzeit
La hora

> Wenn man auf den Kanarischen Inseln ankommt, sollte man die Uhr eine Stunde zurückstellen. Als Ortszeit gilt auf den gesamten Kanarischen Inseln die mitteleuropäische Zeit (MEZ) **minus eine Stunde**.

H01	Wie spät ist es?	¿Qué hora es? [ke 'ora es]
H02	Es ist ein Uhr.	Es la una. [es la 'una]
	Es ist ▢.	Son ▢. [son]
H03	☑ *zwei/drei* Uhr	☑ las *dos/tres* [las dos/tres]
H04	☑ *sechs/sieben/acht* Uhr morgens	☑ las *seis/siete/ocho* de la mañana [las seis/'siete/'otscho de la ma'lnjana]
H05	☑ *sechs/sieben/acht* Uhr abends	☑ las *seis/siete/ocho* de la tarde [las seis/'siete/'otscho de la 'tarđe]
H06	☑ *drei/vier* Uhr nachmittags	☑ las *tres/cuatro* de la tarde [las tres/'kuatro de la 'tarđe]
H07	☑ *achtzehn/neunzehn/zwanzig* Uhr	☑ las *dieciocho/diecinueve/veinte* horas [las dieθi'otscho/dieθi'nuebe/'beinte 'oras]
H08	☑ halb zehn	☑ las nueve y media [las 'nuebe i 'međia]
H09	☑ viertel vor fünf	☑ las cinco menos cuarto (🕒 falta un cuarto para las cinco) [las 'θinko 'menos 'kuarto ('falta un 'kuarto 'para las 'θinko)]
H10	☑ viertel nach vier	☑ las cuatro y cuarto [las 'kuatro i 'kuarto]
H11	☑ zwei Minuten vor sechs	☑ las seis menos dos minutos (🕒 faltan dos minutos para las seis) [las seis 'menos dos mi'nutos ('faltan dos mi'nutos 'para las seis)]
H12	☑ fünf nach sieben	☑ las siete y cinco [las 'siete i 'θinko]
H13	zu früh	demasiado pronto (🕒 muy temprano) [dema'siađo 'pronto (mui tem'prano)]

🔊 Rund um die Zeit

H14	zu spät	demasiado tarde (🕒 muy tarde) [dema'siaðo 'tarðe (muỵ 'tarðe)]

> Um die Uhrzeit auf Spanisch anzugeben, muss man Folgendes berücksichtigen: Vor der Zahlenangabe steht im Spanischen der bestimmte Artikel. *Es ist ein Uhr* heißt **Es la** una. Ab der zweiten Stunde muss man das Verb und den Artikel im Plural verwenden: *Es ist zwei Uhr.* – **Son las** dos.
> Von der vollen Stunde bis zur ersten halben Stunde zählt man immer die Minuten hinzu. *14.10 Uhr* ist also Son las dos y diez (wörtlich: *Es sind zwei und zehn*). Nach der ersten halben Stunde werden die Minuten von der nächsten vollen Stunde abgezogen. *Es ist 14.35 Uhr* heißt auf Spanisch also Son las tres menos veinticinco (wörtlich: *Es sind drei minus 25*).
> In Lateinamerika verwendet man für Minutenangaben nach der halben Stunde das Verb faltar (*fehlen*): Faltan veinticinco para las tres (wörtlich: *Es fehlen 25 bis drei*). Umgangssprachlich ist es nicht üblich, die Uhrzeit mit 15.00 Uhr oder 16.00 Uhr anzugeben. Man sagt: las tres/cuatro de la tarde statt las quince/dieciséis horas. Ab 21 Uhr verwendet man den Zusatz de la noche.

H15	Wann treffen wir uns?	¿Cuándo quedamos? (🕒 ¿Cuándo nos encontramos?) ['kuando ke'ðamos ('kuando nos enkon'tramos)]
H16	Um wie viel Uhr?	¿A qué hora? [a ke 'ora]
H17	um 12 Uhr mittags	a las 12 del mediodía [a las 'doθe del meðio'dia]
H18	um Mitternacht	a medianoche [a meðia'notʃe]
H19	in einer Stunde	dentro de una hora ['dentro de 'una 'ora]
H20	in einer halben Stunde	dentro de media hora ['dentro de 'meðia 'ora]

RUND UM DIE ZEIT

H21	in einer viertel Stunde	dentro de un cuarto de hora ['dentro de un 'kuarto de 'ora]
H22	in *fünf/zehn* Minuten	dentro de *cinco/diez* minutos ['dentro de 'θinko/dieθ mi'nutos]
H23	Bis später/dann.	Hasta luego. ['asta 'luego]

Tageszeiten
Las horas del día

H24	am Morgen/Vormittag	por (🕐 en) la mañana [por (en) la ma'ɲana]
H25	am Nachmittag/am (frühen) Abend	por (🕐 en) la tarde [por (en) la 'tarðe]
H26	am (späten) Abend/in der Nacht	por (🕐 en) la noche [por (en) la 'notʃe]
H27	heute Morgen/Vormittag	hoy por (🕐 en) la mañana [oi por (en) la ma'ɲana]
H28	heute *Nachmittag/Abend*	hoy por (🕐 en) la *tarde/noche* [oi por (en) la 'tarðe/'notʃe]
H29	heute Mittag	hoy a (🕐 al) mediodía [oi a (al) međio'dia]
H30	heute Nacht	esta noche ['esta 'notʃe]
H31	morgen früh/Vormittag	mañana por (🕐 en) la mañana [ma'ɲana por (en) la ma'ɲana]
H32	morgen Mittag	mañana a (🕐 al) mediodía [ma'ɲana a (al) međio'dia]
H33	morgen *Abend/Nacht*	mañana por la *tarde/noche* [ma'ɲana por la 'tarðe/'notʃe]
H34	morgens/vormittags	por la mañana (🕐 en las mañanas) [por la ma'ɲana (en las ma'ɲanas)]
H35	*nachmittags/abends*	por la *tarde/noche* (🕐 en las *tardes/noches*) [por la 'tarðe/'notʃe (en las 'tarðes/'notʃes)]

🔊 RUND UM DIE ZEIT

| H36 | nachts | por la noche (🕒 en las noches) [por la 'notsche (en las 'notsches)] |

Tarde verwendet man in Bezug auf den Zeitraum vom frühen Nachmittag bis zum Einbruch der Dunkelheit. Für den späteren Abend und die Nacht gebraucht man noche.

H37	tagsüber	durante el día [du'rante el 'dia]
H38	vorgestern	anteayer [antea'jer]
H39	gestern	ayer [a'jer]
H40	heute	hoy [oi̯]
H41	morgen	mañana [ma'ɪnjana]
H42	übermorgen	pasado mañana [pa'sađo ma'ɪnjana]

Die Woche
La semana

H43	in einer Woche	dentro de (🕒 en) una semana ['dentro de (en) 'una se'mana]
H44	in zwei Wochen	dentro de (🕒 en) dos semanas ['dentro de (en) dos se'manas]
H45	Montag	lunes m. ['lunes]
H46	Dienstag	martes m. ['martes]
H47	Mittwoch	miércoles m. ['mi̯erkoles]
H48	Donnerstag	jueves m. ['chu̯ebes]
H49	Freitag	viernes m. ['bi̯ernes]
H50	Samstag	sábado m. ['saβađo]
H51	Sonntag	domingo m. [do'mingo]

H52	montags	los lunes [los 'lunes]
H53	am Dienstag	el martes [el 'martes]
H54	jeden Mittwoch	todos los miércoles ['toðos los 'mjerkoles]
H55	bis Donnerstag	hasta el jueves ['asta el 'chueβes]
H56	Freitag Abend	el viernes por la tarde [el 'bjernes por la 'tarðe]
H57	nächsten Samstag	el próximo sábado [el 'proximo 'saβaðo]
H58	seit Sonntag	desde el domingo ['desðe el do'mingo]
H59	seit zwei Tagen	desde hace dos días ['desðe 'aθe dos 'dias]

Die Monate
Los meses

H60	In welchem Monat ...?	¿En qué mes ...? [en ke mes]
H61	im Januar	en enero [en e'nero]
H62	Januar	enero m. [e'nero]
H63	Februar	febrero m. [fe'brero]
H64	März	marzo m. ['marθo]
H65	April	abril m. [a'βril]
H66	Mai	mayo m. ['majo]
H67	Juni	junio m. ['chunjo]
H68	Juli	julio m. ['chuljo]
H69	August	agosto m. [a'gosto]
H70	September	septiembre m. [sep'tjembre]
H71	Oktober	octubre m. [ok'tuβre]
H72	November	noviembre m. [no'βjembre]
H73	Dezember	diciembre m. [di'θjembre]

RUND UM DIE ZEIT

Die Jahreszeiten
Las estaciones

H74	im Frühling	en primavera [en prima'βera]
H75	Frühling	primavera f. [prima'βera]
H76	Sommer	verano m. [be'rano]
H77	Herbst	otoño m. [o'toɲo]
H78	Winter	invierno m. [in'bjerno]
H79	das ganze Jahr über	todo el año ['toðo el 'aɲo]
H80	die Jahreszeit für etw.	la estación para algo [la esta'θjon 'para 'algo]

Das Datum
La fecha

H81	Der Wievielte ist heute?	¿Qué día es hoy? [ke 'dia es oi]
H82	Heute ist der *Erste/Zweite/Dritte*.	Hoy es *uno (🕐 primero)/dos/tres*. [oi es 'uno (pri'mero)/dos/tres]
H83	Heute ist der vierte Januar.	Hoy es cuatro de enero. [oi es 'kuatro de e'nero]
H84	am fünften Februar	el cinco de febrero [el 'θinko de fe'βrero]
H85	bis zum sechsten März	hasta el seis de marzo ['asta el seis de 'marθo]
	Berlin, 7. April 2011 *(in Schriftstücken)*	Berlín, 7 de abril de 2011 [ber'lin 'sjete de a'βril de dos mil 'onθe]

Feiertage
Días festivos

An Feiertagen sind in Spanien und Lateinamerika die Geldinstitute und die meisten Firmen geschlossen. Supermärkte, die größeren Einzelhandelsketten und einige andere Geschäfte sind jedoch häufig eingeschränkt geöffnet. Museen und Ausstellungen schließen über die Weihnachtsfeiertage, haben aber an anderen Feiertagen meist geöffnet und werden dann von den Einheimischen gern besucht. Am besten erkundigt man sich im Voraus nach den Öffnungszeiten.

| Heute ist ein Feiertag. | Hoy es día festivo (🕒 feriado). [oi es 'dia fes'tiβo (fe'riaðo)] |

Año Nuevo m. ['aɲjo 'nueβo]	Neujahr
Reyes Magos m. Pl. ['rrejes 'magos]	Heilige Drei Könige
Viernes Santo m. ['bjernes 'santo]	Karfreitag
Pascua f. ['paskua]	Ostern

Die Semana Santa ist die *Heilige Woche* (Palmsonntag bis Ostersonntag). In Spanien wird die Semana Santa ausgiebig gefeiert: Am bekanntesten sind die Feiern, die in Andalusien und Kastilien stattfinden. Hauptattraktion dieser Feiern sind die Prozessionen, die in der Regel am Karfreitag stattfinden. Sie werden von Bruderschaften, die einer Kirchengemeinde angeschlossen sind, organisiert und durchgeführt. Die Teilnehmer tragen lange Kutten mit spitzen Hauben, die Frauen sind in Schwarz gekleidet. Wichtiger Bestandteil der Prozessionen sind die pasos, Marien- oder Jesusstatuen, die von Prozessionsteilnehmern auf den Schultern getragen werden.

Rund um die Zeit

Feria de Abril f. ['feria de a'bril]	Frühlingsfest in Andalusien (i. d. R. zwei Wochen nach Ostern)

Die Feria de Abril ist eines der beliebtesten Volksfeste Spaniens. Es findet in Sevilla statt. Während der Festwoche tragen die Einheimischen typisch andalusische Trachten: Die Männer den traditionellen Anzug der Bauern und die Frauen Rüschenkleider im Stil von Flamencotänzerinnen.

uno (① primero) de mayo m. ['uno (pri'mero) de 'majo]	Maifeiertag
Ascensión f. [asθen'si̯on]	Christi Himmelfahrt
Pentecostés m. [pentekos'tes]	Pfingsten
Día del Corpus m. ['dia del 'korpus]	Fronleichnam
Santiago Apóstol m. [san'ti̯ago a'postol]	Jakobstag (25. Juli)
Asunción de la Virgen f. [asun'θi̯on de la 'birchen]	Mariä Himmelfahrt (15. August)
Todos los Santos m. Pl. ['toðos los 'santos]	Allerheiligen (1. November)
Inmaculada Concepción f. [inmaku'laða konθep'θi̯on]	Unbefleckte Empfängnis (8. Dezember)
Nochebuena f. [notsche'bu̯ena]	Heiligabend (24. Dezember)
Navidad f. [naβi'ðað]	Weihnachten (25. Dezember)
Nochevieja f. [notsche'bi̯echa]	Silvester (31. Dezember)

In Spanien ist es üblich, Geschenke nicht am 24. Dezember, sondern erst am 6. Januar zu überreichen. Dieser Brauch geht auf die Bibel zurück: Die Heiligen Drei Könige trafen erst am 6. Januar ein, um dem Jesuskind mit Gold, Weihrauch und Myrrhe zu huldigen. Für die Kleinsten, die fest daran glauben, dass ihnen die Könige ihre Geschenke bringen, werden in den meisten Städten am Abend des 5. Januars Umzüge organisiert, bei denen die Heiligen Drei Könige sich zeigen. Am Abend vor dem 6. Januar stellen die Kinder ihre Schuhe ins Wohnzimmer und schauen am nächsten Morgen nach, ob Geschenke für sie gebracht wurden.
In Lateinamerika werden die Geschenke am 24. Dezember um Mitternacht überreicht. Am 6. Januar bekommen die Kinder nur eine Kleinigkeit.

Frohe Ostern!	¡Felices Pascuas! [feˈliθes ˈpasku̯as]
Frohe Weihnachten!	¡Feliz Navidad! [ˈfeliθ naβiˈđađ]
Frohes neues Jahr!	¡Feliz Año Nuevo! [ˈfeliθ ˈalnjo ˈnu̯eβo]

Gastronomía y cocina
Gastronomisches und Kulinarisches

Gastronomisches und Kulinarisches

Spanisches Frühstück: schnell und leicht
Comenzar el día: desayuno rápido

Für Spanier nimmt das Frühstück keinen wichtigen Stellenwert ein. Man trinkt vielleicht einen Kaffee und isst eventuell kleines Gebäck. In der Regel isst man Süßes zum Frühstück; Pikantes bleibt dem Mittag- und Abendessen vorbehalten.
Da in Zentralamerika und Teilen Südamerikas Mais und Kakao wichtige Lebensmittel sind, frühstücken die Leute dort auch öfter Maisgebäck zu einer Tasse heißer Schokolade. Dazu gibt es Eier und frisches Obst.

101 Kann man hier frühstücken?	¿Sirven aquí desayuno? [ˈsirβen aˈki desaˈjuno]
102 Wann gibt es Frühstück?	¿A qué hora es el desayuno? [a ke ˈora es el desaˈjuno]

El desayuno se sirve de 8 a 9:30. [el desaˈjuno se ˈsirβe de ˈotscho a ˈnu̯eβe i ˈmeđia]	Frühstück gibt es von 8 Uhr bis 9.30 Uhr.

Ich nehme ▢.	Voy a tomar ▢. [boi̯ a toˈmar]
103 ▢ (koffeinfreien) Kaffee	▢ café (descafeinado) [kaˈfe (deskafei̯ˈnađo)]
104 ▢ Tee	▢ té [te]
105 ▢ heiße Schokolade	▢ chocolate caliente [tschokoˈlate kaˈli̯ente]
106 *mit/ohne Zucker/Milch*	*con/sin azúcar/leche* [kon/sin aˈθukar/ˈletsche]
107 mit einem Löffel Zucker	con una cucharada de azúcar [kon ˈuna kutschaˈrađa de aˈθukar]
108 mit *zwei/drei* Löffeln Zucker	con *dos/tres* cucharadas de azúcar [kon dos/tres kutschaˈrađas de aˈθukar]

🔊 GASTRONOMISCHES UND KULINARISCHES

109	☑ frisch gepressten Orangensaft	☑ zumo de naranja recién exprimido ['θumo de na'rancha rre'θien expri'miðo]
110	☑ Grapefruitsaft	☑ zumo de pomelo (Ⓛ de toronja) ['θumo de po'melo (de to'roncha)]
111	☑ *warme/kalte* Milch	☑ leche *caliente/fría* ['letʃe ka'liente/'fria]
	Ich hätte gern ☑ zum Frühstück.	Querría ☑ en el desayuno. [ke'rria … en el desa'juno]
112	☑ ein weich gekochtes Ei	☑ un huevo pasado por agua (Ⓛ un huevo semiduro) [un 'ueβo pa'saðo por 'agua (un 'ueβo semi'ðuro)]
113	☑ ein hart gekochtes Ei	☑ un huevo cocido (Ⓛ cocinado) [un 'ueβo ko'θiðo (koθi'naðo)]
114	☑ pochiertes Ei	☑ un huevo escalfado [un 'ueβo eskal'faðo]
115	☑ Rührei mit Speck	☑ huevos revueltos con panceta (Ⓛ con tocino) ['ueβos rre'βueltos kon pan'θeta (kon to'θino)]
116	☑ Honig	☑ miel [miel]
117	☑ Erdbeermarmelade	☑ mermelada de fresa [merme'laða de 'fresa]
118	☑ Himbeermarmelade	☑ mermelada de frambuesa [merme'laða de fram'buesa]
119	☑ Orangenmarmelade	☑ mermelada de naranja [merme'laða de na'rancha]
120	☑ ein Croissant	☑ un cruasán [un krua'san]
121	☑ ein Brötchen	☑ un panecillo [un pane'θijo]
122	☑ Grapefrucht	☑ pomelo (Ⓛ toronja) [po'melo (to'roncha)]
123	☑ Joghurt mit frischen Früchten	☑ yogur con fruta fresca [jo'gur kon 'fruta 'freska]
124	☑ eine Schale Müsli	☑ un bol de muesli [un bol de 'muesli]
125	☑ Haferflocken	☑ copos de avena ['kopos de a'βena]
126	☑ Cornflakes	☑ cereales [θere'ales]

Könnte ich/Könnten wir ☐ bekommen?	¿Me/Nos pone ☐? [me/nos 'pone]
27 ☑ noch etwas Brot	☑ un poco más de pan [un 'poko mas de pan]
28 ☑ noch etwas Toast	☑ más tostadas [mas tos'taðas]
29 Gibt es auch ungesalzene *Butter/Margarine*?	¿Tiene *mantequilla/margarina* sin sal? ['tiene mante'kija/marga'rina sin sal]

Zum Essen ausgehen
Salir a comer

Im Restaurant werden Sie vielleicht überrascht sein, wenn der Kellner den Teller vom Tisch räumt, ohne zu fragen, ob es Ihnen geschmeckt hat. Legen Sie das nicht als Unhöflichkeit aus – in Spanien geht man einfach davon aus, dass der Kunde zufrieden war, sonst hätte er sich sicherlich gegenteilig geäußert.
In Spanien und Lateinamerika lässt man das Trinkgeld in Restaurants offen auf dem Tisch liegen und sagt der Bedienung nicht, um wie viel es sich handelt. Dies würde als unhöflich empfunden werden.
Es ist sowohl in Lateinamerika als auch in Spanien nicht üblich, in Restaurants oder Cafés den Tisch mit Unbekannten zu teilen.

Gibt es ein gutes Restaurant in der Nähe?	¿Hay algún restaurante bueno por aquí? [ai al'gun restau'rante 'bueno por a'ki]
Können Sie mir ☐ empfehlen?	¿Me puede recomendar ☐? [me 'puede rrekomen'dar]

Gastronomisches und Kulinarisches

131	☑ ein *spanisches/chinesisches/argentinisches* Restaurant	☑ un restaurante *español/chino/argentino* [un restau'rante espa'|n̪ol/'tschino/archen'tino]
132	☑ eine Pizzeria	☑ una pizzería ['una pitse'ria]
133	☑ eine Kneipe	☑ un bar [un bar]
134	☑ eine Bar	☑ un bar de copas [una bar de 'kopas]
135	☑ ein Café	☑ una cafetería (🕒 un café) ['una kafete'ria (un ka'fe)]

Was man im Spanischen als bar bezeichnet, entspricht nicht der deutschen *Bar*. In Spanien sind dies Lokale, in denen man nicht nur etwas trinkt, sondern dazu einige Häppchen (tapas) oder sogar ein ganzes Menü isst. Wenn man nur ein Getränk möchte, geht man in die bar de copas.

Tapas gehören in Spanien zum täglichen Speiseplan. Die kleinen Gerichte, von denen es unzählige Variationen gibt, bestehen manchmal aus einer Brottasche, die mit den verschiedensten Zutaten gefüllt ist – Artischocken, Schinken, Fleisch, Champignons, Meersfrüchten usw. – oder aus kleinen Portionen fertiger Gerichte wie z. B. Kroketten, frittierte Calamari, Sardellen, gegrillte Krevetten, Miesmuscheln in Soße und Fleischbällchen.

Tapas werden oft auf der Theke ausgestellt und man kann sie dort auswählen. Die Spanier essen sie gern kurz vor der Mittagszeit oder kurz vor dem Abendessen. Dazu wird immer etwas getrunken.

Reservieren
Hacer una reserva

136	Ich möchte für *zwanzig/einundzwanzig* Uhr einen Tisch reservieren.	Querría reservar una mesa para las *ocho/nueve* de la noche. [ke'rria rreser'bar 'una 'mesa 'para las 'otscho/'nuebe de la 'notsche]

Gastronomisches und Kulinarisches

Essenszeiten in Spanien unterscheiden sich von denen in Zentraleuropa. Die Hauptmahlzeit wird in Spanien meistens zwischen 14.00 und 16.00 Uhr eingenommen. Bis zum späten Abend bekommt man außerhalb der Touristengebiete kaum etwas anderes als eine kleine Mahlzeit wie Tapas oder süße Teilchen. Das Abendessen wird generell nicht vor 20.30 oder 21.00 Uhr angeboten und bis Mitternach kann man fast in jedem Restaurant eine warme Mahlzeit bestellen.
In den meisten Ländern Lateinamerikas entsprechen die Essenszeiten denjenigen in Zentraleuropa.

I37	Einen Tisch für *eine Person/fünf Personen*, bitte!	Una mesa para *uno/cinco*, por favor. ['una 'mesa 'para 'uno/'θinko por fa'ðor]
I38	Könnten wir einen anderen Tisch haben?	¿Nos puede dar otra mesa? [nos 'pu̯eđe dar 'otra 'mesa]
I39	Einen Tisch am Fenster, bitte.	Una mesa junto a (🕒 en) la ventana, por favor. ['una 'mesa 'chunto a (en) la ben'tana por fa'ðor]
I40	Wir nehmen diesen da.	Queremos aquella. [ke'remos a'keja]
I41	Haben Sie einen Hochstuhl?	¿Tiene una silla alta? ['ti̯ene 'una 'sija 'alta]
I42	Brauchen Sie diesen Stuhl?	¿Necesita esta silla? [neθe'sita 'esta 'sija]
I43	Ist dieser Tisch noch frei?	¿Está libre (🕒 desocupada) esta mesa? [es'ta 'liβre (desoku'pađa) 'esta 'mesa]

Bestellen
Pedir

¿Quiere pedir ya? ['ki̯ere pe'ðir ja]	Möchten Sie schon bestellen?

GASTRONOMISCHES UND KULINARISCHES

¿Qué va a tomar? [ke ba a to'mar]	Was hätten Sie gern?
¿Qué le pongo? [ke le 'pongo]	Was darf ich Ihnen bringen?

Könnten wir/Könnte ich bitte ☐ *bekommen?*	¿*Nos/Me* puede traer ☐? [nos/me 'pue̯đe tra'er]
☑ die Speisekarte	☑ el menú [el me'nu]
☑ die Kinderkarte	☑ el menú para niños [el me'nu 'para 'niɲɲos]
☑ die Dessertkarte	☑ la carta de postres [la 'karta de 'postres]
☑ die Getränkekarte	☑ la carta de bebidas [la 'karta de be'biđas]
☑ die Weinkarte	☑ la carta de vinos [la 'karta de 'binos]
Wir möchten/Ich möchte bestellen.	*Querríamos/Querría* pedir. [ke'rriamos/ke'rria pe'đir]
Wir hätten/Ich hätte gern ☐	*Querríamos/Querría* ☐ [ke'rriamos/ke'rria]
Wir nehmen/Ich nehme ☐	*Vamos/Voy* a tomar ☐ ['bamos/bo̯i a to'mar]
☑ ein Glas ...	☑ una copa de ... ['una 'kopa de]
☑ eine Flasche ...	☑ una botella de ... ['una bo'teja de]
☑ eine Tasse ...	☑ una taza de ... ['una 'taθa de]
☑ eine Kanne ...	☑ una jarrita de ... ['una cha'rrita de]

Primero las bebidas
Getränke zuerst

refrescos m. Pl. [re'freskos]	alkoholfreie Getränke
agua con/sin gas f. ['agua kon/sin gas]	Mineralwasser mit/ohne Kohlensäure

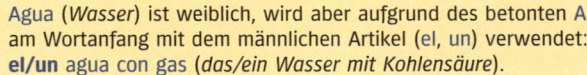

Agua (*Wasser*) ist weiblich, wird aber aufgrund des betonten A am Wortanfang mit dem männlichen Artikel (el, un) verwendet: **el/un** agua con gas (*das/ein Wasser mit Kohlensäure*).

batido (Ⓛ malteada) m./f. [ba'tiđo (malte'ađa)]	Milchshake
Coca cola® f. [koka'kola]	Cola
gaseosa f. [gase'osa]	Brauselimonade
horchata f. [or'tschata]	Erdmandelmilch
limonada f. [limo'nađa]	Limonade
tónica f. ['tonika]	Tonicwater
zumo de manzana/naranja m. ['θumo de man'θana/na'rancha]	Apfel-/Orangensaft
zumo de uvas m. ['θumo de 'uβas]	Traubensaft
bebidas calientes f. Pl. [be'βiđas ka'lientes]	Heißgetränke
café (descafeinado) m. [ka'fe deskafei'nađo]	(koffeinfreier) Kaffee
café solo m. [ka'fe 'solo]	schwarzer Kaffee
café con leche m. [ka'fe kon 'letsche]	Milchkaffee
café cortado m. [ka'fe kor'tađo]	Espresso mit ein wenig Milch
chocolate caliente m. [tschoko'late ka'liente]	heiße Schokolade
infusión (Ⓛ té) de hierbas f./m. [infu'sion (te) de 'ierβas]	Kräutertee

Primero las bebidas

té de menta m. [te de 'menta]	Pfefferminztee
té negro/verde m. [te 'negro/'berðe]	schwarzer/grüner Tee
tila f. ['tila]	Lindenblütentee
bebidas alcohólicas f. Pl. [be'βiðas al'kolikas]	alkoholische Getränke
cerveza (de barril) f. [θer'βeθa (de ba'rril)]	Bier (vom Fass)
caña f. ['caɲja]	Glas Fassbier
sidra seca/dulce f. ['siðra 'seka/'dulθe]	trockener/lieblicher Apfelwein
sangría f. [san'gria]	Rotweinbowle
vino seco/semiseco/dulce m. ['bino 'seko/semi'seko/'dulθe]	trockener/halbtrockener/lieblicher Wein
vino blanco m. ['bino 'blanko]	Weißwein
vino rosado/clarete m. ['bino rro'saðo/kla'rete]	Rosé
vino tinto m. ['bino 'tinto]	Rotwein
vino de Ribera m. ['bino de rri'βera]	Wein aus der Region Ribera del Duero
vino de Rioja m. ['bino de rri'ocha]	Rioja(wein)
vino de Borgoña m. ['bino de bor'goɲja]	Burgunder(wein)
vino de Burdeos m. ['bino de bur'ðeos]	Bordeaux(wein)
vino espumoso m. ['bino espu'moso]	Sekt
champán m. [tscham'pan]	Champagner
cava m. ['kaβa]	(katalanischer) Sekt
licor m. [li'kor]	Likör
chupito m. [tschu'pito]	Schnaps
aguardiente m. [aguar'ðiente]	Branntwein
coñac m. [ko'ɲjak]	Kognak
ginebra f. [chi'neβra]	Gin
ron m. [ron]	Rum

GASTRONOMISCHES UND KULINARISCHES

Zeit zum Essen
Hora de comer

152	Ist die warme Küche noch offen?	¿Está todavía abierta la cocina? [es'ta toða'βia a'βierta la ko'θina]
153	Ich will nur etwas Leichtes essen.	Sólo quiero comer algo ligero. ['solo 'kiero ko'mer 'algo li'chero]
154	Geben Sie mir zwei Minuten bitte.	¡Deme dos minutos, por favor! ['deme dos mi'nutos por fa'βor]
155	Was empfehlen Sie (mir)?	¿Qué (me) recomienda? [ke (me) rreko'mienda]
156	Als *Vorspeise/Hauptgericht/Nachspeise* nehme ich ...	De *primero/segundo/postre* voy a tomar ... [de pri'mero/se'gundo/'postre boi a to'mar]
157	Könnte ich anstelle von A bitte B bekommen?	¿Podría tomar A en lugar de B? [po'ðria to'mar ... en lu'gar de ...]
158	Könnte ich noch etwas ... haben?	¿Me pone otro poco de ...? [me 'pone 'otro 'poko de]
159	Könnte ich noch einen/eine/ein ... haben?	¿Me pone ♂ otro/♀ otra ...? [me 'pone 'otro/'otra]
160	Ist das *scharf/mild/sauer/süß*?	¿Es *picante/suave/ácido/dulce*? [es pi'kante/'suaβe/'aθiðo/'dulθe]
161	Würden Sie mir bitte *ein Messer/eine Gabel/einen Löffel/eine Serviette* bringen?	¿Me trae *un cuchillo/un tenedor/una cuchara/una servilleta*, por favor? [me 'trae un ku'tschijo/un tene'ðor/'una ku'tschara/'una serβi'jeta por fa'βor]
162	... zum Mitnehmen	... para llevar ['para je'βar]
163	Guten Appetit!	¡Que aproveche! (© ¡Buen provecho!) [ke apro'βetsche (buen proβe'tscho)]

La carta
Die Speisekarte

Entremeses | Vorspeisen

banderillas f. Pl. [bandeˈrijas]	kleine Gemüsespieße
boquerones en vinagre m. Pl. [bokeˈrones en biˈnagre]	Sardellen in Essig und Knoblauch
calamares a la romana m. Pl. [kalaˈmares a la rroˈmana]	frittierte Tintenfischringe
champiñones rellenos m. Pl. [tschamˈpiɲones rreˈjenos]	gefüllte Pilze (z. B. mit Schinken, Käse oder Knoblauch)
cóctel de gambas m. [ˈkoktel de ˈgambas]	Krabbencocktail
croquetas de jamón/bacalao f. Pl. [kroˈketas de chaˈmon/bakaˈlao]	Schinken-/Kabeljaukroketten

empanada f. [empaˈnaða]	mit Fisch oder Fleisch gefüllter Blätterteig
gambas al ajillo f. Pl. [ˈgambas al aˈchijo]	Garnelen mit Knoblauchsoße
gambas a la plancha f. Pl. [ˈgambas a la ˈplantscha]	gegrillte Garnelen
melón con jamón m. [meˈlon kon chaˈmon]	Melone mit Schinken
revuelto de setas y gambas m. [rreˈβuelto de ˈsetas i ˈgambas]	Rührei mit Pilzen und Garnelen
salmón ahumado m. [salˈmon auˈmaðo]	Räucherlachs
salpicón de marisco m. [salpiˈkon de maˈrisko]	Meeresfrüchtesalat
tabla de embutidos f. [ˈtaβla de embuˈtiðos]	Wurstplatte
tabla de quesos f. [ˈtaβla de ˈkesos]	Käseplatte

Ensaladas / Salate

ensaladilla rusa f. [ensalaˈðija ˈrrusa]	Salat aus gekochten Kartoffeln, Eiern, Karotten, Thunfisch, Erbsen, Spargel und Mayonnaise
ensalada de lechuga/mixta f. [ensaˈlaða de leˈtschuga/ˈmixta]	grüner/gemischter Salat
canónigos m. Pl. [kaˈnonigos]	Feldsalat
rúcula f. [ˈrrukula]	Rucolasalat
ensalada de tomate f. [ensaˈlaða de toˈmate]	Tomatensalat
aliño de vinagre balsámico y aceite de oliva m. [aˈlinjo de biˈnagre balˈsamiko i aˈθeite de oˈliβa]	Dressing mit Balsamicoessig und Olivenöl
aliño de aceite y vinagre m. [aˈlinjo de aˈθeite i biˈnagre]	Essig-und-Öl-Dressing
mahonesa f. [maoˈnesa]	Mayonnaise

LA CARTA

Sopas

Suppen

gazpacho m. [gaθ'patscho] — kalte Gemüsesuppe aus Paprika, Tomaten, Brot, Gurken, Knoblauch und Olivenöl

caldo m. ['kalđo] — Fleischbrühe

crema de espárragos f. ['krema de es'parragos] — Spargelcremesuppe

crema de tomate f. ['krema de to'mate] — Tomatencremesuppe

sopa de lentejas f. ['sopa de len'techas] — Linsensuppe

sopa de ajo f. ['sopa de 'acho] — Knoblauchsuppe

sopa de cocido f. ['sopa de ko'θiđo] — Nudelsuppe aus Fleisch- und Gemüsebrühe

sopa de fideos f. ['sopa de fi'đeos] — Nudelsuppe

sopa juliana f. ['sopa chu'liana] — Gemüsesuppe aus verschiedenen gewürfelten Gemüsesorten

sopa de pescado f. ['sopa de pes'kađo] — Fischsuppe

Platos rápidos

Kleine Mahlzeiten

hamburguesa con ketchup y patatas fritas f. [ambur'gesa kon 'ketschup i pa'tatas 'fritas] — Hamburger mit Pommes Frites und Ketchup

montadito de lomo m. [monta'đito de 'lomo] — Brötchen mit gegrilltem Kalbsfilet und Paprika oder einer leichten Soße gefüllt

plato combinado m. ['plato kombi'nađo] — Alternative zum Dreigänge-Menü, bestehend aus verschiedenen Gerichten, die auf einem einzigen Teller serviert werden

perrito caliente m. [pe'rrito ka'liente] — Hotdog

LA CARTA

sandwich vegetal m. ['sanduitsch bege'tal]	Sandwich mit Spargel, Mayonnaise, Ei und Salatblättern
sandwich de jamón y queso m. ['sanduitsch de cha'mon i 'keso]	Käse-Schinken-Sandwich
tortilla española f. [tor'tija espa'injola]	Omelett mit geschichteten Kartoffelscheiben und Zwiebeln
tortilla francesa f. [tor'tija fran'θesa]	Omelett (ohne Kartoffeln)

> Bocadillos [boka'ðijos] sind mit verschiedensten Zutaten belegte Baguettes, z. B. Ei, Fleisch, Schinken, Käse, Salatblätter und Calamari. Jeder Schüler hat sie in der Schultasche für die Pause und jeder Arbeiter für die Brotzeit dabei.
> Bocadillos heißen in Lateinamerika emparedado [empare'ðaðo] oder werden, wie im Englischen, als sandwich bezeichnet. In lateinamerikanischen Städten werden auf der Straße oftmals typische Gerichte aus Mais wie tortillas [tor'tijas] oder empanadas [empa'naðas] angeboten; Frittiertes oder Gebackenes erhalten Sie auch in kleinen Läden oder an Verkaufswägen.

Carne — Fleisch

vaca (L res) f. ['baka (res)]	Rind
cabrito m. [ka'brito]	Zicklein
carnero m. [kar'nero]	Hammel
caza f. ['kaθa]	Wild
cerdo m. ['θerðo]	Schwein
ciervo m. ['θierbo]	Hirsch
cochinillo (L lechón) m. [kotschi'nijo (le'tschon)]	Ferkel

LA CARTA

conejo m. [ko'necho]	Kaninchen
cordero m. [kor'ðero]	Lamm
lechazo m. [le'tschaθo]	Milchlamm
liebre f. ['liebre]	Hase
ternera f. [ter'nera]	Kalb
callos m. Pl. ['kajos]	Kutteln
hígado m. ['igaðo]	Leber
lengua f. ['lengua]	Zunge
mollejas f. Pl. [mo'jechas]	Bries
riñon m. [rri'injon]	Niere
sesos m. Pl. ['sesos]	Hirn
alitas de ... f. Pl. [a'litas de]	...flügel
... asado [a'saðo]	...braten

LA CARTA

albóndigas f. Pl. [al'bondigas]	Fleischklöße aus Rind oder Schwein
bistec m. [bis'tek]	Steak
carne picada f. ['karne pi'kaða]	Hackfleisch
chuleta de ... f. [tschu'leta de]	...kotelett
chuletilla (Ⓛ chuleta) de cordero f. [tschule'tija (tschu'leta) de kor'ðero]	Lammkotelett
costillas f. Pl. [kos'tijas]	Rippchen
escalope de ... m. [eska'lope de]	...schnitzel
filete de ... m. [fi'lete de]	...filet
lomo m. ['lomo]	Lende
muslo de ... m. ['muslo de]	...keule (Geflügel)
pata de ... f. ['pata de]	...keule (Fleisch)
panceta f. [pan'θeta]	Speck
salchichas f. Pl. [sal'tschitschas]	Würste
solomillo m. [solo'mijo]	Lendenstück
muy hecho (Ⓛ bien cocido) [mui 'etscho (bi̯en ko'θiðo)]	gut durch(gebraten)
al punto [al 'punto]	medium (rosa)
poco hecho ['poko 'etscho]	englisch (blutig)
pechuga f. [o pe'tschuga]	Brust
muslo m. ['muslo]	Keule

Aves — Geflügel

codorniz f. [koðor'niθ]	Wachtel
faisán m. [fai̯'san]	Fasan
ganso m. ['ganso]	Gans
pato m. ['pato]	Ente
pavo m. ['paβo]	Truthahn, Pute

La carta

perdiz f. [perˈðiθ]	Rebhuhn
pichón (🕒 paloma) m./f. [piˈtschon (paˈloma)]	Taube
pollo m. [ˈpojo]	Huhn, Hähnchen

Pescado y marisco — Fisch und Meeresfrüchte

anchoa f. [anˈtschola]	Anchovis
angula f. [anˈgula]	Glasaal
arenque m. [aˈrenke]	Hering
atún m. [aˈtun]	Thunfisch
bacalao m. [bakaˈla̱o]	Kabeljau
besugo m. [beˈsugo]	Brasse
bonito m. [boˈnito]	Bonito (Thunfischart)
caballa f. [kaˈβaja]	Makrele
carpa f. [ˈkarpa]	Karpfen

LA CARTA

congrio m. [ˈkongrio]	Meeraal
dorada f. [doˈraða]	Goldbrasse
lenguado m. [lenˈguaðo]	Seezunge
lubina f. [luˈbina]	Seebarsch
merluza f. [merˈluθa]	Seehecht
perca f. [ˈperka]	Barsch
pez espada m. [peθ esˈpaða]	Schwertfisch
platija f. [plaˈticha]	Scholle
rape m. [ˈrrape]	Seeteufel
raya f. [ˈraja]	Rochen
rodaballo m. [rroðaˈbajo]	Steinbutt
salmón m. [salˈmon]	Lachs
salmonete m. [salmoˈnete]	Meerbarbe
sardina f. [sarˈðina]	Sardine
trucha f. [ˈtrutscha]	Forelle
almejas f. Pl. [alˈmechas]	Venusmuscheln
bogavante m. [bogaˈbante]	Hummer
calamar m. [kalaˈmar]	Tintenfisch
cangrejo m. [kanˈgrecho]	Krebs
centollo m. [θenˈtojo]	Seespinne (Krabbenart)
cigala f. [θiˈgala]	Kronenhummer
gamba f. [ˈgamba]	Garnele
langosta f. [lanˈgosta]	Languste
langostino m. [langosˈtino]	Shrimp
mejillones m. Pl. [mechiˈjones]	Miesmuscheln
ostras f. Pl. [ˈostras]	Austern
pulpo m. [ˈpulpo]	Krake
vieiras f. Pl. [ˈbie̯iras]	Jakobsmuscheln

La carta

Verduras y hongos — Gemüse und Pilze

acelga f. [a'θelga]	Mangold
aguacate m. [agu̯a'kate]	Avokado
alcachofa f. [alka'tschofa]	Artischoke
apio (en rama) m. ['apio (en 'rrama)]	(Stauden)sellerie
berenjena f. [beren'chena]	Aubergine
berro m. ['berro]	Kresse
berza f. ['berθa]	Weißkohl
brécol/bróculi m. ['brekol/'brokuli]	Brokkoli
calabacín m. [kalaβa'θin]	Zucchini
calabaza (L ahuyama) f. [kala'βaθa (au'jama)]	Kürbis
canónigos m. Pl. [ka'nonigos]	Feldsalat
cantarelas f. Pl. [kanta'relas]	Pfifferlinge
champiñones m. Pl. [tschampi'ɲones]	Champignons
seta de cardo f. ['seta de 'karðo]	Austernpilz
cebolla f. [θe'βoja]	Zwiebel
col china f. [kol 'tschina]	Chinakohl
col de Bruselas f. [kol de bru'selas]	Rosenkohl
coliflor f. [koli'flor]	Blumenkohl
col verde f. [kol 'βerðe]	Grünkohl
escarola f. [eska'rola]	Endivie
endibia f. [en'diβia]	Chicorée
espárrago m. [es'parrago]	Spargel
espinacas f. Pl. [espi'nakas]	Spinat
garbanzos m. Pl. [gar'βanθos]	Kichererbsen
guindilla f. [gin'dija]	Peperoni

guisante (Ⓛ alverja) m./f. [gi'sante (al'bercha)]	Erbse
judía/alubia blanca (Ⓛ frijol blanco) f./m. [chu'đia/a'lubia 'blanka (fri'chol 'blanko)]	weiße Bohne
judía/alubia pinta (Ⓛ frijol pinto) f./m. [chu'đia/a'lubia 'pinta (fri'chol 'pinto)]	Prunkbohne
judía/alubia verde (Ⓛ habichuela) f. [chu'đia/a'lubia 'berđe (abi'tschuela)]	grüne Bohnen
lechuga f. [le'tschuga]	Kopfsalat
lentejas f. Pl. [len'techas]	Linsen
lombarda f. [lom'barđa]	Rotkohl
maíz m. [ma'iθ]	Mais
patata (Ⓛ papa) f. [pa'tata ('papa)]	Kartoffel
pepino m. [pe'pino]	Gurke
pimiento verde/amarillo/rojo m. [pi'miento 'berđe/ama'rijo/'rrocho]	grüne/gelbe/rote Paprikaschote
puerro m. ['puerro]	Lauch
rábano m. ['rrabano]	Rettich
tomate m. [to'mate]	Tomate
zanahorias f. Pl. [θana'orias]	Karotten, Möhren

Modos de preparación

Zubereitungsarten

ahumado [au'mađo]	geräuchert
al vapor [al ba'por]	gedämpft
a la plancha [a la 'plantscha]	gegrillt
asado [a'sađo]	gebraten
brocheta f. [bro'tscheta]	kleiner Spieß
cocido [ko'θiđo]	gekocht
enmarinado [enmari'nađo]	mariniert

LA CARTA

empanado (Ⓛ apanado) [empa'naðo (apa'naðo)] — paniert

en salmuera [en sal'muera] — eingelegt in Salzlake

en salsa [en 'salsa] — in Soße

escaldado [eskal'ðaðo] — blanchiert

estofado [esto'faðo] — geschmort

frito ['frito] — gebraten

frito con mucho aceite ['frito kon 'mutscho a'θeite] — frittiert

guiso m. ['giso] — ≈ Eintopf

guiso de carne m. ['giso de 'karne] — Fleischeintopf

pincho m. ['pintscho] — Spieß

salado [sa'laðo] — gesalzen

salteado [salte'aðo] — mit wenig Fett in der Pfanne gebraten

soufflé m. [su'fle] — Soufflé

tostado [tos'taðo] — geröstet, im Ofen gebraten

Guarniciones

Beilagen

arroz (salvaje) m. [a'rroθ (sal'βache)] — (Natur)reis

pasta f. ['pasta] — Nudeln

patatas (Ⓛ papas) asadas f. Pl. [pa'tatas ('papas) a'saðas] — Ofenkartoffeln

patatas (Ⓛ papas) cocidas f. Pl. [pa'tatas ('papas) ko'θiðas] — Salzkartoffeln

patatas fritas f. Pl. [pa'tatas 'fritas] — Pommes frites

puré de patata (Ⓛ papa) m. [pu're de pa'tata ('papa)] — Kartoffelbrei

Hierbas frescas y especias — Kräuter und Gewürze

ajo m. ['acho]	Knoblauch
albahaca f. [alba'aka]	Basilikum
azafrán m. [aθa'fran]	Safran
canela f. [ka'nela]	Zimt
ají m. [a'chi]	Chilischote
cebollino m. [θebo'jino]	Schnittlauch
cilantro m. [θi'lantro]	Koriander
clavo m. ['klabo]	Nelke
comino m. [ko'mino]	Kümmel
hinojo m. [i'nocho]	Fenchel
jengibre m. [chen'chibre]	Ingwer
laurel m. [lau̯'rel]	Lorbeer
mejorana f. [mecho'rana]	Majoran
menta f. ['menta]	Minze
mostaza f. [mos'taθa]	Senf
nuez moscada f. [nu̯eθ mos'kada]	Muskatnuss
perejil m. [pere'chil]	Petersilie
pimentón m. [pimen'ton]	Paprikapulver
pimienta negra/verde/blanca f. [pi'mi̯enta 'negra/'berde/'blanka]	scharzer/grüner/weißer Pfeffer
rábano picante m. ['rrabano pi'kante]	Meerrettich
romero m. [rro'mero]	Rosmarin
sal f. [sal]	Salz
salvia f. ['salbia]	Salbei
tomillo m. [to'mijo]	Thymian

LA CARTA

Postres   Nachspeisen

Wir möchten eine Nachspeise bestellen.	Querríamos pedir un postre. [ke'rriamos pe'ðir un 'postre]	

crema catalana f. ['krema kata'lana]	Eier-Vanille-Creme
flan m. [flan]	fester Karamellpudding
fresas con nata (🕒 frutillas con crema) f. Pl. ['fresas kon 'nata (fru'tijas kon 'krema)]	frische Erdbeeren mit Sahne
helado de vainilla/chocolate/fresa (🕒 frutilla) m. [elaðo de bai̯'nija/tschoko'late/'fresa (fru'tija)]	Vanille-/Schokoladen-/Erdbeereis
macedonia f. [maθe'ðonia]	Obstsalat
nata montada (🕒 crema de leche) f. ['nata mon'taða ('krema de 'letsche)]	Schlagsahne

natillas f. Pl. [na'tijas]	cremiger Vanillepudding
profiteroles m. Pl. [profite'roles]	kleine, mit Sahne oder Buttercreme gefüllte Windbeutel
sorbete de limón m. [sor'bete de li'mon]	Zitronensorbet
tarta (Ⓛ torta) de chocolate f. ['tarta ('torta) de tschoko'late]	Schokoladenkuchen
tarta (Ⓛ torta) de queso f. ['tarta ('torta) de 'keso]	Käsekuchen (mit Frischkäse zubereitet)
tarta (Ⓛ torta) de manzana f. ['tarta ('torta) de man'θana]	ungedeckter Apfelkuchen
tarta de Santiago f. ['tarta de san'tiago]	Mandeltorte aus Galizien

Quesos / Käseauswahl

queso azul m. ['keso a'θul]	Blauschimmelkäse
queso de cabra m. ['keso de 'kabra]	Ziegenkäse
queso fresco m. ['keso 'fresko]	Frischkäse
queso manchego m. ['keso man'tschego]	Schafskäse aus La Mancha
queso de oveja m. ['keso de o'becha]	Schafskäse
parmesano m. [parme'sano]	Parmesankäse
requesón m. [rreke'son]	≈ Quark

Platos típicos españoles / Spanische Spezialitäten

paella f. [pa'eja]	Paella
tortilla española f. [tor'tija espa'injola]	Kartoffelomelett
pimientos de piquillo m. Pl. [pi'mientos de pi'kijo]	gehäutete und geröstete rote Paprika
cocido m. [ko'θiđo]	Kichererbseneintopf mit Fleisch, Chorizowurst und Gemüse

La carta

fabada f. [faˈbaða]	Bohneneintopf mit Fleisch und Chorizowurst
patatas bravas f. Pl. [paˈtatas ˈbraβas]	Kartoffeln mit Knoblauchmayonnaise
pisto m. [ˈpisto]	geschmortes Gemüse
bacalao al pil pil m. [bakaˈla̯o al pil pil]	Kabeljau mit Paprikasoße
merluza en salsa verde f. [merˈluθa en ˈsalsa ˈberðe]	Seehecht in Petersilie-Weißweinsoße
zarzuela de pescado f. [θarˈθu̯ela de pesˈkaðo]	Fischeintopf
pulpo a la gallega m. [ˈpulpo a la gaˈjega]	gekochter Tintenfisch mit Paprika und Olivenöl
lechazo asado m. [leˈtschaθo aˈsaðo]	im Ofen gebratenes Milchlamm
cochinillo asado m. [kotschiˈnijo aˈsaðo]	im Ofen gebratenes Ferkel

Paella ist ein Pfannengericht, das aus Safranreis mit verschiedenen Gemüsestücken und Meeresfrüchten oder Fleisch besteht.

GASTRONOMISCHES UND KULINARISCHES

Sonderwünsche
Requerimientos especiales

I65	Ich esse kein *Fleisch/ Schweinefleisch*.	No como *carne/carne de cerdo*. [no 'komo 'karne/'karne de 'θerđo]
I66	Haben Sie auch etwas Vegetarisches?	¿Tiene platos vegetarianos? ['tiene 'platos becheta'rianos]
I67	Ich trinke keinen Alkohol.	No bebo alcohol. [no 'beβo al'kol]
	Ich habe eine Allergie gegen ☐.	Tengo alergia ☐. ['tengo a'lerchia]
I68	☑ Ei	☑ a los huevos [a los 'uebos]
I69	☑ Kuhmilch	☑ a la leche de vaca [a la 'letsche de 'baka]
I70	☑ Erdnüsse	☑ a los cacahuetes [a los kaka'uetes]
I71	☑ Glutamat	☑ al glutamato [al gluta'mato]
I72	☑ Tomaten	☑ a los tomates [a los to'mates]
I73	☑ Weizen	☑ al trigo [al 'trigo]
I74	Sind da Erdnüsse drin?	¿Contiene cacahuetes? [kon'tiene kaka'uetes]
I75	Ist das *koscher/halal*?	¿Es *casher/halal*? [es ka'ser/cha'lal]
I76	für Diabetiker geeignet	para diabéticos ['para dia'betikos]

Beanstanden und loben
Reclamar y elogiar

I77	Wir warten schon länger.	Llevamos esperando mucho tiempo. [je'bamos espe'rando 'mutscho 'tiempo]
	Es fehlt noch ☐.	Falta ☐. ['falta]
I78	☑ eine Gabel	☑ un tenedor [un tene'đor]
I79	☑ ein Messer	☑ un cuchillo [un ku'tschijo]

🔊 GASTRONOMISCHES UND KULINARISCHES

180	☑ ein Löffel	☑ una cuchara ['una ku'tschara]
181	☑ eine Serviette	☑ una servilleta [una serbi'jeta]
182	Das habe ich nicht bestellt.	No he pedido esto. [no e pe'điđo 'esto]
183	Das schmeckt mir nicht.	No me gusta. [no me 'gusta]
184	Das möchte ich zurückgehen lassen.	Por favor llévéselo. [por fa'βor 'jeβeselo]
185	Kann ich bitte etwas anderes haben?	¿Me puede traer otra cosa? [me 'pu̯eđe tra'er 'otra 'kosa]
186	... ist *versalzen/angebrannt/kalt/nicht richtig gar*.	... está *salado/quemado/frío/crudo*. [es'ta sa'lađo/ke'mađo/'frio/'kruđo]
187	... ist nicht frisch.	... no está fresco. [no es'ta 'fresko]
188	... ist zu *trocken/hart/zäh*.	... está demasiado *seco/duro/correoso*. [es'ta dema'si̯ađo 'seko/'duro/korre'oso]
189	Es hat *gut/hervorragend* geschmeckt.	Estaba *bueno/buenísimo*. [es'taβa 'bu̯eno/bu̯e'nisimo]
190	Das ist sehr lecker!	¡Esto está muy rico! ['esto es'ta mu̯i 'rriko]

Bezahlen
Pagar

191	Die Rechnung, bitte!	¡La cuenta por favor! [la 'ku̯enta por fa'βor]
192	Da ist ein Fehler auf der Rechnung.	Hay un error en la cuenta. [a̯i un e'rror en la 'ku̯enta]
193	Kann ich mit Kreditkarte zahlen?	¿Se puede pagar con tarjeta de crédito? [se 'pu̯eđe pa'gar kon tar'cheta de 'kređito]
194	Ich zahle in *bar/mit Karte*.	Pago *en efectivo/con tarjeta*. ['pago en efek'tiβo/kon tar'cheta]
195	Kann ich bitte einen Beleg haben?	¿Me puede dar un recibo? [me 'pu̯eđe dar un rre'θiβo]

GASTRONOMISCHES UND KULINARISCHES

| 196 | Der Rest ist für Sie. | Quédese con el resto. ['keðese kon el 'resto] |
| 197 | Ich bekomme noch Wechselgeld. | Estoy esperando la vuelta. [es'toi espe'rando la 'buelta] |

In Spanien wird die Rechnung als Ganzes abkassiert. Wenn sich die Gäste die Rechnung teilen möchten, legen sie das Geld zusammen. Dabei ist es üblich, dass jeder gleich viel dazu beiträgt, egal, was er tatsächlich verzehrt hat. Für Trinkgeld gibt es keine festen Regeln, es ist eine individuelle Entscheidung. Der Kellner ist allerdings nicht beleidigt, wenn man kein Trinkgeld hinterlässt.

Tiempo para ir de compras
Zeit für den Einkauf

ZEIT FÜR DEN EINKAUF

Was man bei jedem Einkauf braucht
Lo necesario para cada compra

In Spanien gibt es keine gesetzlichen Ladenschlusszeiten. Die meisten Geschäfte haben am Nachmittag zwischen 14.30 Uhr und 17 Uhr geschlossen.
Post, Banken und Ämter haben meist nur bis 14 Uhr geöffnet.
In Lateinamerika gibt es nur eine kurze Mittagspause. Eine Art siesta wie in Spanien ist nicht üblich. Daher sind die Geschäfte und Ämter auch deutlich länger geöffnet als in Spanien oder auch in Deutschland.
Einkaufszentren und kleine Läden sind in den größten Städten Lateinamerikas auch an Sonntagen und Feiertagen geöffnet. Seit neuestem ist der Trend zu beobachten, dass einmal im Monat die Geschäfte bis spät abends (ca. 23 Uhr) geöffnet sind. Meistens stehen die verlängerten Öffnungszeiten mit einer besonderen Veranstaltung in Verbindung, wie beispielsweise einer nächtlichen Fahrradtour, die in der Stadt organisiert wird.

J01	Wann macht das Geschäft auf?	¿A qué hora abre la tienda? [a ke 'ora 'aβre la 'tienða]
J02	Wann *öffnen/schließen* die Geschäfte?	¿A qué hora *abren/cierran* las tiendas? [a ke 'ora 'aβren/'θierran las 'tienðas]
	Gibt es ☐ in der Nähe?	¿Hay ☐ por aquí cerca? [ai ... por a'ki 'θerka]
03	☑ eine Bäckerei	☑ una panadería ['una panaðe'ria]
04	☑ ein Fischgeschäft	☑ una pescadería ['una peskaðe'ria]
05	☑ ein Obst- und Gemüsegeschäft	☑ una frutería (Ⓛ una verdulería) ['una frute'ria (una berðule'ria)]
06	☑ eine Metzgerei	☑ una carnicería ['una karniθe'ria]
07	☑ eine Konditorei	☑ una pastelería ['una pastele'ria]

ZEIT FÜR DEN EINKAUF

J08	☑ einen Baumarkt	☑ una tienda de bricolaje (Ⓛ un mercado para materiales para la construcción) ['una 'tienda de briko'lache (un mer'kaðo 'para mate'riales 'para la konstruk'θion)]
J09	☑ ein Geschäft, das Campingzubehör verkauft	☑ una tienda de artículos de camping ['una 'tienda de ar'tikulos de 'kamping]
J10	☑ einen Flohmarkt	☑ un mercadillo (Ⓛ mercado de las pulgas) [un merka'ðijo (mer'kaðo de las 'pulgas)]
J11	☑ ein Juweliergeschäft	☑ una joyería ['una choje'ria]
J12	☑ ein Kaufhaus	☑ unos grandes almacenes ['unos 'grandes alma'θenes]
J13	☑ einen Markt	☑ un mercado [un mer'kaðo]
J14	☑ ein Spielzeuggeschäft	☑ una tienda de juguetes ['una 'tienda de chu'getes]
J15	☑ ein Sportgeschäft	☑ una tienda de deportes ['una 'tienda de de'portes]
J16	☑ eine Apotheke	☑ una farmacia ['una far'maθia]
J17	☑ einen Supermarkt	☑ un supermercado [un supermer'kaðo]
J18	☑ eine Reinigung	☑ una tintorería ['una tintore'ria]
J19	☑ einen Zeitungshändler	☑ un quiosco [un 'kiosko]
J20	☑ ein Blumengeschäft	☑ una floristería ['una floriste'ria]
J21	☑ eine Buchhandlung	☑ una librería ['una libre'ria]

¿En qué puedo ayudarle? [en ke 'puedo aju'ðarle]	Kann ich Ihnen behilflich sein?
¿Qué desea? [ke de'sea]	Sie wünschen?
¿Busca algo en particular? ['buska 'algo en partiku'lar]	Suchen Sie etwas Bestimmtes?
J22 Ich suche ...	Estoy buscando ... [es'toi bus'kando]

ZEIT FÜR DEN EINKAUF

J23	Ich hätte gern ...	Quisiera ... [ki'si̯era]
J24	Wo finde ich ...?	¿Dónde puedo encontrar ...? ['donde 'pu̯eđo enkon'trar]
J25	Verkaufen Sie ...?	¿Venden ...? ['benden]
J26	Ich nehme diesen/diese/dieses.	Me llevo ♂ éste/♀ ésta. [me 'jeƀo 'este/'esta]
J27	Diesen/diese/dieses hier.	♂ Éste/♀ Ésta de aquí. ['este/'esta de a'ki]
J28	Diesen/diese/dieses dort, bitte.	♂ Ése/♀ Ésa de allá, por favor. ['ese/'esa de a'ja por fa'ƀor]

¿Desea algo más? [de'sea 'algo mas]	Darf es noch etwas sein?

29	Nein danke, das wäre alles.	Nada más, gracias. Eso es todo. [nađa 'mas 'graθi̯as 'eso es 'tođo]
30	Könnte ich eine Tüte bekommen?	¿Me puede dar una bolsa? [me 'pu̯eđe dar 'una 'bolsa]
31	Könnten Sie mir das als Geschenk einpacken?	¿Me lo puede envolver para regalo? [me lo 'pu̯eđe enbol'ƀer 'para rre'galo]

ALIMENTOS

Lebensmittel
Alimentos

Milchprodukte	productos lácteos m. Pl. [pro'ðuktos 'lakteos]
Vollmilch	leche entera f. ['letsche en'tera]
fettarme Milch	leche semidesnatada (Ⓛ semidescremada) f. ['letsche semiðesna'taða (semiðeskre'maða)]
Magermilch	leche desnatada f. ['letsche desna'taða]
Joghurt	yogur m. [jo'gur]
Quark	≈ requesón m. [rreke'son]
Butter	mantequilla f. [mante'kija]
Margarine	margarina f. [marga'rina]
Käseaufschnitt	queso en lonchas m. ['keso en 'lontschas]
Schlagsahne *(flüssig)*	nata líquida (Ⓛ crema de leche) f. ['nata 'likiða ('krema de 'letsche)]
Schlagsahne *(geschlagen)*	nata montada (Ⓛ crema de leche) f. ['nata mon'taða ('krema de 'letsche)]
Schmalz	manteca f. [man'teka]
Olivenöl	aceite de oliva m. [a'θeite de o'liba]
Sonnenblumenöl	aceite de girasol m. [a'θeite de chira'sol]
Wurstaufschnitt	fiambre m. [fi'ambre]
Leberwurst	morcilla f. [mor'θija]
geräucherter Schinken	jamón ahumado m. [cha'mon au'maðo]
gekochter Schinken	jamón cocido m. [cha'mon ko'θiðo]
Serranoschinken	jamón serrano m. [cha'mon se'rrano]
Salami	salami m. [sa'lami]

ALIMENTOS

chorizo m. [tschoˈriθo]	Chorizo (mit Knoblauch und Paprika gewürzte, scharfe Salami vom Schwein)

> Erwarten Sie in Spanien und Lateinamerika keine vielfältige Brotkultur. Die Spanier bevorzugen Brotsorten mit Weizenmehl, Stangenbrot und Baguette und kaufen das Brot gern jeden Tag frisch, denn am nächsten Tag ist es schon trocken und hart.

Brot	pan m. [pan i]
(Fein)gebäck	bollería f. [bojeˈria]
Vollkornbrot	pan integral m. [pan inteˈgral]
Weizenbrot	pan de harina de trigo m. [pan de aˈrina de ˈtrigo]
pan de molde m. [pan de ˈmolđe]	spanisches Kastenbrot (für Sandwiches)
Toast	tostada f. [tosˈtađa]
Baguette	barra de pan f. [ˈbarra de pan]
Kuchen	pastel (Ⓛ torta) m./f. [pasˈtel (ˈtorta)]
frittiertes Spritzgebäck	churros m. Pl. [ˈtschurros]
Blätterteig	hojaldre m. [oˈchaldre]
Blätterteigteilchen	pastelito de hojaldre m. [pasteˈlito de oˈchaldre]
Biskuit/Zwieback	bizcocho m. [biθˈkotscho]
Croissant	cruasán m. [kruaˈsan]
Keks	galleta f. [gaˈjeta]

ALIMENTOS

Las Churrerías [las tschurre'rias] (Stände, an denen churros gemacht und verkauft werden) sind geradezu eine Institution in Spanien, aber auch in Ländern Lateinamerikas wie Chile oder Kolumbien. Man serviert zu den churros heiße, dickflüssige Schokolade, besonders zum Frühstück, nachmittags oder ganz frühmorgens, wenn man die Nacht durchgemacht hat.

Obst	fruta f. ['fruta]
Apfel	manzana f. [man'θana]
Apfelsine	naranja f. [na'rancha]
Ananas	piña f. ['pilnja]
Banane	plátano m. ['platano]
Birne	pera f. ['pera]
Brombeeren	moras f. Pl. ['moras]
Erdbeeren	fresas (Ⓛ frutillas) f. Pl. ['fresas (fru'tijas)]
Feigen	higos m. Pl. ['igos]
Granatapfel	granada f. [gra'naða]
Grapefruit	pomelo m. [po'melo]
Heidelbeeren	mirtillos m. Pl. [mir'tijos]
Himbeeren	frambuesas f. Pl. [fram'buesas]
Kirschen	cerezas f. Pl. [θe're θas]
Kiwi	kiwi m. ['kiui]
Mandarine	mandarina f. [manda'rina]
Mango	mango m. ['mango]
Melone	melón m. [me'lon]
Nektarine	nectarina f. [nekta'rina]

ALIMENTOS

Pfirsich	melocotón (Ⓛ durazno) m. [meloko'ton (du'raθno)]
Pflaume	ciruela f. [θi'ru̯ela]
Trauben	uvas f. Pl. [ubas]
Wassermelone	sandía f. [san'dia]

Eine umfassende Auflistung von Gemüsesorten, Kräutern, Käse-, Fisch- und Fleischsorten sowie Getränken finden Sie im Kapitel *Gastronomisches und Kulinarisches*.

Fertiggerichte	platos precocinados m. Pl. ['platos prekoθi'naðos]
Gefrierkost	comida congelada f. [ko'miða konche'laða]

ZEIT FÜR DEN EINKAUF

Wo im Supermarkt …?
¿Dónde encontrar en el supermercado …?

J32 Wo finde ich …?	¿Dónde puedo encontrar …? [ˈdonde ˈpu̯eđo enkonˈtrar]

en el arcón congelador [en el arˈkon konchelaˈđor]	in der Kühltruhe
en el mostrador de quesos [en el mostraˈđor de ˈkesos]	an der Käsetheke
en el mostrador de carnicería [en el mostraˈđor de karniθeˈria]	an der Fleischtheke
en el *segundo/último* pasillo [en el seˈgundo/ˈultimo paˈsijo]	im *zweiten/letzten* Gang
en la estantería *arriba/abajo* del todo [en la estanteˈria aˈrriba/aˈbacho del ˈtođo]	ganz *oben/unten* im Regal

J33 Könnten Sie mir bitte zeigen, wo?	¿Me puede enseñar (Ⓛ mostrar) dónde está? [me ˈpu̯eđe enseˈɲar (mosˈtrar) ˈdonde esˈta]

Wie viel darf es sein?
¿Cuánto le pongo?

Auf dem Markt gilt eine goldene Regel: Fragen Sie immer ¿Quién es el último? [ki̯en es el ˈultimo] (*Wer ist als letzter an der Reihe?*). Dann weiß man gleich, wo man sich anstellen muss und spart unnötigen Streit mit den anderen Kunden.

Ich hätte gern ⍰	Querría ⍰ [keˈrria]

ZEIT FÜR DEN EINKAUF

J34	☑ ein Kilo ...	☑ un kilo de ... [un ˈkilo de]
J35	☑ ein Pfund ...	☑ medio kilo de ... [ˈmeðio ˈkilo de]
J36	☑ hundert Gramm ...	☑ cien gramos de ... [θi̯en ˈgramos de]
J37	☑ fünf Scheiben ...	☑ cinco lonchas de ... [ˈθinko ˈlontschas de]
J38	☑ ein *kleines/großes* Stück ...	☑ un trozo *pequeño/grande* de ... [un ˈtroθo peˈkeɲi̯o/ˈgrande de]
J39	Noch etwas mehr, bitte.	Un poco más, por favor. [un ˈpoko mas por faˈbor]
J40	Das reicht.	Es suficiente. [es sufiˈθi̯ente]

In der Drogerie und der Apotheke
En la droguería y la farmacia

41	Apotheke	farmacia f. [farˈmaθia]
42	Drogerie	droguería f. [drogeˈria]

🔊 ZEIT FÜR DEN EINKAUF

J43

Ich bräuchte ⟨?⟩.	Querría ⟨?⟩, por favor. [ke'rria ... por fa'βor]
☑ Zahnpflegeprodukte	☑ productos para la higiene bucal [pro'ðuktos 'para la i'chiene bu'kal]
☑ eine *weiche/mittelharte/harte* Zahnbürste	☑ un cepillo de dientes *blando/semiduro/duro* [un θe'piʝo de 'ðientes 'blando/semi'ðuro/'ðuro]
☑ Zahnpaste	☑ dentífrico (Ⓛ crema dental) [den'tifriko ('krema den'tal)]
☑ Mundwasser	☑ elixir (Ⓛ enjuague) bucal [eli'xir (en'chuage) bu'kal]
☑ Zahnseide	☑ seda dental ['seða den'tal]
☑ Papiertaschentücher	☑ pañuelos de papel [pa'ɲuelos de pa'pel]
☑ Haarpflegeprodukte	☑ productos para el cuidado del cabello [pro'ðuktos 'para el kui'ðaðo del ka'βeʝo]
☑ Shampoo für *fettiges/trockenes* Haar	☑ champú para cabello *graso/seco* [tscham'pu 'para ka'βeʝo 'graso/'seko]
☑ eine Pflegespülung	☑ un acondicionador [un akondiθiona'ðor]
☑ einen Kamm	☑ un peine (Ⓛ una peinilla) [un 'peine ('una pei'niʝa)]
☑ eine Haarbürste	☑ un cepillo del pelo [un θe'piʝo del 'pelo]
☑ Haargummis	☑ gomas de pelo ['gomas de 'pelo]
☑ Haarnadeln	☑ horquillas (Ⓛ hebillas para el pelo) [or'kiʝas (e'βiʝas 'para el 'pelo)]
☑ Haarspray	☑ laca ['laka]
☑ Haargel	☑ gomina (Ⓛ gel) [go'mina (chel)]
☑ Hautpflegeprodukte	☑ productos para el cuidado de la piel [pro'ðuktos 'para el kui'ðaðo de la piel]
☑ eine Körperlotion	☑ una crema hidratante corporal ['una 'krema iðra'tante korpo'ral]

Zeit für den Einkauf

☑ eine Gesichtscreme	☑ una crema hidratante para la cara ['una 'krema iðra'tante 'para la 'kara]
☑ einen Lippen-schutzstift	☑ una barra protectora labial (Ⓛ un labial protector) ['una 'barra protek'tora la'βial (un la'βial protek'tor)]
☑ Rasierschaum	☑ espuma de afeitar [es'puma de afei̯'tar]
☑ Rasierwasser	☑ aftershave (Ⓛ una loción para después de la afeitada) [after'sei̯f ('una lo'θi̯on 'para des'pu̯es de la afei̯'taða)]
☑ einen Einwegrasierer	☑ una maquinilla de afeitar desechable ['una maki'nija de afei̯'tar dese'tʃaβle]
☑ eine Sonnenschutzcreme	☑ crema de protección solar ['krema de protek'θi̯on so'lar]
☑ eine Seife	☑ una pastilla de jabón (Ⓛ un jabón en barra) ['una pas'tija de tʃa'βon (un tʃa'βon en 'barra)]
☑ Duschgel	☑ gel de ducha (Ⓛ jabón líquido corporal) [tʃel de 'dutʃa (tʃa'βon 'likiðo korpo'ral)]
☑ ein Deodorant	☑ desodorante [desoðo'rante]
☑ einen Nagelknipser	☑ un cortauñas [un korta'ul̯ni̯as]
☑ eine Schere	☑ una(s) tijera(s) ['una(s) ti'tʃera(s)]
☑ einen Spiegel	☑ un espejo [un espe'tʃo]
☑ eine Pinzette	☑ una pinza de depilar ['una 'pinθa de depi'lar]
☑ eine Nagelfeile	☑ una lima de uñas ['una 'lima de 'ul̯ni̯as]
☑ Nagellack	☑ esmalte de uñas [es'malte de 'ul̯ni̯as]
☑ Kosmetik *(zum Schminken)*	☑ maquillaje [maki'jatʃe]
☑ einen Lippenstift	☑ una barra de labios (Ⓛ un labial) ['una 'barra de 'laβi̯os (un la'βial)]
☑ Wimperntusche	☑ rímel (Ⓛ una pestañina) ['rrimel ('una pesta'l̯nina)]

Zeit für den Einkauf

☑ Make-up	☑ maquillaje [maki'jache]
☑ Rouge	☑ colorete (🔵 rubor) [kolo'rete (rru'bor)]
Verkaufen Sie ⍰?	¿Venden ⍰? ['benden]
☑ Schmerzmittel	☑ analgésicos [anal'chesikos]
☑ Aspirin®	☑ aspirina® [aspi'rina]
☑ Ibuprofen®	☑ ibuprofeno® [ibupro'feno]
☑ Paracetamol®	☑ paracetamol® [paraθeta'mol]
☑ Pflaster	☑ tiritas (🔵 curas) [ti'ritas ('kuras)]
☑ Kondome	☑ condones [kon'dones]
☑ Damenbinden	☑ compresas (🔵 toallas higiénicas) [kom'presas (to'ajas i'chienikas)]
☑ Tampons	☑ tampones [tam'pones]
☑ Ohrenstöpsel	☑ tapones para los oídos [ta'pones 'para los o'iđos]

Beim Optiker
En la óptica

Können Sie das reparieren?	¿Puede reparar esto? ['pueđe repa'rar 'esto]
Ich brauche ⍰.	Necesito ⍰. [neθe'sito]
☑ eine Brille (zum Lesen)	☑ unas gafas (de lectura) ['unas 'gafas (de lek'tura)]
☑ eine Sonnenbrille	☑ unas gafas de sol ['unas 'gafas de sol]
☑ (*weiche/harte*) Kontaktlinsen	☑ lentes de contacto (*blandas/rígidas*) ['lentes de kon'takto ('blandas/'richiđas)]
☑ Einweglinsen	☑ lentes de contacto desechables ['lentes de kon'takto dese'tschables]
☑ Kontaktlinsenlösung	☑ líquido para lentes de contacto ['likiđo 'para 'lentes de kon'takto]

ZEIT FÜR DEN EINKAUF

	☑ Augentropfen	☑ gotas para los ojos ['gotas 'para los 'ochos]
J47	Ich bin *kurzsichtig/ weitsichtig*.	Soy *miope/hipermétrope*. [soi̯ mi'ope/ iper'metrope]
J48	Ich möchte einen Sehtest machen.	Querría graduarme la vista (⏲ hacerme un éxamen de vista). [ke'rria gra̱ðu'arme la 'bista (a'θerme un e'xamen de 'bista)]

Kleidung und Mode
Ropa y moda

J49	Darf ich das anprobieren?	¿Me lo puedo probar? [me lo 'pu̯eðo pro'β̞ar]
J50	Wo sind die Umkleidekabinen?	¿Dónde están los probadores? ['donde es'tan los proβ̞a'ðores]

ZEIT FÜR DEN EINKAUF

¿Le queda bien la talla? [le 'keða bi̯en la 'taja]	Passt er/sie/es?

	Er/Sie/Es ist zu ◌.	Es demasiado ◌. [es dema'si̯aðo]
J51	◌ klein/groß	◌ *pequeño/grande* [pe'ke|ni̯o/'grande]
J52	◌ eng/weit	◌ *estrecho/ancho* [estre'tscho/'antscho]
J53	◌ kurz/lang	◌ *corto/largo* ['korto/'largo]
J54	Er/Sie/Es passt sehr gut.	Queda muy bien. ['keða mu̯i bi̯en]
J55	Ich nehme ihn/sie/es.	Me lo llevo. [me lo 'jeβo]
J56	Leider passt er/sie/es nicht.	No me queda bien. [no me 'keða bi̯en]
J57	Ich möchte einen anderen/eine andere/ein anderes anprobieren.	Querría probarme ♂ otro/♀ otra. [ke'rria pro'βarme 'otro/'otra]
J58	Der Schnitt gefällt mir nicht so gut.	El corte no me gusta mucho. [el 'korte no me 'gusta 'mutscho]
J59	Ich suche etwas *Elegantes/Schickes/Modernes*.	Estoy buscando algo *elegante/chic/moderno*. [es'toi̯ bus'kando 'algo ele'gante/tschik/mo'ðerno]
J60	Haben Sie das *in einer anderen Farbe/mit einem anderen Muster*?	¿Lo tiene *en otro color/con otro estampado*? [lo 'ti̯ene en 'otro ko'lor/kon 'otro estam'paðo]
J61	Ich überlege es mir noch.	Lo voy a pensar. [lo boi̯ a pen'sar]

¿Qué talla tiene? [ke 'taja 'ti̯ene]	Welche Größe haben Sie?

J62	Ich habe Größe …	Tengo la talla … ['tengo la 'taja]

ZEIT FÜR DEN EINKAUF

J63	Haben Sie das in Größe ...?	¿Tiene la talla ...? ['ti̯ene la 'taja]
J64	Ich brauche ☐.	Necesito ☐. [neθe'sito]
	☑ einen Mantel	☑ un abrigo [un a'βrigo]
	☑ eine Jacke	☑ una chaqueta ['una tscha'keta]
	☑ ein Sakko	☑ una americana (Ⓛ un saco) ['una ameri'kana (un sako)]
	☑ eine Regenjacke	☑ un chubasquero (Ⓛ una chaqueta impermeable) [un tschuβas'kero ('una tscha'keta imper'meaβle)]
	☑ eine Strickjacke	☑ una chaqueta de punto ['una tscha'keta de 'punto]
	☑ ein Kleid	☑ un vestido [un bes'tiðo]
	☑ ein Paar Hosen	☑ un pantalón [un panta'lon]
	☑ ein Paar Jeans	☑ unos vaqueros (Ⓛ un jeans) ['unos ba'keros (un tschins)]
	☑ einen Pullover	☑ un jersey (Ⓛ un pullover) [un cher's̯ei̯ (un pu'loβer)]
	☑ ein Sweatshirt	☑ una sudadera ['una suða'ðera]
	☑ einen Rock	☑ una falda ['una 'falða]
	☑ ein T-Shirt	☑ una camiseta ['una kami'seta]
	☑ Unterwäsche	☑ ropa interior ['rropa inte'ri̯or]
	☑ einen BH	☑ un sujetador (Ⓛ un brasier) [un sucheta'ðor (un bra'sier)]
	☑ Unterhosen	☑ unos calzoncillos (Ⓛ unos pantaloncillos) ['unos kalθon'θijos ('unos pantalon'θijos)]
	☑ einen Badeanzug	☑ un bañador (Ⓛ un vestido de baño) [un baɲa'ðor (un bes'tiðo de 'baɲo)]
	☑ eine Badehose	☑ un traje de baño (Ⓛ una pantaloneta de baño) [un 'trache de 'baɲo ('una pantalo'neta de 'baɲo)]

ZEIT FÜR DEN EINKAUF

☑ einen Bademantel	☑ un albornoz [un alβor'noθ]
☑ einen (Sonnen)hut	☑ un sombrero [un som'brero]
☑ eine (Woll)mütze	☑ un gorro (de lana) [un 'gorro de 'lana]
☑ einen Schal	☑ una bufanda ['una bu'fanda]
☑ Handschuhe	☑ guantes ['guantes]
☑ Socken	☑ calcetines [kalθe'tines]
☑ Kniestrümpfe	☑ medias ['meðias]
☑ Nylonstrumpfhosen	☑ pantys (Ⓛ pantymedias) ['pantis (panti'meðias)]
☑ Baumwollstrumpfhosen	☑ leotardos (Ⓛ medias veladas) [leo'tarðos ('meðias be'laðas)]
☑ ein Paar Stiefel	☑ unas botas ['unas 'botas]
☑ Sportschuhe	☑ zapatillas de deporte [θapa'tiʎas de de'porte]
☑ Wanderschuhe	☑ botas de montaña ['botas de mon'taɲja]
☑ Sandalen	☑ sandalias [san'dalias]
☑ (hochhackige) Pumps	☑ zapatos de tacón (alto) [θa'patos de ta'kon ('alto)]
☑ Hausschuhe	☑ zapatillas [θapa'tiʎas]
Aus welchem Material ist das?	¿De qué material está hecho? [de ke mate'rial es'ta 'etscho]

Es ⍰. [es]	Das ist ⍰.
☑ *algodón/lana* cien por cien [algo'ðon/'lana θien por θien]	☑ reine *Baumwolle/Wolle*
☑ pura seda ['pura 'seða]	☑ reine Seide
☑ tejido sintético [te'chiðo sin'tetiko]	☑ Kunstfaser
☑ lino ['lino]	☑ Leinen

ZEIT FÜR DEN EINKAUF

In der Reinigung
En la tintorería

J66	Ich möchte das reinigen lassen.	Querría dejar (🕒 mandar) a limpiar esto. [ke'rria de'char (man'dar) a lim'piar 'esto]
J67	Bekommen Sie diese Flecken heraus?	¿Se puede quitar esta mancha? [se 'puede ki'tar 'esta 'mantscha]
J68	Reinigen Sie auch Leder?	¿Limpian también prendas de piel (🕒 de cuero)? ['limpian tam'bien 'prendas de 'piel (de 'kuero)]
J69	Das ist nicht sauber genug geworden.	No está limpio del todo. [no es'ta 'limpio del 'todo]
J70	Der Fleck ist nicht herausgegangen.	La mancha no ha salido. [la 'mantscha no a sa'lido]

Beim Friseur
En la peluquería

	Ich hätte gern ▢.	Querría ▢. [ke'rria]
K01	☑ die Haare geschnitten	☑ un corte de pelo [un 'korte de 'pelo]
K02	☑ eine neue Frisur	☑ un nuevo peinado [un 'nuebo pei'nado]
K03	☑ einen Kurzhaarschnitt	☑ un corte de pelo corto [un 'korte de 'pelo 'korto]
K04	☑ eine Dauerwelle	☑ una permanente ['una perma'nente]
K05	☑ helle Strähnchen	☑ reflejos (🕒 rayitos) claros [rre'flechos (ra'jitos) 'klaros]
K06	☑ dunkle Strähnchen	☑ reflejos (🕒 rayitos) oscuros [rre'flechos (ra'jitos) os'kuros]
K07	☑ die Spitzen geschnitten	☑ cortar las puntas [kor'tar las 'puntas]
K08	☑ eine Maniküre	☑ hacer la manicura [a'θer la mani'kura]

🔊 ZEIT FÜR DEN EINKAUF

K09	☑ eine Pediküre	☑ hacer la pedicura [a'θer la pedi'kura]
K10	☑ die *Wimpern/Augenbrauen* gefärbt	☑ un teñido de *pestañas/cejas* [un te'ɲiđo de pes'taɲjas/'θechas]
K11	Bitte etwas kürzer.	Un poco más corto, por favor. [un 'poko mas 'korto por fa'βor]
K12	Bitte nicht ganz so kurz.	No demasiado corto, por favor. [no dema'sjađo 'korto por fa'βor]
K13	die Ohren frei	que no me tape las orejas [ke no me 'tape las o'rechas]
K14	Ich habe Spliss.	Tengo las puntas abiertas. (Ⓛ Tengo horquillas.) ['tengo las 'puntas a'βjertas ('tengo or'kijas)]
K15	mit Waschen und Fönen	con lavado y secado [kon la'βađo i se'kađo]
K16	Tönen/Färben	teñido [te'ɲiđo]
K17	Stufen	capas ['kapas]
K18	Locken	rizos ['rriθos]
K19	Pony	flequillo (Ⓛ capúl) [fle'kijo (ka'pul)]
K20	Scheitel	raya ['rraja]
K21	Schuppen	caspa ['kaspa]

Im Fotogeschäft
En una tienda de artículos fotográficos

K22	Ich möchte diese Aufnahmen entwickeln lassen.	Querría revelar estas fotos. [ke'rria rreβe'lar 'estas 'fotos]
K23	in matter Qualität	en mate [en 'mate]
K24	in Hochglanzqualität	en brillo [en 'brijo]
K25	Könnten Sie diese Bilder ausdrucken?	¿Puede imprimir estas fotos? ['puede impri'mir 'estas 'fotos]

ZEIT FÜR DEN EINKAUF

in Größe ... mal ...	en tamaño ... por ... [en ta'maɲo ... por ...]
K26 Ich möchte ▯ kaufen.	Querría comprar ▯. [ke'rria kom'prar]
☑ einen Akku	☑ una batería recargable ['una bate'ria rrekar'gaβle]
☑ eine Batterie	☑ una pila ['una 'pila]
☑ eine Speicherkarte	☑ una tarjeta de memoria ['una tar'cheta de me'moria]
☑ ein Ladegerät	☑ un cargador [un karga'ðor]
☑ ein USB-Kabel	☑ un cable de USB [un 'kaβle de uǀeseǀβe]
☑ eine Digitalkamera	☑ una cámara digital ['una 'kamara dichi'tal]
☑ eine Spiegelreflexkamera	☑ una cámara réflex ['una 'kamara 'reflex]
☑ eine Einwegkamera (für Unterwasseraufnahmen)	☑ una cámara desechable (para fotos submarinas) ['una 'kamara dese'tschaβle ('para 'fotos suβma'rinas)]
☑ ein Objektiv	☑ un objetivo [un obche'tiβo]
☑ einen Filter	☑ un filtro [un 'filtro]
☑ ein Stativ	☑ un trípode [un 'tripoðe]
☑ eine Kameratasche	☑ una funda para cámara (Ⓛ un estuche de cámara) ['una 'funda 'para 'kamara (un es'tutsche de 'kamara)]
☑ ein Fernglas	☑ unos prismáticos ['unos pris'matikos]

Musik
Música

Ich suche ▯	Estoy buscando ▯ [es'toi bus'kando]
K27 ☑ eine CD von ...	☑ un CD de ... [un θe'ðe de]
K28 ☑ das neue Album von ...	☑ el nuevo álbum de ... [el 'nueβo 'album de]
K29 Gibt es dieses Lied auf CD?	¿Existe esta canción en CD? [e'xiste 'esta kan'θion en θe'ðe]

🔊 ZEIT FÜR DEN EINKAUF

| K30 | Kann ich mir das mal anhören? | ¿Puedo escucharlo? ['pueðo esku'tscharlo] |

Elektrische und elektronische Produkte
Artículos eléctricos y electrónicos

K31	Ich möchte ☐ kaufen.	Querría comprar ☐. [ke'rria kom'prar]
	☑ einen PC	☑ un ordenador (Ⓛ un computador) [un orðena'ðor (un komputa'ðor)]
	☑ einen Laptop/ein Notebook	☑ un portátil [un por'tatil]
	☑ eine Maus	☑ un ratón [un ra'ton]
	☑ ein Netbook	☑ un ordenador mini portátil [un orðena'ðor 'mini por'tatil]
	☑ einen MP3-Spieler	☑ un mp3 [un 'eme pe tres]
K32	Ich bräuchte ☐.	Necesito ☐. [neθe'sito]
	☑ einen Kopfhörer	☑ unos auriculares ['unos auriku'lares]
	☑ einen Fön®	☑ un secador de pelo [un seka'ðor de 'pelo]
	☑ einen Rasierapparat	☑ una maquinilla eléctrica ['una maki'nija e'lektrika]
	☑ ein Verlängerungskabel	☑ una alargadera (Ⓛ una extensión eléctrica) ['una alarga'ðera ('una exten'sion e'lektrika)]
	☑ eine Tastatur	☑ un teclado [un te'klaðo]
	☑ einen neuen Akku	☑ una nueva batería ['una 'nueba bate'ria]
K33	Die passenden Batterien dafür, bitte.	Las pilas para esto, por favor. [las 'pilas 'para 'esto por fa'bor]

> Bei Reisen nach Südamerika empfiehlt sich die Mitnahme eines Adapter-Sets (auf Spanisch: adaptador), da die Steckdosen unterschiedlich eingerichtet sind.

Etwas zum Lesen
Algo para leer

K34	Ich suche einen Buchladen.	Estoy buscando una librería. [es'toi bus'kando 'una libre'ria]
	Verkaufen Sie ☐ in deutscher Sprache?	¿Venden ☐ en alemán? ['benđen ... en ale'man]
K35	☑ Zeitungen	☑ periódicos [pe'riođikos]
K36	☑ Zeitschriften	☑ revistas [re'bistas]
K37	☑ Bücher	☑ libros ['libros]

Etwas zum Schreiben
Algo para escribir

K38	Gibt es hier ein Schreibwarengeschäft?	¿Hay una papelería por aquí? [ai 'una papele'ria por a'ki]
K39	Ich bräuchte ☐, bitte.	Necesito ☐, por favor. [neθe'sito ... por fa'bor]
	☑ einen Bleistift	☑ un lapicero [un lapi'θero]
	☑ einen Kugelschreiber	☑ un bolígrafo (Ⓛ un esfero) [un bo'ligrafo (un es'fero)]
	☑ einen Füller	☑ una pluma ['una 'pluma]
	☑ Tinte(npatronen)	☑ (patrones de) tinta [(pa'trones) de 'tinta]
	☑ eine Ersatzmine *(Kugelschreiber)*	☑ una carga de boli ['una 'karga de 'boli]
	☑ eine Ersatzmine *(Bleistift)*	☑ una carga para lapicera ['una 'karga 'para lapi'θera]
	☑ einen Radiergummi	☑ una goma de borrar (Ⓛ un borrador) ['una 'goma de bo'rrar (un borra'đor)]
	☑ einen Anspitzer	☑ un sacapuntas (Ⓛ un tajalápiz) [un saka'puntas (un tacha'lapiθ)]

ZEIT FÜR DEN EINKAUF

☑ einen *linierten/ karierten* Block	☑ un cuaderno *con líneas/cuadriculado* [un kuaˈderno con ˈlineas/cuadrikuˈlado]
☑ Schreibpapier	☑ folios [ˈfolios]

Souvenirs und Geschenke
Souvenirs y regalos

	Ich suche ein Geschenk für ⍰.	Estoy buscando un regalo para ⍰. [esˈtoi busˈkando un rreˈgalo ˈpara]
K40	☑ *meine Frau/meinen Mann*	☑ mi *mujer/marido* (🕒 mi *esposa/esposo*) [mi muˈcher/maˈrido (mi esˈposa/esˈposo)]
K41	☑ *meine Mutter/meinen Vater*	☑ mi *madre/padre* [mi ˈmadre/ˈpadre]
K42	☑ *ein Kind/einen Jungen/ein Mädchen*	☑ un *niño/un chico/una chica* [un ˈniɲo/un ˈtschiko/una ˈtschika]

| K43 Haben Sie etwas typisch *Kastilisches/ Baskisches/Katalanisches*? | ¿Tiene algo típico *castellano/vasco/catalán*? [ˈtie̯ne ˈalɡo ˈtipiko kasteˈjano/ˈbasko/kataˈlan] |

In Spanien findet man vieles, was sich als Mitbringsel eignet, denn das Land ist vielfältig und jede Region hat etwas Besonderes zu bieten. Schöne Lederprodukte (v. a. in Andalusien), Keramik und Stoffe gibt es fast überall sehr günstig und generell von hervorragender Qualität. Als Delikatessen sind Serranoschinken oder Chorizowurst (eine Art Paprikawurst), Käse und Olivenöl sehr beliebt.
Vor allem in Andalusien und Kastilien ist das Töpferhandwerk sehr verbreitet. In der Gegend von Toledo befindet sich ein Herstellungszentrum für Keramik, die Talavera de la Reina. Sie ist bekannt für ihre farbenfrohen Tonwaren.
Individuelle Mitbringsel finden Sie abseits der touristischen Straßen in kleinen Kunsthandwerksläden, wo regionale Künstler ihre Einzelstücke verkaufen.
In den Andenstaaten wie Ecuador, Peru und Kolumbien sowie in den Ländern in Zentralamerika hat das Handwerk einen guten Ruf. Gestrickte Kleiderstücke sowie Holzschmuck werden von den Einheimischen in Handarbeit hergestellt. Hängematten, Bettdecken oder Tischdecken in ihren typisch bunten Farben sind sehr schön und meist von guter Qualität. Auch Gold- und Silberschmuck sind gute und preiswerte Mitbringsel, sollten aber in Juweliergeschäften gekauft werden.

K44 Ist das Handarbeit?	¿Está hecho a mano? [esˈta ˈetʃo a ˈmano]
K45 Haben Künstler aus der Region das gemacht?	¿Lo han hecho artistas de la región? [lo an ˈetʃo arˈtistas de la rreˈchi̯on]
K46 Ist das *echtes Silber/ echtes Gold*?	¿Es *plata verdadera/oro verdadero*? [es ˈplata berˈdaðera/ˈoro berˈdaðero]

Zeit für den Einkauf

K47	Wo ist der Stempel?	¿Dónde está el sello de autenticidad? [ˈdonde esˈta el ˈsejo de autentiθiˈðað]
K48	Gibt es ein Echtheitszertifikat dafür?	¿Tiene certificado de autenticidad? [ˈtiene θertifiˈkaðo de autentiθiˈðað]

Etwas bezahlen
Pagar algo

K49	Ich zahle in bar.	Pago en efectivo. [ˈpaˈgo en efekˈtiβo]
K50	Ich zahle mit Kreditkarte.	Pago con tarjeta de crédito. [ˈpaˈgo kon tarˈtʃeta de ˈkreðito]
K51	Akzeptieren Sie diese Debitkarte?	¿Acepta esta tarjeta de débito? [aˈθepta ˈesta tarˈtʃeta de ˈdeβito]

Firme aquí, por favor. [ˈfirme aˈki por faˈβor]	Bitte hier unterschreiben.

ZEIT FÜR DEN EINKAUF

| Introduzca su clave, por favor. [intro'ðuθka su 'klaβe por fa'βor] | Ihre PIN, bitte. |

In Spanien und Lateinamerika kann man fast überall mit Kreditkarte bezahlen. Seien Sie aber nicht überrascht, wenn Sie beim Bezahlen mit der Kreditkarte nach Ihrem Personalausweis gefragt werden. Das ist in Spanien üblich und sogar Pflicht. Wenn man in den Ländern Lateinamerikas bar – also *en efectivo* – zahlt, sollte man versuchen, möglichst mit kleinen Scheinen zu zahlen. Es wird als unhöflich empfunden, wenn der Verkäufer sein ganzes Kleingeld zum Wechseln herausgeben muss.

K52	Ich sollte noch Wechselgeld bekommen.	Falta la vuelta. (🕒 Me hacen falta vueltas.) ['falta la 'bu̯elta (me 'haθen falta 'bu̯eltas)]
K53	Das Wechselgeld stimmt nicht.	La vuelta está mal. [la 'bu̯elta es'ta mal]
K54	Es *fehlt/fehlen* ...	*Falta/Faltan* ... ['falta/'faltan]
K55	Kann ich bitte den Kassenbon haben?	¿Me da el ticket por favor? [me da el 'tiket por fa'βor]
K56	Mit der Rechnung stimmt etwas nicht.	La cuenta está mal. [la 'ku̯enta es'ta mal]
K57	Diesen Artikel habe ich nicht gekauft.	Este artículo no lo he comprado. ['este ar'tikulo no lo e kom'praðo]

🔊 ZEIT FÜR DEN EINKAUF

Um den Preis handeln
Regatear

In Geschäften ist das Handeln durchaus möglich. Das gilt noch viel mehr für die Straßenmärkte in touristischen Orten. Dazu gehört auch, dass der Verkäufer sich „beleidigt" gibt, wenn er mit dem Preisvorschlag des Käufers nicht einverstanden ist.

K58	Wie viel kostet das?	¿Cuánto cuesta? ['kuanto 'kuesta]
K59	Es tut mir leid, aber das ist zu teuer.	Lo siento pero es demasiado caro. [lo 'siento 'pero es dema'siaðo 'karo]
K60	Könnte ich eine Ermäßigung bekommen?	¿Me hace algo de descuento? [me 'aθe 'algo de des'kuento]
K61	Wie wäre es mit ...?	¿Qué le parece ...? [ke le pa'reθe]
K62	Für ... nehme ich es.	Por ... me lo llevo. [por ... me lo 'jeβo]
K63	Das ist mein letztes Angebot.	Es mi última oferta. [es mi 'ultima o'ferta]
K64	Abgemacht!	¡Hecho! ['etʃo]
K65	Ich muss es mir noch einmal überlegen.	Lo voy a pensar un poco más. [lo boi a pen'sar un 'poko mas]

Gekauftes umtauschen oder zurückgeben
Descambiar o devolver una compra

	Dieser Artikel ⍰.	Este artículo ⍰. ['este ar'tikulo]
K66	☑ ist beschädigt	☑ está dañado [es'ta da'ɲaðo]
K67	☑ funktioniert nicht richtig	☑ no funciona bien [no fun'θiona bien]
K68	☑ ist nicht, was ich wollte	☑ no es lo que quería [no es lo ke ke'ria]

Ich möchte ☐.	Querría ☐. [ke'rria]
K69 ☑ das umtauschen	☑ cambiar esto [kam'biar 'esto]
K70 ☑ das zurückgeben	☑ devolverlo [deβol'βerlo]
K71 ☑ mein Geld erstattet	☑ que me devuelva el dinero [ke me de'βu̯elβa el di'nero]
K72 Ein Gutschein wäre auch in Ordnung.	Un vale está bien. [un 'bale es'ta bi̯en]

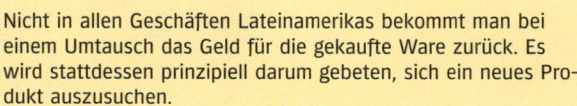

Nicht in allen Geschäften Lateinamerikas bekommt man bei einem Umtausch das Geld für die gekaufte Ware zurück. Es wird stattdessen prinzipiell darum gebeten, sich ein neues Produkt auszusuchen.

Banco y Correos
Bank und Post

BANK UND POST

Die Währung
La moneda

L01	Ich möchte das gern in *Peso/(amerikanische) Dollar* umtauschen.	Querría cambiar esta cantidad en *pesos/dólares (estadounidenses)*. [ke'rria kam'biar 'esta kanti'dađ en 'pesos/'dolares (estaouni'đenses)]
L02	Wie ist der Wechselkurs heute?	¿A cómo está el cambio hoy? [a 'komo es'ta el 'kambio oi]
L03	Wie hoch ist die Umrechnungsgebühr?	¿Cuánto es la comisión de cambio? ['kuanto es la komi'sion de 'kambio]

> In vielen lateinamerikanischen Ländern heißt die Landeswährung peso, so in: Argentinien, Chile, Dominikanische Republik, Kolumbien, Kuba, Mexiko, Uruguay.
> In ein paar Staaten ist der amerikanische Dollar (dólar estadounidense) die Landeswährung: Ecuador, El Salvador, Panama, Puerto Rico.
> Die Währungen der anderen Länder lauten: boliviano (Bolivien), colón (Costa Rica), quetzal (Guatemala), lempira (Honduras), córdoba (Nicaragua), guaraní (Paraguay), nuevo sol (Peru), bolívar (Venezuela).
> Unterteilt werden die Währungen meist in centavos (Cent), seltener in céntimos (Paraguay, Peru, Venezuela) bzw. centésimos (Uruguay).

	Ich hätte das Geld gern ☐.	Querría el dinero ☐, por favor. [ke'rria el di'nero ... por fa'ƀor]
L04	☑ in kleinen Scheinen	☑ en billetes pequeños [en bi'jetes pe'keɲos]
L05	☑ in großen Scheinen	☑ en billetes grandes [en bi'jetes 'grandes]
L06	Ich hätte gern Kleingeld.	Querría monedas. [ke'rria mo'neđas]

🔊 BANK UND POST

Geld besorgen
Sacar dinero

L07 Gibt es einen Geldautomaten in der Nähe?	¿Hay algún cajero automático cerca? [ai al'gun ka'chero au̯to'matiko 'θerka]
L08 Wo ist die nächste Bank?	¿Dónde está el banco más cercano? ['donde es'ta el 'banko mas θer'kano]
L09 Ich möchte diesen Reisescheck einlösen.	Querría canjear estos cheques de viaje. [ke'rria kanche'ar 'estos 'tschekes de bi'ache]

In der Post
En Correos

Ich bräuchte ☒.	Querría ☒, por favor. [ke'rria por fa'βor]
L10 ☒ einen Briefumschlag	☒ un sobre [un 'soβre]
L11 ☒ eine Briefmarke	☒ un sello (Ⓛ una estampilla) [un 'sejo ('una estam'pija)]
L12 ☒ die passende Briefmarke	☒ los sellos necesarios (Ⓛ la estampilla necesaria) [los 'sejos neθe'sarios (la estam'pija neθe'saria)]
Ich möchte ☒ aufgeben.	Querría mandar ☒. [ke'rria man'dar]
L13 ☒ diese Postkarte	☒ esta postal ['esta pos'tal]
L14 ☒ diesen Brief	☒ esta carta ['esta 'karta]
L15 ☒ dieses Päckchen	☒ este paquete ['este pa'kete]
L16 *nach Deutschland/nach Österreich/in die Schweiz*	a *Alemania/Austria/Suiza* [a ale'mania/'au̯stria/su'iθa]
L17 Welche Briefmarke brauche ich dafür?	¿Cuántos sellos (Ⓛ ¿Cuántas estampillas) necesito? ['ku̯antos 'sejos ('ku̯antas estam'pijas) neθe'sito]

Bank und Post

Die Post heißt in Spanien Correos [ko'rreos]. In kleineren Orten sind die Postämter oft nur Vormittags geöffnet. Briefmarken erhalten Sie aber auch in Tabakläden (estancos).
In Lateinamerika heißt die Post oficina de correos [ofi'θina de ko'rreos] und in großen Städten sind einige Filialen sogar sonntags geöffnet. Übrigens: Nicht alle Städte haben eine Postleitzahl, weswegen die Adresse so genau wie nur möglich geschrieben werden muss.

Actividades de tiempo libre
Freizeitaktivitäten

FREIZEITAKTIVITÄTEN

Ganz allgemein
Generalidades

	Wie viel kostet der Eintritt für ▢?	¿Cuánto cuesta la entrada para ▢? ['kuanto 'kuesta la en'trađa 'para]
M01	☑ Kinder und Schüler	☑ niños y alumnos ['ni|njos i a'lumnos]
M02	☑ Studenten	☑ estudiantes [estu'điantes]
M03	☑ Erwachsene	☑ adultos [a'đultos]
M04	☑ Senioren	☑ jubilados [chuβi'lađos]
M05	☑ Gruppen	☑ grupos ['grupos]
M06	Gibt es eine Ermäßigung?	¿Hay descuento? [ai des'kuento]
M07	Zwei Erwachsene und ein Kind, bitte.	Dos adultos y un niño, por favor. [dos a'đultos i un 'ni|njo por fa'βor]
	Wann *öffnet/schließt* ▢?	¿A qué hora *abre/cierra* ▢? [a ke 'ora 'aβre/'θierra]
M08	☑ das Museum	☑ el museo [el mu'seo]
M09	☑ die Ausstellung	☑ la exposición [la exposi'θion]
M10	☑ der Themenpark	☑ el parque temático [el 'parke te'matiko]
M11	☑ der Vergnügungspark	☑ el parque de ocio (🕒 de diversiones) [el 'parke de 'oθio (de diβer'siones)]
	Gibt es ▢?	¿Hay ▢? [ai]
M12	☑ einen Geschenkladen	☑ una tienda de regalos ['una 'tienda de rre'galos]
M13	☑ ein Café	☑ una cafetería ['una kafete'ria]
M14	☑ ein Restaurant	☑ un restaurante [un restau'rante]
M15	☑ eine Garderobe	☑ un guardarropa [un guarđa'rropa]

Prohibida la entrada a niños. [proi'βiđa la en'trađa a 'ni|njos]	Kein Eintritt für Kinder.

FREIZEITAKTIVITÄTEN

sólo acompañados por un adulto ['solo akompa'ɲjaðos por un a'ðulto]	nur in Begleitung eines Erwachsenen
sólo acompañados por los padres ['solo akompa'ɲjaðos por los 'paðres]	nur in Begleitung der Eltern
sólo acompañados por un titular del derecho de educación ['solo akompa'ɲjaðos por un titu'lar del de'retʃo de eðuka'θion]	nur in Begleitung eines Erziehungsberechtigten

M16	Was kostet *der Kurs/eine Unterrichtsstunde/die Teilnahme*?	¿Cuánto cuesta *el curso/una clase/la inscripción*? ['kuanto 'kuesta el 'kurso/'una 'klase/la inskrip'θion]
M17	Ich möchte eine Stadtrundfahrt machen.	Querría hacer una visita guiada por la ciudad. [ke'rria a'θer una vi'sita gi'aða por la θiu'ðað]

Sport
Deporte

	Wo können wir ▢ spielen?	¿Dónde podemos jugar al ▢? ['donde po'ðemos ʧu'gar al]
M18	▢ Fußball	▢ fútbol ['futbol]
M19	▢ Tennis	▢ tenis ['tenis]
M20	▢ Golf/Minigolf	▢ golf/minigolf [golf/mini'golf]
M21	▢ (Beach)volleyball	▢ voleibol (de playa) [bolei̯'bol (de 'plaja)]
M22	Darf ich mitspielen?	¿Puedo jugar? ['pueðo ʧu'gar]
M23	Können Sie uns einen *schönen/kurzen* Wanderweg empfehlen?	¿Nos puede recomendar una excursión de senderismo *bonita/corta*? [nos 'pueðe rrekomen'dar 'una ekskur'sion de sende'rismo bo'nita/'korta]
	Wo kann man ▢?	¿Dónde se puede ▢? ['donde se 'pueðe]

FREIZEITAKTIVITÄTEN

M24	☑ eine Wanderkarte bekommen	☑ conseguir un mapa de excursiones de senderismo [konseˈgir un ˈmapa de exkurˈsiones de sendeˈrismo]
M25	☑ angeln	☑ pescar [pesˈkar]
M26	☑ ein *Fahrrad/Mountainbike* mieten	☑ alquilar una *bicicleta/bicicleta de montaña* [alkiˈlar ˈuna biθiˈkleta/biθiˈkleta de monˈtalŋa]
M27	☑ gut joggen	☑ hacer footing [aˈθer ˈfutin]
M28	☑ reiten	☑ montar a caballo [monˈtar a kaˈbajo]
M29	Gibt es in der Nähe eine Reitschule?	¿Hay una escuela de equitación por aquí cerca? [ai ˈuna esˈkuela de ekitaˈθion por aˈki ˈθerka]

Wassersport
Deportes acuáticos

	Ich würde gern ⍰.	Me gustaría ⍰. [me gustaˈria]
M30	☑ Kajak fahren	☑ hacer (🕒 montar en) kayak [aˈθer (monˈtar en) ˈkajak]

🔊 FREIZEITAKTIVITÄTEN

M31 ☑ Kanu fahren	☑ hacer piragüismo (🕒 montar en canoa) [a'θer pira'guismo (mon'tar en ka'noa)]
M32 ☑ Wasserski fahren	☑ hacer esquí acuático [a'θer es'ki a'kuatiko]
M33 ☑ segeln	☑ navegar [naβe'gar]
M34 ☑ tauchen	☑ hacer submarinismo [a'θer suβmari'nismo]
M35 ☑ wellenreiten	☑ hacer surf [a'θer surf]
M36 ☑ windsurfen	☑ hacer windsurf [a'θer 'windsurf]
Ich möchte ☑ mieten.	Querría alquilar ☑. [ke'rria alki'lar]
M37 ☑ ein Kajak	☑ un kajak [un 'kajak]
M38 ☑ einen Katamaran	☑ un catamarán [un katama'ran]
M39 ☑ ein Motorboot	☑ una lancha motora ['una 'lantscha mo'tora]
M40 ☑ ein Ruderboot	☑ un bote de remos [un 'bote de 'rremos]
M41 ☑ ein Segelboot	☑ un velero [un be'lero]
M42 ☑ ein Tretboot	☑ un patín a pedales [un pa'tin a pe'ðales]
M43 ☑ eine Taucheraus-rüstung	☑ un equipo de submarinismo [un e'kipo de suβmari'nismo]
M44 ☑ ein Surfbrett	☑ una tabla de surf ['una 'taβla de surf]
M45 Wie ist der Wellengang?	¿Cómo están las olas? ['komo es'tan las 'olas]
M46 Ich möchte schwimmen gehen.	Me gustaría ir a nadar. [me gusta'ria ir a na'ðar]
M47 Gibt es ein *Freibad/Hallenbad* in der Nähe?	¿Hay alguna *piscina descubierta/piscina cubierta* cerca? [ai al'guna pis'θina desku'βierta/pis'θina ku'βierta 'θerka]
M48 Ist das das Nichtschwimmerbecken?	¿Es ésta la piscina para principiantes? [es 'esta la pis'θina 'para prinθi'piantes]
Wo sind die ☑?	¿Dónde están ☑? ['donde es'tan]
M49 ☑ Duschen	☑ las duchas [las 'dutschas]
M50 ☑ Umkleideräume	☑ los vestuarios [los bes'tuarios]
M51 ☑ Schließfächer	☑ las consignas [las kon'sig|nas]

FREIZEITAKTIVITÄTEN

| M52 Wo bekomme ich *die passende Münze/den Chip*? | ¿Dónde se coge *la moneda/la ficha*? ['donde se 'koche la mo'neda/la 'fitscha] |

Am Strand
En la playa

| M53 Wie komme ich zum Strand? | ¿Cómo se llega a la playa? ['komo se 'jega a la 'plaja] |
| M54 Darf man hier schwimmen? | ¿Se puede nadar aquí? [se 'puede na'dar a'ki] |

| Hay marea alta. [ai ma'rea 'alta] | Es ist Flut. |
| Hay marea baja. [ai ma'rea 'bacha] | Es ist Ebbe. |

🔊 FREIZEITAKTIVITÄTEN

M55 Gibt es *gefährliche Strömungen/Quallen*?	¿Hay *corrientes peligrosas/medusas*? [ai ko'rrientes peli'grosas/me'ðusas]
Ich möchte ☐ *kaufen/ mieten*.	Querría *comprar/alquilar* ☐. [ke'rria kom'prar/ alki'lar]
M56 ☑ einen Sonnenschirm	☑ una sombrilla ['una som'brija]
M57 ☑ einen Liegestuhl	☑ una tumbona ['una tum'bona]

Wellness
Spa

Ich möchte ☐.	Querría ☐. [ke'rria]
M58 ☑ ein Dampfbad nehmen	☑ tomar un baño de vapor [to'mar un 'baɲjo de ba'por]
M59 ☑ eine Massage buchen	☑ reservar una sesión de masaje [rreser'bar 'una se'sion de ma'sache]
M60 ☑ *ein Handtuch/einen Bademantel* leihen	☑ alquilar *una toalla/un albornoz* [alki'lar 'una to'aja/un albor'noθ]
M61 ☑ die Sauna benutzen	☑ usar la sauna [u'sar la 'sauna]
M62 ☑ in die Therme gehen	☑ ir a los baños termales [ir a los 'baɲjos ter'males]
Ich hätte gern ☐.	Querría hacerme ☐. [ke'rria a'θerme]
M63 ☑ *ein Gesichtspeeling/Körperpeeling*	☑ *una limpieza facial/un peeling corporal* [una lim'pieθa fa'θial/un 'pilin korpo'ral]
M64 ☑ *eine Maniküre/ Pediküre*	☑ *una manicura/pedicura* ['una mani'kura/ peði'kura]
Bieten Sie ☐ an?	¿Ofrecen ☐? [o'freθen]
M65 ☑ Ayurveda Anwendungen	☑ tratamientos ayurveda [trata'mientos ajur'beða]
M66 ☑ Anwendungen mit Naturkosmetik	☑ tratamientos de cosmética natural [trata'mientos de kos'metika natu'ral]

FREIZEITAKTIVITÄTEN

Ich würde gern ☐ teilnehmen.	Querría participar ☐. [ke'rria partiθi'par]
M67 ☑ am *Yogaunterricht/Pilatesunterricht*	☑ en un curso de *yoga/pilates* [en un 'kurso de 'joga/pi'lates]
M68 ☑ an der Meditation	☑ en un curso de meditación [en un 'kurso de međita'θion]

Museen und Ausstellungen
Museos y exposiciones

01 Ich möchte mir diese Ausstellung ansehen.	Me gustaría ver esta exposición. [me gusta'ria ber 'esta exposi'θion]
02 Wir gehen *ins Museum/in die Galerie/in den Zoo*.	Vamos *a un museo/a una galería de arte/al zoo*. ['bamos a un mu'seo/a 'una gale'ria de 'arte/al θo]
03 Muss man für die Sonderausstellung Eintritt bezahlen?	¿Hay que pagar entrada para la exposición itinerante? [ai ke pa'gar en'trađa 'para la exposi'θion itine'rante]
04 Verkaufen Sie zu dieser Ausstellung einen Katalog?	¿Venden el catálogo de la exposición? ['benden el ka'talogo de la exposi'θion]

FREIZEITAKTIVITÄTEN

N05	Ich möchte einen Ausstellungskatalog kaufen.	Querría comprar un catálogo de la exposición. [ke'rria kom'prar un ka'talogo de la exposi'θi̯on]
	Ich interessiere mich für ⸮.	Me interesa ⸮. [me inte'resa]
N06	☑ Gemälde	☑ la pintura [la pin'tura]
N07	☑ Skulpturen	☑ la escultura [la eskul'tura]
N08	☑ Architektur	☑ la arquitectura [la arkitek'tura]
N09	☑ Geschichte	☑ la historia [la is'toria]
N10	☑ Technik	☑ la tecnología [la teknolo'chia]
N11	Ich interessiere mich für naturwissenschaftliche Ausstellungen.	Me interesan las exposiciones sobre ciencias naturales. [me inte'resan las exposi'θi̯ones 'sobre 'θi̯enθias natu'rales]

Das Verb interesar (*jdn interessieren*) wird je nachdem, ob das Bezugswort im Singular oder Plural steht, in der 3. Person Singular (me interesa) oder der 3. Person Plural (me interesan) verwendet:
Me interes**a el libro**. (Das Buch interessiert mich.)
Me interes**an los libros**. (Die Bücher interessieren mich.)

Nachtleben
Vida nocturna

N12	Wir möchten Tanzen gehen.	Nos gustaría ir a bailar. [nos gusta'ria ir a bai̯'lar]
N13	Welche Musik läuft in diesem Club?	¿Qué tipo de música ponen en este pub? [ke 'tipo de 'musika 'ponen en 'este paβ]
N14	Was für Leute gehen dorthin?	¿Qué tipo de gente va? [ke 'tipo de 'chente ba]

FREIZEITAKTIVITÄTEN

N15	Was zieht man da an?	¿Cómo hay que vestirse? ['komo ai ke bes'tirse]
N16	Wann macht der Club auf?	¿A qué hora abre el pub? [a ke 'ora 'aβre el paβ]
N17	Das ist ein *Schwulentreffpunkt/Lesbentreffpunkt*.	Es un lugar de encuentro para *gays/lesbianas*. [es un lu'ɣar de en'kuentro 'para 'ɡeis/les'βianas]
N18	Hier ist nichts los.	Aquí no hay ambiente. [a'ki no 'ai am'bi̯ente]
N19	Können wir woanders hingehen?	¿Vamos a otro sitio? ['bamos a 'otro 'sitio]
N20	Lass uns einen Trinken gehen!	Vamos a tomar algo. ['bamos a to'mar 'alɣo]
N21	*Kennen Sie/Kennst du* eine nette Kneipe?	¿*Conoce/Conoces* algún bar agradable? [ko'noθe/ko'noθes al'ɣun bar aɣra'ðaβle]
N22	Hier gefällt's mir.	Este sitio me gusta. ['este 'sitio me 'ɣusta]

Kino, Theater, Konzert
Cine, teatro, concierto

N23	Ich würde gern ins *Kino/Theater* gehen.	Me gustaría ir al *cine/teatro*. [me ɣusta'ria ir al 'θine/te'atro]
N24	Was läuft gerade?	¿Qué están poniendo? [ke es'tan po'niendo]
	Ich möchte ☑ sehen.	Me gustaría ver ☑. [me ɣusta'ria βer]
N25	☑ einen Abenteuerfilm	☑ una película de aventuras ['una pe'likula de aβen'turas]
N26	☑ einen Horrorfilm	☑ una película de terror ['una pe'likula de te'rror]
N27	☑ eine Komödie	☑ una comedia ['una ko'meðia]
N28	☑ eine Liebesgeschichte	☑ una historia de amor ['una is'toria de a'mor]
N29	☑ einen Science-Fiction-Film	☑ una película de ciencia ficción ['una pe'likula de 'θienθia fik'θion]

FREIZEITAKTIVITÄTEN

N30	☑ eine Tragödie	☑ un drama [un 'drama]
N31	☑ einen Trickfilm	☑ una película de dibujos animados ['una pe'likula de di'buchos ani'maðos]
N32	Wann fängt *der Film/ das Stück/das Konzert* an?	¿A qué hora empieza *la película/la obra/el concierto*? [a ke 'ora em'pieθa la pe'likula/la 'oβra/el kon'θierto]

Empieza a la(s) ... . [em'pieθa a la(s)]	Er/Es fängt um ... an.

N33	Wann ist er/es zu Ende?	¿A qué hora se acaba? [a ke 'ora se a'kaβa]

Se acaba a la(s) ... . [se a'kaβa a la(s)]	Er/Es ist um ... zu Ende.

N34	Wir könnten *in die Oper/zum Konzert* gehen.	Podríamos ir *a la ópera/a un concierto*. [po'ðriamos ir a la 'opera/a un kon'θierto]

FREIZEITAKTIVITÄTEN

	Gibt es noch Karten für ⍰?	¿Quedan entradas para ⍰? ['keđan en'trađas 'para]
N35	☑ die Abendvorstellung *(Kino)*	☑ la sesión de noche [la se'sion de 'notsche]
N36	☑ die Abendvorstellung) *(Oper, Theater)*	☑ la función de noche [la fun'θion de 'notsche]
N37	☑ die Matinée *(Kino)*	☑ la sesión matinal [la se'sion mati'nal]
N38	☑ die Matinée *(Oper, Theater)*	☑ la función matinal [la fun'θion mati'nal]
	Wieviel kosten Plätze ⍰?	¿Cuánto cuesta la entrada ⍰? ['kuanto 'kuesta la en'trađa]
N39	☑ in den vorderen Reihen	☑ en las primeras filas [en las pri'meras 'filas]
N40	☑ in der Loge	☑ en palco [en 'palko]
N41	☑ vorne/in der Mitte/hinten	☑ delante/en el centro/detrás [de'lante/'en el 'θentro/de'tras]
N42	☑ im Parkett	☑ en patio de butacas [en 'patio de bu'takas]
N43	☑ im ersten Rang	☑ en anfiteatro [en anfite'atro]
N44	Gibt es auch Stehplätze?	¿Hay también localidades de pie? [ai tam'bien lokali'đađes de pie]
N45	Ich hätte gern ein Programm.	Quisiera un programa. [ki'siera un pro'grama]

Emergencias
Notfälle

NOTFÄLLE

Notruf
Llamada de urgencia

In Spanien gibt es verschiedene Polizeieinheiten. Die blau-schwarz-uniformierte Policía Municipal agiert auf kommunaler Ebene (u. a. bei Diebstahl, Einbrüchen und im Stadtverkehr). Die blau-uniformierte Policía Nacional nimmt überregional bei Gewaltdelikten die Anzeige auf und ist u. a. auch für Ausländer- und Passangelegenheiten zuständig. Die Guardia Civil, die grüne Uniformen trägt, ist für den Verkehr auf Landstraßen und Autobahnen und für die Grenzkontrolle zuständig.
Mit dem **Euronotruf 112** erreichen Sie in ganz Europa eine Rettungsleitstelle, die je nach Notfall Polizei, Feuerwehr oder den Rettungsdienst alarmiert.
Die **Polizei** erreichen Sie in Spanien unter der **091**, die **Feuerwehr** unter **085**.

001	Verbinden Sie mich mit *dem Rettungsdienst/der Polizei/der Feuerwehr*!	¡Póngame con *el servicio de socorro/la policía/los bomberos*! ['pongame kon el ser'βiθio de so'korro/la poli'θia/los bom'beros]
002	Kommen Sie schnell zu ...	Venga rápido a ... ['benga 'rrapiðo a]
003	Es hat *einen Unfall/eine Schlägerei* gegeben.	Ha habido *un accidente/una pelea*. [a a'βiðo un akθi'ðente/'una pe'lea]
004	Es brennt!	¡Hay un incendio! ['ai un in'θendio]

NOTFÄLLE

Auf der Polizeiwache
En la comisaría de policía

Ich möchte ▢.	Querría ▢. [ke'rria]
005 ☑ jemanden anzeigen	☑ denunciar a alguien [denun'θiar a 'algien]
006 ☑ eine Aussage machen	☑ hacer una denuncia [a'θer 'una de'nunθia]
007 ☑ *einen Diebstahl/ eine Schlägerei* melden	☑ dar parte de *un robo/una pelea* [dar 'parte de un 'rroƀo/'una pe'lea]
008 ☑ eine Vermisstenanzeige machen	☑ dar parte de una persona desaparecida [dar 'parte de 'una per'sona desapare'θiđa]
009 ☑ einen Anwalt	☑ un abogado [un aƀo'gađo]
010 ☑ einen Telefonanruf tätigen	☑ hacer una llamada [a'θer 'una ja'mađa]
Mir wurde ▢ gestohlen.	Me han robado ▢. [me an rro'ƀađo]
011 ☑ mein Auto	☑ el coche (Ⓛ el carro) [el 'kotsche (el 'karro)]
012 ☑ meine Brieftasche	☑ la cartera (Ⓛ el bolso) [la kar'tera (el 'bolso)]
013 ☑ mein Geldbeutel	☑ el monedero (Ⓛ la billetera) [el mone'đero (la bije'tera)]
014 ☑ meine Handtasche	☑ el bolso [el 'bolso]
Ich wurde ▢.	Me han ▢. [me an]
015 ☑ ausgeraubt	☑ atracado [atra'kađo]
016 ☑ vergewaltigt	☑ violado [bio'lađo]
017 ☑ verprügelt	☑ dado una paliza ['dađo 'una pa'liθa]
018 *Es gibt einen/Es gibt keinen* Zeugen.	*Hay/No hay* testigos. [ai/no ai tes'tigos]
019 Wäre es möglich, einen Dolmetscher zu holen?	¿Pueden traer a un intérprete? ['pueđen tra'er a un in'terprete]

NOTFÄLLE

Beim Arzt und im Krankenhaus
En el médico y en el hospital

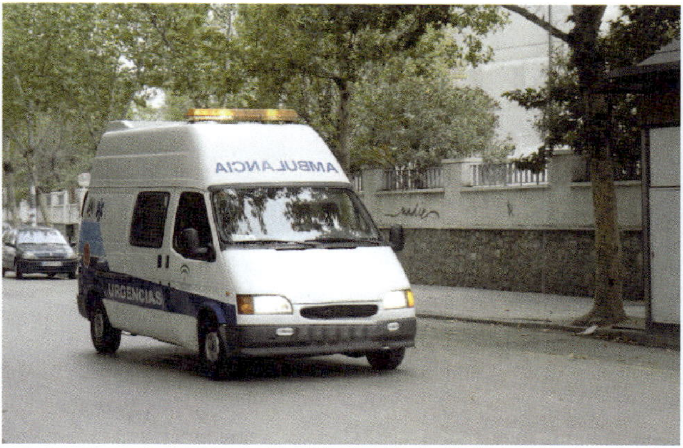

| 020 | Ich brauche einen Arzt. | Necesito un médico. [neθe'sito un 'mediko] |

Im Spanien und Lateinamerika ist im Krankheitsfall der Allgemeinmediziner (médico de cabecera) der erste Anlaufpunkt. Zugang zu einem Facharzt gibt es nur durch Überweisung.

	Wo ist ⬚?	¿Dónde está ⬚? ['donde es'ta]
021	☑ das nächste Krankenhaus	☑ el hospital más cercano [el ospi'tal mas θer'kano]
022	☑ die nächste Unfallchirurgie	☑ el servicio de traumatología más cercano [el ser'biθio de traumatolo'chia mas θer'kano]

135

NOTFÄLLE

Gibt es ☐ in der Nähe?	¿Hay ☐ por aquí cerca? [ai ... por a'ki 'θerka]
023 ☑ eine Arztpraxis	☑ una consulta de médico ['una kon'sulta de 'međiko]
024 ☑ einen Augenarzt	☑ un oculista [un oku'lista]
025 ☑ einen Hautarzt	☑ un dermatólogo [un derma'tologo]
026 ☑ einen Zahnarzt	☑ un dentista [un den'tista]
027 Das ist meine Krankenkasse.	Este es mi seguro médico. ['este es mi se'guro 'međiko]
028 Das ist meine Versichertenkarte.	Esta es mi tarjeta del seguro médico. [esta es mi tar'cheta del se'guro 'međiko]

Tome asiento en la sala de espera. ['tome a'siento en la 'sala de es'pera]	Bitte nehmen Sie im Wartezimmer Platz.

029 Ich würde lieber mit einer Ärztin sprechen.	Preferiría hablar con una médica. [preferi'ria a'blar kon 'una 'međika]
030 Ich hatte einen Unfall.	He tenido un accidente. [e te'niđo un akθi'đente]
031 Ich habe (starke) Schmerzen.	Tengo dolores (fuertes). ['tengo do'lores ('fuertes)]
Es ist ein ☐ Schmerz.	Es un dolor ☐. [es un do'lor]
032 ☑ andauernder/ständiger	☑ constante [kons'tante]
033 ☑ brennender	☑ de ardor [de ar'đor]
034 ☑ dumpfer	☑ ronco ['rronko]
035 ☑ stechender	☑ punzante [pun'θante]

¿Le duele aquí? [le 'duele a'ki]	Tut das weh?

036 Hier tut es weh.	Me duele aquí. [me 'duele a'ki]
037 Das tut weh!	¡Eso duele! ['eso 'duele]

Ich habe mir ☐ gebrochen/verstaucht.	Me he *roto/dislocado* ☐. [me e 'rroto/dislo'kaðo]
038 ☑ den *linken/rechten* Arm	☑ el brazo *izquierdo/derecho* [el 'braθo iθ'kjerðo/de'retscho]
039 ☑ die Hand/den Finger/den Daumen	☑ la mano/el dedo/el pulgar [la 'mano/el 'deðo/el pul'gar]
040 ☑ das Bein/den Fuß/den Zeh	☑ la pierna/el pie/el dedo del pie [la 'pjerna/el pje/el 'deðo del pje]
041 ☑ die Rippe/das Schlüsselbein/die Schulter	☑ la costilla/la clavícula/el hombro [la kos'tija/la kla'βikula/el 'ombro]
042 Ich möchte, dass das geröntgt wird.	Quiero que me hagan una radiografía. ['kjero ke me 'agan 'una rraðiogra'fia]

¿Está embarazada? [es'ta embara'θaða]	Sind Sie schwanger?

043 Ich fühle mich schwach.	Me siento débil. [me 'sjento 'deβil]
044 Mir ist *schwindelig/übel*.	Tengo *mareos/náuseas*. ['tengo mar'eos/'nauseas]
045 Ich musste mich übergeben.	He vomitado. [e bomi'taðo]
046 Ich war ohnmächtig.	Me he desmayado. [me e desma'jaðo]
047 Mein *Bauch/Rücken* tut weh.	Me duele *el estómago/la espalda*. [me 'duele el es'tomago/la es'palda]
048 Ich habe Kopfschmerzen.	Tengo dolor de cabeza. ['tengo do'lor de ka'βeθa]
049 Er/Sie hat Fieber.	Tiene fiebre. ['tjene 'fjebre]
Können Sie mir ☐ *geben/verschreiben*?	¿Me puede *dar/recetar* ☐? [me 'pueðe dar/rreθe'tar]
050 ☑ Antibiotika	☑ antibióticos [anti'βiotikos]
051 ☑ etwas gegen ...	☑ algo para ... ['algo 'para]

🔊 NOTFÄLLE

052	☑ Schmerzmittel	☑ analgésicos [anal'chesikos]
053	Ich habe Angst vor Spritzen.	Me dan miedo las jeringuillas. [me dan 'mieđo las cherin'gijas]
054	Ich möchte eine ungebrauchte Spritze.	Querría una jeringuilla sin usar. [ke'rria 'una cherin'gija sin u'sar]
055	Bitte waschen Sie sich die Hände.	Por favor lávese las manos. [por fa'bor 'laḃese las 'manos]
056	Ich bin *Diabetiker/Epileptiker*.	Soy *diabético/epiléptico*. ['soi dia'ḃetiko/ epi'leptiko]
057	Er/Sie braucht dringend *Insulin/Medikamente*.	Necesita urgentemente *insulina/medicación*. [neθe'sita urchente'mente insu'lina/međika'θion]

¿Toma algún medicamento? ['toma al'gun međika'mento]	Nehmen Sie irgendwelche Medikamente ein?

058	Ja, ich nehme ...	Sí, tomo ... [si 'tomo]

¿Sufre de alguna alergia? ['sufre de al'guna a'lerchia]	Haben Sie irgendwelche Allergien?

	Ich bin allergisch gegen ⃞.	Soy (m.) alérgico/(f.) alérgica a ⃞. [soi a'lerchiko/a'lerchika a]
059	☑ Insektenstiche	☑ las picaduras de mosquito [las pika'đuras de mos'kito]
060	☑ Penizillin	☑ la penicilina [la peniθi'lina]
	Ich habe ⃞.	Tengo ⃞. ['tengo]
061	☑ Asthma	☑ asma ['asma]
062	☑ Atembeschwerden	☑ insuficiencia respiratoria [insufi'θienθia rrespira'toria]
063	☑ Durchfall	☑ diarrea [dia'rrea]
064	☑ eine Entzündung	☑ una inflamación ['una inflama'θion]

NOTFÄLLE

065	☑ eine Erkältung	☑ un resfriado [un resfri'aðo]
066	☑ Grippe	☑ gripe ['gripe]
067	☑ einen (schmerzhaften/brennenden) Hautausschlag	☑ una erupción cutánea (dolorosa/aguda) ['una erup'θi̯on ku'tanea (dolo'rosa/a'guða)]
068	☑ Heuschnupfen	☑ la fiebre del heno [la 'fi̯ebre del 'eno]
069	☑ Husten	☑ tos [tos]
070	☑ einen (tiefen) Schnitt	☑ un corte (profundo) [un 'korte (pro'fundo)]
071	☑ einen Sonnenbrand	☑ una quemadura del sol ['una kema'ðura del sol]
072	☑ eine Verbrennung	☑ una quemadura ['una kema'ðura]
073	☑ eine Wunde	☑ una herida ['una e'riða]
074	Ich habe mich verbrannt.	Me he quemado. [me e ke'maðo]
075	Vielleicht habe ich einen Sonnenstich.	Tal vez tengo una insolación. [tal beθ 'tengo una insola'θi̯on]
076	Ich bin erkältet.	Estoy m. resfriado/f. resfriada. [es'toi̯ resfri'aðo/resfri'aða]

Le/Te tengo que mandar al hospital. [le/te 'tengo ke man'dar al ospi'tal]	Ich muss Sie/dich ins Krankenhaus einweisen.
Le tenemos que operar. [le te'nemos ke ope'rar]	Sie müssen operiert werden.

| 077 | Wann werde ich operiert? | ¿Cuándo me operan? ['ku̯ando me o'peran] |

¿Cuál es su grupo sanguíneo? [ku̯al es su 'grupo san'gineo]	Welche Blutgruppe haben Sie?

| 078 | Meine Blutgruppe ist A/B/AB/0 positiv/negativ. | Mi grupo sanguíneo es A/B/AB/0 positivo/negativo. [mi 'grupo san'gineo es a/ðe/a ðe/'θero posi'tiðo/nega'tiðo] |

🔊 NOTFÄLLE

079	Ich will keine Bluttransfusion.	No quiero una transfusión de sangre. [no 'kiero 'una transfu'sion de 'sangre]
080	Wann darf ich aufstehen?	¿Cuándo me podré levantar? ['kuando me po'dre leβan'tar]
081	Schwester, ich brauche Hilfe!	¡Enfermera, necesito ayuda! [enfer'mera neθe'sito a'juða]
082	Wann werde ich entlassen?	¿Cuándo me dan el alta? ['kuando me dan el 'alta]
083	Ich bin gegen *Tetanus/Polio/Tollwut* geimpft.	Estoy m. vacunado/f. vacunada *del tétanos/de la polio/de la rabia*. [es'toi baku'naðo/ baku'naða del 'tetanos/de la 'polio/de la 'rraβia]

Beim Zahnarzt
En el dentista

P01	Kennen Sie einen guten Zahnarzt?	¿Conoce a un buen dentista (🕒 odontólogo)? [ko'noθe a un 'buen den'tista (oðon'tologo)]
P02	Ich habe Zahnschmerzen.	Tengo dolor de muelas. ['tengo do'lor de 'muelas]
P03	Das Zahnfleisch ist entzündet.	La encía está inflamada. [la en'θia es'ta infla'maða]
P04	Mir ist eine Füllung herausgefallen.	Se me ha caído un empaste (🕒 una calza). [se me a ka'iðo un em'paste ('una 'kalθa)]
P05	Mir ist ein Stück *vom Zahn/der Krone* abgebrochen.	Se me ha roto un trozo de *diente/la funda*. [se me a 'rroto un 'troθo de 'diente/la 'funda]
P06	Könnten Sie das provisorisch behandeln?	¿Puede tratarlo de modo provisional? ['puede tra'tarlo de 'moðo proβisio'nal]
P07	Ich möchte eine Betäubung.	Quiero anestesia. ['kiero anes'tesia]

NOTFÄLLE

Achtung: Tiere und Ungeziefer!
¡Atención: animales y bichos!

P08	Gibt es hier gefährliche Tiere?	¿Hay animales peligrosos aquí? [ai ani'males peli'grosos a'ki]
	Ich bin von ⸞ gebissen/gestochen worden.	Me ha picado ⸞. [me a pi'kaðo]
P09	☑ einer Schlange	☑ una serpiente ['una ser'pi̯ente]
P10	☑ einer Viper	☑ una víbora ['una 'biβora]
P11	☑ einer Spinne	☑ una araña ['una a'ra ɲa]
P12	☑ einer Stechmücke	☑ un mosquito [un mos'kito]
P13	☑ einer Bremse	☑ un tábano [un 'taβano]
P14	☑ einer Wespe	☑ una avispa ['una a'βispa]
P15	☑ einem Floh	☑ una pulga ['una 'pulga]
	Ich habe ⸞.	Tengo ⸞. ['tengo]
P16	☑ Läuse	☑ piojos ['pi̯ochos]
P17	☑ eine Zecke	☑ una garrapata ['una garra'pata]

Vipern und Kreuzottern sind die verbreitesten Giftschlangen in Europa und auch in bestimmten Regionen Spaniens beheimatet. Sie leben generell in Berggebieten und lieben karge, felsige Zonen. Dort verbergen sie sich häufig unter Steinen oder in Wurzelhöhlen. Seien Sie ein wenig umsichtig beim Wandern oder Picknicken. Die Schlangen reagieren nur aggressiv, wenn sie sich bedroht fühlen.
Bei Reisen in die tropischen Tieflandsgebiete Lateinamerikas wird eine Gelbfieberimpfung sowie eine Malariaprophylaxe empfohlen. Je nach Region sollte in einer Impfberatung geklärt werden, welche weiteren Risiken bestehen.

Ein wenig Grammatik

Nomen

Nomen (Hauptwörter) werden immer kleingeschrieben, es sei denn, es handelt sich um Eigennamen.

Im Spanischen gibt es nur das männliche (maskulin / m.) und das weibliche (feminin / f.) Geschlecht (Genus). Eine Entsprechung des deutschen Neutrums gibt es nicht. Die meisten spanischen Nomen enden auf -a, -e, -o oder Konsonant.

GENUS UND PLURAL

Das Geschlecht (Genus) eines Nomens lässt sich häufig an der Endung erkennen.

Nomen, die auf -o, -aje, -ete, -l, -ón und -or enden, sind in der Regel männlich. Im Plural (Mehrzahl) erhalten sie ein zusätzliches -s, wenn sie auf einen Vokal enden, bzw. die Endung -es, wenn sie auf einen Konsonanten enden (dabei entfällt auch der Akzent der Endung -ón).

Singular		Plural	
el libro	das Buch	los libros	die Bücher
el viaje	die Reise	los viajes	die Reisen
el billete	die Fahrkarte	los billetes	die Fahrkarten
el árbol	der Baum	los árboles	die Bäume
el corazón	das Herz	los corazones	die Herzen
el señor	der Herr	los señores	die Herren

Wichtige Ausnahmen! Folgende Nomen enden auf -o, sind aber feminin: la foto (das Foto), la mano (die Hand), la moto (das Motorrad), la radio (das Radio).

Nomen, die auf -a, -ad, -ión oder -triz enden, sind in der Regel weiblich. Im Plural erhalten sie ein zusätzliches -s, wenn sie auf einen Vokal enden, bzw. die Endung -es, wenn sie auf einen Konsonanten enden (dabei entfällt auch der Akzent der Endung -ión).

Singular		Plural	
la mesa	der Tisch	las mesas	die Tische
la ciudad	die Stadt	las ciudades	die Städte
la canción	das Lied	las canciones	die Lieder
la cicatriz	die Narbe	las cicatrizes	die Narben

Wichtige Ausnahmen! Folgende Nomen enden auf -a und -ión, sind aber maskulin: el problema (das Problem), el día (der Tag), el mapa (die Landkarte), el avión (das Flugzeug).

Nomen, die auf -e enden, können maskulin oder feminin sein: el coche (das Auto), la noche (die Nacht). Der Plural wird durch Anhängen von -s gebildet: los coches (die Autos), las noches (die Nächte).

Bei Personenbezeichnungen wird die weibliche Form häufig aus der männlichen Form gebildet. Dabei wird die männliche Endung durch -a ergänzt oder ersetzt.

maskulin		feminin	
el niño	der Junge	la niña	das Mädchen
el jefe	der Chef	la jefa	die Chefin
el español	der Spanier	la española	die Spanierin

EIN WENIG GRAMMATIK

Artikel

BESTIMMTER ARTIKEL

Der bestimmte Artikel lautet im Spanischen:

	Singular		Plural	
maskulin	el libro	das Buch	los libros	die Bücher
feminin	la casa	das Haus	las casas	die Häuser

Achtung! Vor weiblichen Substantiven, die mit betontem a (z. B. agua) oder ha (z. B. hambre) beginnen, verwendet man den männlichen Artikel el: el agua (das Wasser), el hambre (der Hunger).

In Verbindung mit den Präpositionen a und de (siehe S. 174–175) verschmilzt el zu al bzw. del.

UNBESTIMMTER ARTIKEL

Der unbestimmte Artikel lautet im Spanischen:

	Singular		Plural	
maskulin	un libro	ein Buch	unos libros	einige Bücher
feminin	una casa	ein Haus	unas casas	einige Häuser

Im Spanischen gibt es im Gegensatz zum Deutschen eine Pluralform für den unbestimmten Artikel. Diese Pluralform (unos/unas) wird mit *einige* übersetzt (siehe Tabelle), vor Zahlen bedeutet unos/unas *ungefähr*: unos 300 kilómetros (ungefähr 300 Kilometer).

Achtung! Wie für den bestimmten Artikel gilt auch für den unbestimmten Artikel: Vor weiblichen Substantiven, die mit betontem a oder ha beginnen, verwendet man den männlichen Artikel un.

Adjektiv

Das Adjektiv richtet sich in Geschlecht und Zahl nach dem Nomen, auf das es sich bezieht. Es steht in der Regel nach dem Nomen.

Anders als im Deutschen muss man auch in der prädikativen Verwendung (*das Haus ist teuer*) das Adjektiv an das Nomen angleichen (la cas**a** es car**a**).

Viele spanische Adjektive enden in der maskulinen Form auf -o, -e oder Konsonant. Adjektive auf -o bilden die weibliche Form auf -a. Adjektive auf -e sowie auf Konsonant haben nur eine Form für beide Geschlechter.

maskulin		**feminin**	
el niñ**o** guap**o**	der hübsche Junge	la niñ**a** guap**a**	das hübsche Mädchen
el niñ**o** triste	der traurige Junge	la niñ**a** triste	das traurige Mädchen
el niñ**o** feliz	der glückliche Junge	la niñ**a** feliz	das glückliche Mädchen

Die Pluralbildung erfolgt wie bei den Nomen.

maskulin		**feminin**	
los niñ**os** guap**os**	die hübschen Jungen	las niñ**as** guap**as**	die hübschen Mädchen
los niñ**os** triste**s**	die traurigen Jungen	las niñ**as** triste**s**	die traurigen Mädchen
los niñ**os** feli**ces**	die glücklichen Jungen	las niñ**as** feli**ces**	die glücklichen Mädchen

Achtung! Adjektive auf -án, -ín, -ón und -or bilden die weibliche Form durch Anhängen von -a und den Plural durch Anhängen von -es (männlich) bzw. -as (weiblich). Der Akzent geht dabei verloren. Beispiele:

maskulin		**feminin**	
el chico holgaz**án**	der faule Junge	la chica holga**zana**	das faule Mädchen
el chico trabajad**or**	der fleißige Junge	la chica trabaja**dora**	das fleißige Mädchen

EIN WENIG GRAMMATIK

los chicos hol-gazanes	die faulen Jungen	las chicas hol-gazanas	die faulen Mädchen
los chicos trabajadores	die fleißigen Jungen	las chicas trabajadoras	die fleißigen Mädchen

Nationalitätenadjektive auf -o oder Konsonant bilden die weibliche Form auf -a und den Plural durch Anhängen von -s (nach Vokal) bzw. -es (nach Konsonant).

maskulin	feminin
el señor italiano/alemán/español	la señora italiana/alemana/española
der italienische/deutsche/spanische Herr	die italienische/deutsche/spanische Dame
los señores italianos/alemanes/españoles	las señoras italianas/alemanas/españolas
die italienischen/deutschen/spanischen Herren	die italienisches/deutschen/spanischen Damen

Adverb

Das Adverb bestimmt Verben, Adjektive, andere Adverbien oder ganze Sätze näher. Anders als im Deutschen unterscheiden sich die Formen der Adverbien im Spanischen von den Formen der Adjektive.

Die Formen des Adverbs leitet man vom Adjektiv ab, indem man die Endung -mente an die weibliche Form der Adjektive anhängt.

Adjektiv	Adverb	Beispielsatz	
claro	claramente	Se lo dije **claramente**.	Ich habe es ihm klar gesagt.
fácil	fácilmente	Eso se puede cambiar **fácilmente**.	Das kann man leicht ändern.

| frecuente | frecuente**mente** | Vamos al cine **frecuentemente**. | Wir gehen häufig ins Kino. |

Die Adverbien zu bueno (gut) und malo (schlecht) werden unregelmäßig gebildet:

Adjektiv	Adverb	Beispielsatz	
bueno	**bien**	Manuel toca **bien** el piano.	Manuel spielt gut Klavier.
malo	**mal**	Mi abuelo oye **mal**.	Mein Großvater hört schlecht.

Weitere Adverbien:

siempre	immer	tarde	(zu) spät
nunca	nie	casi	fast
ahora	jetzt	demasiado	zu viel

MUY UND MUCHO

Muy (sehr) steht bei einem Adjektiv oder Adverb.

Vor Adjektiv:

| La cerveza es **muy** buena. | Das Bier ist sehr gut. |

Vor Adverb:

| He llegado **muy** pronto. | Ich bin sehr früh angekommen. |

Mit mucho (viel, sehr) bestimmt man ein Verb näher:

| He trabajado **mucho** hoy. | Ich habe heute viel gearbeitet. |
| ¿Te gusta la película? – Sí, **mucho**. | Gefällt dir der Film? – Ja, sehr. |

EIN WENIG GRAMMATIK

Steigerung und Vergleich

GLEICHHEIT

Gleiche Eigenschaften von Personen oder Dingen vergleicht man mithilfe von tan ... como, tanto como und tanto/-a/-os/-as ... como – auf Deutsch: *(genau)so (viel) wie*.

tanto/-a/-os/-as + Nomen + como:

Tenemos **tanto** dinero **como** vosotros.	Wir haben **(genau)so viel** Geld **wie** ihr.
No tengo **tanta** suerte **como** tú.	Ich habe nicht **so viel** Glück **wie** du.

tan + Adjektiv + como:

Pablo es **tan** vago **como** Pepe.	Pablo ist **(genau)so** träge **wie** Pepe.

tan + Adverb + como:

Habla español **tan** bien **como** tú.	Er spricht Spanisch **(genau)so gut wie** du.

Verb + tanto como:

Pablo estudia **tanto como** Pepe.	Pablo lernt **(genau)so viel wie** Pepe.

UNGLEICHHEIT

Unterschiedliche Eigenschaften vergleicht man mit dem Komparativ (erste Steigerungsstufe). Er wird gebildet mit más que (mehr als) oder menos que (weniger als/nicht so ... wie).

más / menos + Nomen + que:

Gana **más** dinero **que** yo.	Er/Sie verdient **mehr** Geld **als** ich.
Hoy tenemos **menos** tiempo **que** ayer.	Heute haben wir **weniger** Zeit **als** gestern.

más / menos + Adjektiv + que:

| Cristina es **más** alta **que** Marta. | Cristina ist **größer als** Marta. |
| Esta película es **menos** divertida **que** la otra. | Dieser Film ist **weniger** lustig **als** der andere. |

más / menos + Adverb + que:

| He llegado **más** tarde **que** tú. | Ich bin spät**er als** du angekommen. |
| El padre corre **menos** rápidamente **que** el hijo. | Der Vater läuft **nicht so/weniger** schnell **als** der Sohn. |

Verb + más / menos + que:

| Tu amiga habla **más que** tú. | Deine Freundin spricht **mehr als** du. |
| El libro cuesta **menos que** el CD. | Das Buch kostet **weniger als** die CD. |

SUPERLATIV (HÖCHSTE STEIGERUNGSFORM)

Im Spanischen unterscheidet man zwischen dem relativen und dem absoluten Superlativ.

Der **relative Superlativ** wird mithilfe des bestimmten Artikels (+ Nomen) + más/menos + Adjektiv gebildet. Durch einen Zusatz lässt sich die superlativische Bedeutung zusätzlich unterstreichen.

bestimmter Artikel + más / menos + Adjektiv:

| Paco es **el menos simpático** (de todos los chicos de la clase). | Paco ist **der unsympathischste** (von allen Jungen in der Klasse). |
| Marta es **la más lista** (de todas las chicas de la clase). | Marta ist **die schlauste** (von allen Mädchen in der Klasse). |

bestimmter Artikel + Nomen + más / menos + Adjektiv:

| Esta es **la película más/menos interesante** (de todas). | Dies ist **der interessanteste/uninteressanteste** Film (von allen). |

Ein wenig Grammatik

Bei der Angabe des Superlativs von Adverbien ist zusätzlich eine Konstruktion mit el/la/los/las que (wörtlich: *der-/diejenige(n), der/die*) nötig.

El abuelo es **el que** camina **más lentamente**.	Der Großvater läuft **am langsamsten**. (wörtlich: Der Großvater ist der(jenige), der am langsamsten läuft.)

Der **absolute Superlativ** drückt einen sehr hohen Grad einer Eigenschaft aus und wird bei Adjektiven durch das Anhängen der Endung -ísimo, -ísima, -ísimos, -ísimas gebildet.

Grundform		Superlativ	
guapo	hübsch	guap**ísimo**	sehr hübsch, bildhübsch
triste	traurig	trist**ísimo**	sehr traurig, todtraurig
feliz	glücklich	felic**ísimo**	sehr glücklich, überglücklich

Der absolute Superlativ kann auch durch muy (sehr) + Adjektiv gebildet werden: z. B. muy interesante (sehr interessant).

Bei Adverbien hängt man an den absoluten Superlativ des femininen Adjektivs -mente an. Bei Adverbien mit eigener Form wird -ísimo direkt angeschlossen.

Grundform		Superlativ Adjektiv (feminin)		Superlativ Adverb	
lento	langsam	lent**ísima**	sehr langsam	lent**ísima**mente	sehr langsam
tarde	spät	—	—	tard**ísimo**	sehr spät

Der absolute Superlativ kann auch durch muy (sehr) + Adverb gebildet werden: z. B. Habla muy claramente. (Er/Sie spricht sehr deutlich.)

WICHTIGE UNREGELMÄSSIGE STEIGERUNGSFORMEN

Adjektiv / Adverb	Komparativ	relativer Superlativ	absoluter Superlativ
bueno / bien (gut)	mejor	el mejor	óptimo
malo / mal (schlecht)	peor	el peor	pésimo
pequeño (klein)	menor	el menor	mínimo
grande (groß)	mayor	el mayor	máximo

Pronomen und Begleiter

PERSONALPRONOMEN

Subjektpronomen sind Personalpronomen im Wer-Fall (Nominativ). **Objektpronomen** sind Personalpronomen im Wen-Fall (direkte Objektpronomen) oder Wem-Fall (indirekte Objektpronomen). Bei den Objektpronomen unterscheidet man zwischen unbetonten und betonten (mit Präposition) Formen (letztere sind im Spanischen für beide Fälle identisch).

Subjektpronomen: Nominativ (wer?)

Singular	yo	ich
	tú*	du
	él, ella	er, sie, es
	usted	Sie
Plural	nosotros, nosotras	wir
	vosotros, vosotras*	ihr
	ellos, ellas	sie
	ustedes	Sie

* Anstelle des standardspanischen tú verwendet man in Argentinien, Paraguay, Uruguay und einigen Andenregionen Kolumbiens

EIN WENIG GRAMMATIK

vos. Anstelle von vosotros/vosotras verwendet man in den spanischsprachigen Ländern Lateinamerikas ustedes.

Direkte Objektpronomen: Akkusativ (wen/was?)

	unbetont	betont	
Singular	me	a mí	mich
	te	a ti	dich
	lo, la	a él, ella	ihn, sie, es
	lo, la	a usted	Sie
Plural	nos	a nosotros, nosotras	uns
	os	a vosotros, vosotras	euch
	los, las	a ellos, ellas	sie
	los, las	a ustedes	Sie

Indirekte Objektpronomen: Dativ (wem?)

	unbetont	betont	
Singular	me	a mí	mir
	te	a ti	dir
	le	a él, ella	ihm, ihr
	le	a usted	Ihnen
Plural	nos	a nosotros, nosotras	uns
	os	a vosotros, vosotras	euch
	les	a ellos, ellas	ihnen
	les	a ustedes	Ihnen

Die unbetonten Objektpronomen stehen immer unmittelbar vor dem konjugierten Verb: ¿Quién **te** llama a estas horas? (Wer ruft **dich** so spät noch an?)

Ein wenig Grammatik

Die betonten Objektpronomen können je nach Redeabsicht (Betonung, Gegenüberstellung) vor oder nach dem konjugierten Verb stehen bzw. auch ohne Verb verwendet werden. Beginnt ein Satz mit dem betonten Objektpronomen, so muss dieses durch die unbetonte Form wiederaufgenommen werden.

A mí me gusta la música pop. Y **a ti**?	**Mir** gefällt Popmusik. Und **dir**?
Pablo ha preguntado **por ti**.	Pablo hat **nach dir** gefragt.

Demonstrativbegleiter und -pronomen

Die Demonstrativbegleiter richten sich in Geschlecht und Zahl nach dem Nomen, das sie begleiten.

Este, esta, estos, estas bedeuten *dieser, diese, dieses (hier)* und weisen auf Personen oder Gegenstände hin, die sich in unmittelbarer Nähe des Sprechenden befinden.

	Singular		Plural	
maskulin	**este** coche	dieses Auto (hier)	**estos** coches	diese Autos (hier)
feminin	**esta** casa	dieses Haus (hier)	**estas** casas	diese Häuser (hier)

Ese, esa, esos, esas bedeuten *der, die das (da)* und weisen auf Personen oder Gegenstände hin, die sich in der Nähe des Gesprächspartners befinden.

	Singular		Plural	
maskulin	**ese** coche	das Auto (da)	**esos** coches	die Autos (da)
feminin	**esa** casa	das Haus (da)	**esas** casas	die Häuser (da)

Aquel, aquella, aquellos, aquellas bedeuten *jener, jene, jenes (dort)* und weisen auf Personen oder Gegenstände hin, die sich weder in der Nähe des Sprechenden noch des Angesprochenen befinden.

EIN WENIG GRAMMATIK

	Singular		**Plural**	
maskulin	**aquel** coche	jenes Auto (dort)	**aquellos** coches	jene Autos (dort)
feminin	**aquella** casa	jenes Haus (dort)	**aquellas** casas	jene Häuser (dort)

Die Formen der Demonstrativbegleiter stimmen mit den Formen der Demonstrativpronomen überein: ¿Qué blusa es más barata, **ésta** o **ésa**? (Welche Bluse ist billiger? **Diese hier** oder **die da**?)

POSSESSIVBEGLEITER

Die Formen der Possessivbegleiter sind abhängig von Geschlecht und Zahl des Nomens. Im Spanischen unterscheidet man unbetonte und betonte Formen des Possessivbegleiters. Anders als im Deutschen wird das Geschlecht des Besitzers nicht definiert (man unterscheidet also z. B. nicht zwischen *sein Auto – ihr Auto*).

Die unbetonten Formen des Possessivbegleiters werden dem Nomen vorangestellt.

Singular maskulin:

mi amigo	mein Freund
tu amigo	dein Freund
su amigo	sein, ihr, Ihr Freund
nuestro amigo	unser Freund
vuestro amigo	euer Freund
su amigo	ihr, Ihr Freund

Singular feminin:

mi amiga	meine Freundin
tu amiga	deine Freundin
su amiga	seine, ihre, Ihre Freundin
nuestra amiga	unsere Freundin

Ein wenig Grammatik

vuestra amiga	eure Freundin
su amiga	ihre, Ihre Freundin

Plural maskulin:

mis amigos	meine Freunde
tus amigos	deine Freunde
sus amigos	seine, ihre, Ihre Freunde
nuestros amigos	unsere Freunde
vuestros amigos	eure Freunde
sus amigos	ihre, Ihre Freunde

Plural feminin:

mis amigas	meine Freundinnen
tus amigas	deine Freundinnen
sus amigas	seine, ihre, Ihre Freundinnen
nuestras amigas	unsere Freundinnen
vuestras amigas	eure Freundinnen
sus amigas	ihre, Ihre Freundinnen

Die betonten Formen des Possessivbegleiters werden dem Nomen nachgestellt. Sie werden häufig prädikativ (d. h. in Verbindung mit einem Verb) verwendet: El perro **es mío**. (Das ist mein Hund. / Der Hund gehört mir.)

Singular maskulin:

El perro es **mío / tuyo / suyo / nuestro / vuestro / suyo**. (Das ist mein / dein / sein, ihr, Ihr / unser / euer / ihr, Ihr Hund.)

Singular feminin:

La bolsa es **mía / tuya / suya / nuestra / vuestra / suya**. (Das ist meine / deine / seine, ihre, Ihre / unsere / eure / ihre, Ihre Tasche.)

Plural maskulin:

Los perros son **míos** / **tuyos** / **suyos** / **nuestros** / **vuestros** / **suyos**. (Das sind meine / deine / seine, ihre, Ihre / unsere / eure / ihre, Ihre Hunde.)

Plural feminin:

Las bolsas son **mías** / **tuyas** / **suyas** / **nuestras** / **vuestras** / **suyas**. (Das sind meine / deine / seine, ihre, Ihre / unsere / eure / ihre, Ihre Taschen.)

Verb

REGELMÄSSIGE UND UNREGELMÄSSIGE VERBEN IN DER GEGENWART

Da die Verbendung bereits Informationen zur Person enthält, ist im Spanischen das Subjektpronomen in der Regel nicht erforderlich: *Ich spreche* wird nur mit hablo wiedergegeben. Die spanischen Verben werden entsprechend ihrer Infinitivendung eingeteilt in Verben auf -ar, -er und -ir. An den Verbstamm der Verben werden dann die jeweiligen Endungen angehängt.

Verben auf -ar

habl**ar**		**sprechen**
(yo)	habl**o**	ich spreche
(tú)	habl**as**	du sprichst
(él, ella, usted)	habl**a**	er, sie spricht / Sie sprechen
(nosotros, nosotras)	habl**amos**	wir sprechen
(vosotros, vosotras)	habl**áis**	ihr sprecht
(ellos, ellas, ustedes)	habl**an**	sie / Sie sprechen

EIN WENIG GRAMMATIK

Verben auf -er

comer		**essen**
(yo)	com**o**	ich esse
(tú)	com**es**	du isst
(él, ella, usted)	com**e**	er, sie isst / Sie essen
(nosotros, nosotras)	com**emos**	wir essen
(vosotros, vosotras)	com**éis**	ihr esst
(ellos, ellas, ustedes)	com**en**	sie / Sie essen

Verben auf -ir

viv**ir**		**leben**
(yo)	viv**o**	ich lebe
(tú)	viv**es**	du lebst
(él, ella, usted)	viv**e**	er, sie lebt / Sie leben
(nosotros, nosotras)	viv**imos**	wir leben
(vosotros, vosotras)	viv**ís**	ihr lebt
(ellos, ellas, ustedes)	viv**en**	sie / Sie leben

Wichtige Verben mit Abweichungen von den regelmäßigen Konjugationsmustern sind:

	jugar (spielen)	**decir** (sagen)	**hacer** (machen, tun)	**dormir** (schlafen)	**coger** (nehmen)
(yo)	j**ue**go	**digo**	**hago**	d**ue**rmo	**cojo**
(tú)	j**ue**gas	**dices**	haces	d**ue**rmes	coges
(él, ella, usted)	j**ue**ga	**dice**	hace	d**ue**rme	coge

EIN WENIG GRAMMATIK

(nosotros, nosotras)	jugamos	decimos	hacemos	dormimos	cogemos
(vosotros, vosotras)	jugáis	decís	hacéis	dormís	cogéis
(ellos, ellas, ustedes)	j**ue**gan	**dicen**	hacen	d**ue**rmen	cogen

Weitere wichtige unregelmäßige Verben:

	ser (sein)	**estar** (sein, sich befinden)	**haber** (Hilfsverb: haben, sein)	**tener** (Vollverb: haben)	**ir** (gehen)
(yo)	soy	estoy	he	tengo	voy
(tú)	eres	estás	has	tienes	vas
(él, ella, usted)	es	está	ha	tiene	va
(nosotros, nosotras)	somos	estamos	hemos	tenemos	vamos
(vosotros, vosotras)	sois	estáis	habéis	tenéis	váis
(ellos, ellas, ustedes)	son	están	han	tienen	van

Ser und estar

Im Deutschen werden sowohl ser als auch estar mit *sein* wiedergegeben. Im Spanischen werden die beiden Verben in unterschiedlichen Kontexten verwendet. Mit ser drückt man wesentliche Eigenschaften aus, mit estar vorübergehende Merkmale.

Wichtige Beispiele mit ser:

– Zeitangaben:

| **Son** las dos. | Es ist zwei Uhr. |

– Angaben zu Charakter bzw. Aussehen:

Es una persona muy honesta.	Er/Sie ist eine sehr ehrliche Person.

– Material- und Stoffangaben:

La blusa **es** de seda.	Die Bluse ist aus Seide.

– Herkunftsangaben:

¿De dónde **eres**?	Woher kommst du?

– Besitzangaben (mit *de*):

La casa **es** de la familia García.	Das Haus gehört der Familie García.

– Angaben zur Zugehörigkeit (Nationalität, Religion, Beruf, …):

Soy español.	Ich bin Spanier.

– Preisangaben:

Son 20 euros en total.	Es macht insgesamt 20 Euro.

Wichtige Beispiele mit estar:

– Gemüts- und Gesundheitszustände:

Estoy muy contento.	Ich bin sehr zufrieden.

– Ortsangaben (i. S. v. *sich befinden*):

Sevilla **está** en España.	Sevilla ist / befindet sich in Spanien.

Reflexive Verben

Reflexive Verben drücken eine Handlung aus, die sich auf die handelnde Person selbst bezieht (*ich wasche mich*). Reflexive Verben bestehen aus Reflexivpronomen (z. B. me) und Verbform (z. B. lavo).

Ein wenig Grammatik

lavarse		sich waschen
(yo)	**me** lavo	ich wasche mich
(tú)	**te** lavas	du wäschst dich
(él, ella, usted)	**se** lava	er, sie wäscht sich / Sie waschen sich
(nosotros, nosotras)	**nos** lavamos	wir waschen uns
(vosotros, vosotras)	**os** laváis	ihr wascht euch
(ellos, ellas, ustedes)	**se** lavan	sie / Sie waschen sich

Das Reflexivpronomen steht vor dem konjugierten Verb. Bei Verneinungen wird no vor das Reflexivpronomen gestellt.

Ana **se** peina.	Ana kämmt sich.
José **no** se aburre.	José langweilt sich nicht.

Modalverben

Die Modalverben (Verben der Art und Weise) lauten im Spanischen querer (wollen), deber (sollen), tener que (müssen), poder (können, dürfen) und saber (können, wissen). Einige von ihnen haben unregelmäßige Formen.

	querer	deber	tener que	poder	saber
(yo)	**quiero**	debo	**tengo** que	**puedo**	**sé**
(tú)	**quieres**	debes	**tienes** que	**puedes**	sabes
(él, ella, usted)	**quiere**	debe	**tiene** que	**puede**	sabe
(nosotros, nosotras)	queremos	debemos	tenemos que	podemos	sabemos
(vosotros, vosotras)	queréis	debéis	tenéis que	podéis	sabéis

Ein wenig Grammatik

| (ellos, ellas, ustedes) | **quieren** | deben | **tienen** que | **pueden** | saben |

Perfekt

Man bildet das Perfekt, indem man – wie im Deutschen – die Präsensform des Hilfsverbs haber (haben) mit dem Partizip Perfekt des gewünschten Verbs kombiniert: z. B. **he** habl**ado** (ich habe gesprochen).

	Präsens von haber	Partizip Perfekt von hablar (sprechen)
(yo)	he	hablado
(tú)	has	hablado
(él, ella, usted)	ha	hablado
(nosotros, -as)	hemos	hablado
(vosotros, -as)	habéis	hablado
(ellos, ellas, ustedes)	han	hablado

Das Partizip Perfekt wird in der Regel gebildet, indem man an den Verbstamm die Endung -ado (für Verben auf -ar) oder -ido (für Verben auf -er und -ir) anhängt:

Verben auf -ar	Verben auf -er	Verben auf -ir
-ado	-ido	-ido
trabaj**ado**	com**ido**	dorm**ido**

Esta semana **he trabajado** mucho.	Diese Woche habe ich viel gearbeitet.
Hoy **hemos comido** muy tarde.	Heute haben wir sehr spät gegessen.
Hoy **he dormido** poco.	Heute habe ich wenig geschlafen.

Ein wenig Grammatik

Einige wichtige Verben bilden das Partizip Perfekt unregelmäßig:

abrir (öffnen)	he **abierto**	poner (setzen, legen)	he **puesto**
decir (sagen)	he **dicho**	ser (sein)	he **sido**
escribir (schreiben)	he **escrito**	ver (sehen)	he **visto**
hacer (machen, tun)	he **hecho**	volver (zurückkehren)	he **vuelto**
ir (gehen)	he **ido**		

Das Perfekt wird im Spanischen für Handlungen verwendet, die zwar abgeschlossen sind, aber innerhalb eines noch nicht beendeten Zeitraums der Vergangenheit stattgefunden haben und noch einen Bezug zur Gegenwart haben. Häufig wird das Perfekt deshalb in Verbindung mit Zeitangaben wie hoy (heute), esta semana (diese Woche), esta mañana (heute Morgen), este año (dieses Jahr) oder mit Häufigkeitsangaben wie muchas veces (oft), siempre (immer) usw. gebraucht. Das Perfekt steht auch bei vergangenen Handlungen, die mit ya (schon) oder todavía no (noch nicht) ausgedrückt werden.

Se ha ido hace un momento.	Er/Sie ist gerade eben gegangen.
Este mañana hemos ido a Madrid.	Heute Morgen sind wir nach Madrid gefahren.
Hemos estado muchas veces en Sevilla.	Wir waren schon oft in Sevilla.
Ya he visto el coche nuevo.	Ich habe das neue Auto schon gesehen.

INDEFINIDO

Die regelmäßigen Formen des Indefinido lauten:

Verben auf -ar

hablar (sprechen: ich sprach/habe gesprochen, du sprachst/hast gesprochen etc.)	
(yo)	habl**é**
(tú)	habl**aste**
(él, ella, usted)	habl**ó**
(nosotros, nosotras)	habl**amos**
(vosotros, vosotras)	habl**asteis**
(ellos, ellas, ustedes)	habl**aron**

Verben auf -er

comer (essen: ich aß/habe gegessen, du aßest/hast gegessen etc.)	
(yo)	com**í**
(tú)	com**iste**
(él, ella, usted)	com**ió**
(nosotros, nosotras)	com**imos**
(vosotros, vosotras)	com**isteis**
(ellos, ellas, ustedes)	com**ieron**

Verben auf -ir

vivir (leben: ich lebte/habe gelebt, du lebtest/hast gelebt etc.)	
(yo)	viv**í**
(tú)	viv**iste**
(él, ella, usted)	viv**ió**
(nosotros, nosotras)	viv**imos**
(vosotros, vosotras)	viv**isteis**
(ellos, ellas, ustedes)	viv**ieron**

EIN WENIG GRAMMATIK

Eine Reihe von Verben erhält im Indefinido einen neuen Verbstamm. An diesen neuen Verbstamm werden die folgenden Endungen angehängt: -e, -iste, -o, -imos, -isteis, -ieron

Zu diesen Verben mit neuem Verbstamm gehören unter anderem:

andar (gehen)	**anduv-**	estar (sein, sich befinden)	**estuv-**
decir (sagen)	**dij-**	hacer (machen, tun)	**hic-**
poder (können)	**pud-**	poner (legen, stellen)	**pus-**
querer (wollen)	**quis-**	saber (erfahren)	**sup-**
tener (haben)	**tuv-**	venir (kommen)	**vin-**

Weitere unregelmäßige Verben:

	ser / ir (sein / gehen)	dar (geben)	ver (sehen)
(yo)	fui	di	vi
(tú)	fuiste	diste	viste
(él, ella, usted)	fue	dio	vio
(nosotros, nosotras)	fuimos	dimos	vimos
(vosotros, vosotras)	fuisteis	disteis	visteis
(ellos, ellas, ustedes)	fueron	dieron	vieron

Das Indefinido (historische Vergangenheit) wird für Handlungen verwendet, die zu einem bestimmten Zeitpunkt oder innerhalb eines abgeschlossenen Zeitraums in der Vergangenheit stattgefunden haben und keinen Bezug mehr zur Gegenwart haben. Häufig wird das Indefinido deshalb in Verbindung mit Zeitangaben wie ayer (gestern), anoche (gestern Abend), la semana pasada (letzte Woche), el año pasado (letztes Jahr) usw. gebraucht.

| La semana pasada **estuve** dos veces en Madrid. | Letzte Woche war ich zweimal in Madrid. |
| ¿Donde **estuviste** ayer? – **Trabajé** hasta muy tarde. | Wo warst du gestern? – Ich habe bis spätabends gearbeitet. |

In großen Teilen Lateinamerikas und in einigen Regionen Spaniens (z. B. Galizien und Asturien) wird anstelle des Perfekts fast ausschließlich das Indefinido gebraucht.

IMPERFEKT

Die regelmäßigen Formen des Imperfekts lauten:

Verben auf -ar

hablar (sprechen: ich sprach, du sprachst etc.)	
(yo)	habl**aba**
(tú)	habl**abas**
(él, ella, usted)	habl**aba**
(nosotros, nosotras)	habl**ábamos**
(vosotros, vosotras)	habl**abais**
(ellos, ellas, ustedes)	habl**aban**

Verben auf -er

comer (essen: ich aß, du aßest etc.)	
(yo)	com**ía**
(tú)	com**ías**
(él, ella, usted)	com**ía**
(nosotros, nosotras)	com**íamos**
(vosotros, vosotras)	com**íais**
(ellos, ellas, ustedes)	com**ían**

EIN WENIG GRAMMATIK

Verben auf -ir

vivir (leben: ich lebte, du lebtest etc.)	
(yo)	viv**ía**
(tú)	viv**ías**
(él, ella, usted)	viv**ía**
(nosotros, nosotras)	viv**íamos**
(vosotros, vosotras)	viv**íais**
(ellos, ellas, ustedes)	viv**ían**

Die Verben ser (sein), ir (gehen) und ver (sehen) haben unregelmäßige Formen:

	ser	ir	ver
(yo)	era	iba	veía
(tú)	eras	ibas	veías
(él, ella, usted)	era	iba	veía
(nosotros, nosotras)	éramos	íbamos	veíamos
(vosotros, vosotras)	erais	ibais	veías
(ellos, ellas, ustedes)	eran	iban	veían

Das Imperfekt wird für Beschreibungen von Umständen oder Situationen in der Vergangenheit verwendet. Außerdem werden mit dem Imperfekt Gewohnheiten bzw. regelmäßig wiederholte Handlungen in der Vergangenheit wiedergegeben.

El hotel **era** pequeño y barato.	Das Hotel war klein und günstig.
De niño siempre **iba** a jugar al fútbol.	Als ich ein Kind war, spielte ich immer Fußball.

Zukunft

Die regelmäßigen Formen des Futurs lauten:

Verben auf -ar

hablar (sprechen: ich werde sprechen, du wirst sprechen etc.)	
(yo)	hablar**é**
(tú)	hablar**ás**
(él, ella, usted)	hablar**á**
(nosotros, nosotras)	hablar**emos**
(vosotros, vosotras)	hablar**éis**
(ellos, ellas, ustedes)	hablar**án**

Verben auf -er

comer (essen: ich werde essen, du wirst essen etc.)	
(yo)	comer**é**
(tú)	comer**ás**
(él, ella, usted)	comer**á**
(nosotros, nosotras)	comer**emos**
(vosotros, vosotras)	comer**éis**
(ellos, ellas, ustedes)	comer**án**

Verben auf -ir

vivir (leben: ich werde leben, du wirst leben etc.)	
(yo)	vivir**é**
(tú)	vivir**ás**
(él, ella, usted)	vivir**á**
(nosotros, nosotras)	vivir**emos**
(vosotros, vosotras)	vivir**éis**
(ellos, ellas, ustedes)	vivir**án**

Ein wenig Grammatik

Eine Reihe von Verben erhält im Futur einen neuen Verbstamm. An diesen neuen Verbstamm werden die regelmäßigen Futur-Endungen (**-é**, **-ás**, **-á**, **-emos**, **-éis**, **-án**) angehängt. Zu diesen Verben mit neuem Verbstamm gehören unter anderem:

decir (sagen)	**dir-**	haber (Hilfsverb: haben)	**habr-**
hacer (machen, tun)	**har-**	poder (können)	**podr-**
poner (legen, stellen)	**pondr-**	querer (wollen)	**querr-**
saber (wissen)	**sabr-**	salir (hinausgehen)	**saldr-**
tener (haben)	**tendr-**	venir (kommen)	**vendr-**

Man verwendet das einfache Futur, um Zukünftiges zu beschreiben:

Pablo se casará con Ana.	Pablo wird Ana heiraten.

Man verwendet es außerdem, um Vermutungen anzustellen:

El curso de español costará unos doscientos euros.	Der Spanischkurs wird um die zweihundert Euro kosten.

Unmittelbar bevorstehende zukünftige Handlungen kann man auch mit ir (gehen) + a + Grundform des Verbes ausdrücken. Das Verb ir wird dabei in der Gegenwart konjugiert (Formen siehe unter unregelmäßige Verben in der Gegenwart).

Voy a comprar el periódico.	Ich gehe die Zeitung kaufen.
Va a terminar el trabajo enseguida.	Er/Sie wird gleich mit der Arbeit fertig sein.

KONDITIONAL

Die regelmäßigen Formen des Konditionals lauten:

Verben auf -ar

hablar (sprechen: ich würde sprechen, du würdest sprechen etc.)	
(yo)	hablar**ía**
(tú)	hablar**ías**
(él, ella, usted)	hablar**ía**
(nosotros, nosotras)	hablar**íamos**
(vosotros, vosotras)	hablar**íais**
(ellos, ellas, ustedes)	hablar**ían**

Verben auf -er

comer (essen: ich würde essen, du würdest essen etc.)	
(yo)	comer**ía**
(tú)	comer**ías**
(él, ella, usted)	comer**ía**
(nosotros, nosotras)	comer**íamos**
(vosotros, vosotras)	comer**íais**
(ellos, ellas, ustedes)	comer**ían**

Verben auf -ir

vivir (leben: ich würde leben, du würdest leben etc.)	
(yo)	vivir**ía**
(tú)	vivir**ías**
(él, ella, usted)	vivir**ía**
(nosotros, nosotras)	vivir**íamos**
(vosotros, vosotras)	vivir**íais**
(ellos, ellas, ustedes)	vivir**ían**

EIN WENIG GRAMMATIK

Eine Reihe von Verben erhält im Konditional einen neuen Verbstamm. An diesen neuen Verbstamm werden die regelmäßigen Konditional-Endungen (**-ía, -ías, -ía, -íamos, -íais, -ían**) angehängt. Zu diesen Verben mit neuem Verbstamm gehören unter anderem:

decir (sagen)	**dir-**	haber (Hilfsverb: haben)	**habr-**
hacer (machen, tun)	**har-**	poder (können)	**podr-**
poner (legen, stellen)	**pondr-**	querer (wollen)	**querr-**
saber (wissen)	**sabr-**	salir (hinausgehen)	**saldr-**
tener (haben)	**tendr-**	venir (kommen)	**vendr-**

Im Spanischen verwendet man den Konditional zum Ausdruck eines Wunsches oder einer Bitte.

¿**Podría** cerrar la ventana?	Könnten Sie das Fenster schließen?
Querría un kilo de patatas, por favor.	Ich hätte gerne ein Kilo Kartoffeln.
Me **gustaría** ir al cine.	Ich würde gerne ins Kino gehen.

BEFEHLSFORM

Man unterscheidet zwei Formen der Befehlsform (Imperativ): den bejahten Imperativ (für Aufforderungen oder Befehle) und den verneinten Imperativ mit vorangestelltem no (für Verbote).

Die Formen des bejahten Imperativs lauten:

Verben auf -ar

(tú)	(usted)	(nosotros, nosotras)	(vosotros, vosotras)	(ustedes)
habl**a**	habl**e**	habl**emos**	habl**ad**	habl**en**
sprich	sprechen Sie	sprechen wir	sprecht	sprechen Sie

Ein wenig Grammatik

Verben auf -er

(tú)	(usted)	(nosotros, nosotras)	(vosotros, vosotras)	(ustedes)
come	coma	com**amos**	com**ed**	com**an**
iss	essen Sie	essen wir	esst	essen Sie

Verben auf -ir

(tú)	(usted)	(nosotros, nosotras)	(vosotros, vosotras)	(ustedes)
viv**e**	viv**a**	viv**amos**	viv**id**	viv**an**
lebe	leben Sie	leben wir	lebt	leben Sie

Die Formen des verneinten Imperativs lauten:

Verben auf -ar

(tú)	(usted)	(nosotros, nosotras)	(vosotros, vosotras)	(ustedes)
no habl**es**	no habl**e**	no habl**emos**	no habl**éis**	no habl**en**
sprich nicht	sprechen Sie nicht	sprechen wir nicht	sprecht nicht	sprechen Sie nicht

Verben auf -er

(tú)	(usted)	(nosotros, nosotras)	(vosotros, vosotras)	(ustedes)
no com**as**	no com**a**	no com**amos**	no com**áis**	no com**an**
iss nicht	essen Sie nicht	essen wir nicht	esst nicht	essen Sie nicht

Verben auf -ir

(tú)	(usted)	(nosotros, nosotras)	(vosotros, vosotras)	(ustedes)
no viv**as**	no viv**a**	no viv**amos**	no viv**áis**	no viv**an**
lebe nicht	leben Sie nicht	leben wir nicht	lebt nicht	leben Sie nicht

EIN WENIG GRAMMATIK

Einige wichtige Verben haben im bejahten und verneinten Imperativ unregelmäßige Formen, darunter decir (sagen), hacer (machen, tun), ir (gehen), poner (legen, stellen), salir (hinausgehen), ser (sein), tener (haben) und venir (kommen).

Bejahter Imperativ:

	(tú)	(usted)	(nosotros, nosotras)	(vosotros, vosotras)	(ustedes)
decir	di	diga	digamos	decid	digan
hacer	haz	haga	hagamos	haced	hagan
ir	ve	vaya	vayamos	id	vayan
poner	pon	ponga	pongamos	poned	pongan
salir	sal	salga	salgamos	salid	salgan
ser	sé	sea	seamos	sed	sean
tener	ten	tenga	tengamos	tened	tengan
venir	ven	venga	vengamos	venid	vengan

Verneinter Imperativ:

	(tú) **no**	(usted) **no**	(nosotros, nosotras) **no**	(vosotros, vosotras) **no**	(ustedes) **no**
decir	digas	diga	digamos	digáis	digan
hacer	hagas	haga	hagamos	hagáis	hagan
ir	vayas	vaya	vayamos	vayáis	vayan
poner	pongas	ponga	pongamos	pongáis	pongan
salir	salgas	salga	salgamos	salgáis	salgan
ser	seas	sea	seamos	seáis	sean
tener	tengas	tenga	tengamos	tengáis	tengan
venir	no vengas	no venga	no vengamos	no vengáis	vengan

VERNEINUNG

No bedeutet *nein*, *nicht* oder *kein*. In der Bedeutung *nicht* oder *kein* steht no immer vor dem konjugierten Verb.

¿Eres de Madrid? — **No**, soy de Sevilla.	Bist du aus Madrid? — **Nein**, ich bin aus Sevilla.
Yo **no** sé.	Ich weiß **nicht**.
No ha lavado la camisa.	Er/Sie hat das Hemd **nicht** gewaschen.
No tengo hambre.	Ich habe **keinen** Hunger.

Die Negationen nada (nichts), nadie (niemand), nunca (nie) und ni ... ni (weder ... noch) verlangen im Spanischen ein zusätzliches no vor dem konjugierten Verb (doppelte Verneinung).

Ella **no** me ha dicho **nada**.	Sie hat mir **nichts** gesagt.
No ha llamado **nadie**.	**Niemand** hat angerufen.
No te lo diré **nunca**.	Ich werde es dir **nie** sagen.
Pedro **no** ha comido **ni** la carne **ni** las patatas.	Peter hat **weder** das Fleisch **noch** die Kartoffeln gegessen.

Wenn die Negation am Satzanfang steht, steht vor dem Verb kein no: **Nunca** te lo diré. (Ich werde es dir **nie** sagen.)

Präpositionen

Präpositionen sind Verhältniswörter, die verschiedene Wörter bzw. Wortgruppen verbinden. Die wichtigsten spanischen Präpositionen sind: a, de, con, desde, en, entre, hace, hasta, para, por, sin, sobre.

Im Folgenden erhalten Sie einen Überblick über deren wichtigste Grundbedeutungen.

Die Präposition a

– Richtungsangaben:

En verano vamos **a** España.	Im Sommer fahren wir **nach** Spanien.

Ein wenig Grammatik

– Entfernungsangaben:

El Museo del Prado está **a** 500 metros de aquí.	Der Prado ist 500 Meter **von** hier entfernt.

– Uhrzeitangaben:

La película empieza **a** las ocho.	Der Film beginnt **um** acht.

– Angabe eines Zeitraums:

Trabaja de lunes **a** viernes.	Er/Sie arbeitet von Montag **bis** Freitag.

– vor dem direkten Objekt (wen? / Person)

He visto **a** José.	Ich habe José gesehen.

– vor dem indirekten Objekt (wem oder was? / Person oder Sachen)

Le mandé la carta **a** Pablo.	Ich habe Pablo den Brief geschickt.

Trifft die Präposition a auf den bestimmten Artikel el, so werden a + el zu al zusammengezogen: andar al cine (ins Kino gehen).

Die Präposition de

– Herkunftsangaben:

Juan no es **de** Madrid, es **de** Granada.	Juan ist nicht **aus** Madrid, er ist **aus** Granada.

– Besitzangaben:

El coche rojo es **de** Carlos.	Das rote Auto gehört Carlos.

– Materialangaben:

una blusa **de** seda	eine Seidenbluse

– Mengenangaben:

| un kilo **de** patatas y un litro **de** leche | ein Kilo Kartoffeln und ein Liter Milch |

– Angabe eines Zeitraums:

| Trabaja **de** lunes a viernes. | Er/Sie arbeitet **von** Montag bis Freitag. |

Trifft die Präposition de auf den bestimmten Artikel el, so werden de + el zu del zusammengezogen: La moto es **del** padre de Pedro. (Das Auto gehört Pedros Vater.)

Die Präposition con

– Angabe der Begleitung:

| **con** mi hermana | **mit** meiner Schwester |

– Angabe der Art und Weise:

| café **con** leche | Café **mit** Milch |

Conmigo bedeutet *mit mir*, contigo *mit dir* und consigo *mit sich*.

Die Präposition desde

– Ortsangaben:

| **Desde** mi ventana puedo ver la playa. | **Von** meinem Fenster **aus** kann ich den Strand sehen. |

– Zeitangaben (Zeitpunkt):

| **Desde** 2009 vive en Valencia. | **Seit** 2009 lebt er/sie in Valencia. |

Eine Zeitspanne gibt man mit desde hace an: **Desde hace** tres años estudiamos español. (Seit drei Jahren lernen wir Spanisch.)

Ein wenig Grammatik

Die Präposition en

– Ortsangaben:

| Pasamos las vacaciones **en** España. | Wir verbringen die Ferien **in** Spanien. |

– Zeitangaben:

| **en** verano, **en** agosto, **en** este momento | **im** Sommer, **im** August, **in** diesem Augenblick |

– Angabe des Verkehrsmittels:

| **en** tren, **en** coche, **en** avión | **mit** dem Zug, **mit** dem Auto, **mit** dem Flugzeug |

– Angabe der Sprache

| **en** alemán | **auf** Deutsch |

Die Präposition entre

– Ortsangaben:

| **entre** la mesa y la silla | **zwischen** dem Tisch und dem Stuhl |

– Zeitangaben:

| **entre** las dos y las cuatro | **zwischen** zwei und vier Uhr |

Die Präposition hasta

– Zeitangaben:

| Trabajo **hasta** las cinco. | Ich arbeite **bis** fünf Uhr. |

– Ortsangaben:

| Sigan por esta calle **hasta** la estación. | Folgen Sie dieser Straße **bis** zum Bahnhof. |

EIN WENIG GRAMMATIK

Die Präposition para

– Angabe des Zwecks:

| Este regalo es **para** mi hermano. | Dieses Geschenk ist **für** meinen Bruder. |

– Richtungsangabe:

| el avión **para** Barcelona | das Flugzeug **nach** Barcelona |

Die Präposition por

– Angabe der Ursache:

| **por** el mal tiempo | **wegen** des schlechten Wetters |

– Zeitangaben:

| **por** la mañana, **por** la tarde | morgens, abends |

– Preisangaben:

| Lo he comprado **por** tres euros. | Ich habe es **für** drei Euro gekauft. |

Bildtafeln zum Zeigen

Von A bis Z
Deutsch–Spanisch

Bei Verben wird zusätzlich zum Infinitiv (Grundform) die 1. Person Präsens der einfachen Gegenwartsform und die 1. Person des Perfekts (Vergangenheitsform bestehend aus Hilfsverb und Partizip Perfekt) angegeben. Bei unpersönlichen Verben (z. B. es regnet) wird die 3. Person (er, sie, es) angegeben.

A

ab a partir de [a par'tir de]
Abend *(früh)* tarde ['tarđe] *f.*, *(nach Einbruch der Dunkelheit)* noche ['notsche] *f.*, Guten Abend! ¡Buenas tardes/noches! ['buenas 'tarđes/notsches], heute Abend hoy por la tarde/noche [oi por la 'tarđe/'notsche]
Abendessen cena ['θena] *f.*
abends *(am späten Nachmittag)* por la tarde [por la 'tarđe], *(nach Einbruch der Dunkelheit)* por la noche [por la 'notsche]
aber pero ['pero]
abfahren salir [sa'lir] <salgo, he salido>
Abfahrt salida [sa'liđa] *f.*
abfliegen despegar [despe'gar] <despego, he despegado>
Abflug *(eines Flugzeugs)* despegue [des'pege] *m.*, *(in Verbindung mit Uhrzeiten)* salida [sa'liđa] *f.*
abheben *(Geld vom Konto)* sacar [sa'kar], *(Flugzeug vom Boden)* despegar [despe'gar] <despego, he despegado>, *(Telefonhörer)* coger (el teléfono) [ko'cher (el te'lefono)] <cojo, he cogido>
abholen recoger [reko'cher] <recojo, he recogido>
Absender, Absenderin remitente [remi'tente] *m./f.*
absolut absolutamente [absoluta'mente]
Achtung! ¡Cuidado! [kui'đađo]
Adapter adaptador [ađapta'đor] *m.*
addieren sumar [su'mar], etw. zu etw. addieren sumar algo a algo [su'mar 'algo a 'algo] <sumo, he sumado>
Adresse dirección [direk'θion] *f.*
Aids sida ['siđa] *m.*
Akku batería [bate'ria] *f.*
Alkohol alcohol [al'kol] *m.*
alkoholfrei sin alcohol [sin al'kol]
alle ♂ todos ['tođos], ♀ todas ['tođas]
allein ♂ solo ['solo], ♀ sola ['sola]
Allergie alergia [a'lerchia] *f.*
Allgemeinmediziner, Allgemeinmedizinerin médico de cabecera ['međiko de kaβe'θera] *m./f.*

als *(zeitlich)* cuando ['kuando], *(nach einem Komparativ)* que [ke]

also *(gefolgt von einer Erläuterung)* o sea [o 'sea], *(gefolgt von einem Nebensatz)* así que [a'si ke]

alt ♂ viejo ['bi̯echo], ♀ vieja ['bi̯echa]

Alter edad [e'ðað] *f.*

Ameise hormiga [or'miga] *f.*

Ampel semáforo [se'maforo] *m.*

an *(Angabe einer Lage oder Position)* en [en], an der Kreuzung links abbiegen en el cruce girar a la izquierda [en el 'kruθe chi'rar a la iθ'ki̯erða], am Strand en la playa [en la 'plaja], *(Richtung)* a [a], an die Tür klopfen llamar a la puerta [ja'mar a la 'pu̯erta]

anbieten ofrecer [ofre'θer]

anderer, andere, anderes ♂ otro ['otro], ♀ otra ['otra]

anders *(Adjektiv)* ♂ distinto [dis'tinto], ♀ distinta [dis'tinta], anders sein als ser diferente a [ser dife'rente a], *(Adverb)* ser de otra forma a [ser de 'otra 'forma a]

Anfahrtsbeschreibung descripción del camino [deskrip'θi̯on del ka'mino] *f.*

Anfang principio [prin'θipi̯o] *m.*, am Anfang al principio [al prin'θipi̯o], Anfang Mai a principios de mayo [a prin'θipi̯os de 'majo]

anfangen comenzar [komen'θar] <comienzo, he comenzado>

Angebot oferta [o'ferta] *f.*

ankommen llegar [je'gar] <llego, he llegado>

Ankunft llegada [je'gaða] *f.*

anmelden sich anmelden inscribirse [inskri'birse] <me inscribo, me he inscrito>, *(für einen Kurs)* matricularse [matriku'larse] <me matriculo, me he matriculado>

Anruf llamada [ja'maða] *f.*

anrufen llamar [ja'mar] <llamo, he llamado>

Anschluss *(auf Reisen)* conexión [konex'si̯on] *f.*

Anschlussflug vuelo de conexión ['bu̯elo de kone'xi̯on] *m.*

Anspitzer sacapuntas [saka'puntas] *m.*, ⓁⒶtajalápiz [tacha'lapi'θ] *m.*

Antibiotikum antibiótico [anti'bi̯otiko] *m.*

Antrag solicitud [soliθi'tuð] *f.*

Antwort respuesta [res'pu̯esta] *f.*

antworten responder [respon'der] <respondo, he respondido>

anzahlen etw. anzahlen pagar algo a cuenta [pa'gar 'algo a 'ku̯enta] <pago, he pagado>

Anzahlung entrada [en'traða] *f.*, eine Anzahlung leisten dar una entrada [dar 'una en'traða]

Anzeige *(Annonce)* anuncio [a'nunθi̯o] *m.*, *(Strafanzeige)* denuncia [de'nunθi̯a] *f.*, Anzeige gegen jdn erstatten poner una denuncia contra alguien [po'ner 'una de'nunθi̯a 'kontra 'algi̯en]

Anzug traje ['trache] *m.*

Apfel manzana [man'θana] *f.*
Apotheke farmacia [far'maθia] *f.*
April abril [a'bril] *m.*
Arbeit trabajo [tra'bacho] *m.*
arbeiten trabajar [traba'char] <trabajo, he trabajado>
Arbeitserlaubnis permiso de trabajo [per'miso de tra'bacho] *m.*
arm ♂ ♀ pobre ['poβre]
Arm brazo ['braθo] *m.*
Armbanduhr reloj de pulsera [rre'loch de pul'sera] *m.*
Arzt, **Ärztin** médico ['međiko] *m./f.*
auch también [tam'bien], auch nicht tampoco [tam'poko], Er spricht auch kein Englisch. Tampoco habla inglés. [tam'poko 'aβla in'gles]
auf *(offen)* ♂ abierto [a'βierto], ♀ abierta [a'βierta], *(räumlich)* sobre ['soβre], Die Zeitung liegt auf dem Tisch. El periódico está sobre la mesa. [el pe'riođiko es'ta 'soβre la 'mesa], *(Ort)* en [en], Sie ist auf der Post. Está en Correos. [es'ta en ko'rreos]
Aufenthalt estancia [es'tanθia] *f.*, *(Zwischenstopp)* parada [pa'rađa] *f.*
aufhören dejar [de'char], aufhören, etw. zu tun dejar de hacer algo [de'char de a'θer 'algo] <dejo, he dejado>
aufstehen levantarse [leβan'tarse] <me levanto, me he levantado>
Auge ojo ['ocho] *m.*
August agosto [a'gosto] *m.*, im August en agosto [en a'gosto]

aus *(rämlich: von einem Ort)* de [de], Ich bin aus Leipzig. Soy de Leipzig. [soi de leip'θich], *(zeitlich: vorbei)* ♂ acabado [aka'βađo], ♀ acabada [aka'βađa], Das Spiel ist aus. El partido ha acabado. [el par'tiđo a aka'βađo]
Ausdruck impreso [im'preso] *m.*, *(Wendung, Wort)* expresión [expre'sion] *f.*
ausdrucken imprimir [impri'mir] <imprimo, he imprimido>
Ausfahrt salida [sa'liđa] *f.*
Ausflug excursión [exkur'sion] *f.*
ausfüllen rellenar [rreje'nar]
Ausgang salida [sa'liđa] *f.*
ausgebucht ♂ completo [kom'pleto], ♀ completa [kom'pleta]
Auskunft información [informa'θion] *f.*
ausmachen apagar [apa'gar] <apago, he apagado>
Ausschlag erupción [erup'θion] *f.*
aussehen parecer [pare'θer] <parezco, he parecido>
aussteigen bajar [ba'char] <bajo, he bajado>
Ausweis carnet [kar'net] *m.*
Auto coche ['kotsche] *m.*, ⓛ carro ['karro] *m.*
Autobahn autopista [auto'pista] *f.*
Autobahnauffahrt salida de autopista [sa'liđa de auto'pista] *f.*
Automat máquina expendedora ['makina expende'đora] *f.*, *(Geldautomat)* cajero automático [ka'chero auto'matiko] *m.*

automatisch ♂ automático [auto'matiko], ♀ automática [auto'matika]

B

Baby bebé [be'be] *m.*
Babyfläschchen biberón [biðe'ron] *m.*
Babynahrung alimento para bebés [ali'mento 'para be'ðes] *m.*
Babypuder polvos de talco ['polβos de 'talko] *m. Pl.*
Bach arroyo [a'rrojo] *m.*
Bäcker, **Bäckerin** panadero [pana'ðero] *m.*, panadera [pana'ðera] *f.*, beim Bäcker en la panadería [en la panaðe'ria]
Bäckerei panadería [panaðe'ria] *f.*
Bad baño ['baɲjo] *m.*
baden bañarse [ba'ɲjarse]
Badewanne bañera [ba'ɲjera] *f.*
Bahn *(Zug)* tren [tren] *m.*, *(Institution)* ferrocarril [ferroka'rril] *m.*
Bahnhof estación de tren [esta'θion de tren] *f.*
Bahnsteig andén [an'den] *m.*
bald pronto ['pronto]
Balkon balcón [bal'kon] *m.*
Ball *(klein)* pelota [pe'lota] *f.*, *(größer)* balón [ba'lon] *m.*
Banane plátano ['platano] *m.*
Bank banco ['banko] *m.*
Bankleitzahl código de identificación de entidad bancaria ['koðigo de iðentifika'θion de enti'ðað ban'karia] *m.*
bar in bar en metálico [en me'taliko]

Bargeld dinero en metálico [di'nero en me'taliko] *m.*
Batterie pila ['pila] *f.*
Bauch estómago [es'tomago] *m.*
Baum árbol ['arβol] *m.*
bedeuten significar [signifi'kar] <significo, he significado>
beginnen comenzar [komen'θar] <comienzo, he comenzado>
behalten *(nicht weggeben)* conservar [konser'βar] <conservo, he conservado>, *(nicht vergessen)* retener [rete'ner] <retengo, he retenido>
behindert ♂ disminuido [disminu'iðo], ♀ disminuida [disminu'iða]
Behinderter, **Behinderte** disminuido [disminu'iðo] *m.*, disminuida [disminu'iða] *f.*
Behindertenausweis carnet de disminuido físico [kar'net de disminu'iðo 'fisiko] *m.*
behindertengerecht acondicionado a personas disminuidas [akondi'θio'naðo a per'sonas disminu'iðas]
bei *(in der Nähe von)* cerca de ['θerka de], *(gleich daneben)* junto a ['chunto a]
beide ♂ ambos ['ambos], ♀ ambas ['ambas]
Bein *(von Mensch, Kleidung)* pierna ['pierna] *f.*, *(von Möbel, Tier)* pata ['pata] *f.*
bekommen recibir [reθi'ðir] <recibo, he recibido>

benutzen emplear [emple'ar] <empleo, he empleado>
Berg montaña [mon'taɲa] f.
Beruf profesión [profe'sion] f.
Beschwerde queja ['kecha] f.
beschweren sich beschweren quejarse [ke'charse] <me quejo, me he quejado>
besetzt (Telefonleitung) comunicando [komuni'kando], (Toilette, Umziehkabine) ♂ ocupado [oku'pado], ♀ ocupada [oku'pada]
besser mejor [me'chor]
bestätigen confirmar [konfir'mar] <confirmo, he confirmado>
Bestätigung confirmación [konfirma'θion] f.
bestellen encargar [enkar'gar] <encargo, he encargado>, (im Restaurant) pedir [pe'dir] <pido, he pedido>
besuchen visitar [bisi'tar] <visito, he visitado>
Bett cama ['kama] f., ins Bett gehen irse a la cama ['irse a la 'kama]
Bettbezug funda nórdica ['funda 'nordika] f.
Bettlaken sábana ['sabana] f.
Bettzeug ropa de cama ['rropa de 'kama] f.
bezahlen pagar [pa'gar] <pago, he pagado>
Bier cerveza [θer'beθa] f.
Bild imagen [i'machen] f., (gemalt) cuadro ['kuadro] m.
billig ♂ barato [ba'rato], ♀ barata [ba'rata], (schäbig) ♂ ♀ cutre ['kutre]
Birne pera ['pera] f.

bis hasta ['asta], bis Bremen hasta Bremen ['asta 'bremen]
bisschen ein bisschen un poquito [un po'kito], kein bisschen ni pizca [ni 'piθka]
bitte por favor [por fa'bor]
Bitte petición [peti'θion] f.
bitten pedir [pe'dir] <pido, he pedido>, jdn um etw. bitten pedir algo a alguien [pe'dir 'algo a 'algien]
bitter amargo [a'margo]
Blase (Organ) vejiga [be'chiga] f., (am Fuß) ampolla [am'poja] f., (Lufteinschluss) burbuja [bur'bucha] f.
blau azul [a'θul]
bleiben permanecer [permane'θer] <permanezco, he permanecido>
bleifrei sin plomo [sin 'plomo]
Bleistift lapicero [lapi'θero] m.
blind ♂ ciego ['θiego], ♀ ciega ['θiega]
Blindenhund lazarillo [laθa'rijo] m.
Blume flor [flor] f.
Blumenladen floristería [floriste'ria] f.
Bluse blusa ['blusa] f.
Blut sangre ['sangre] f.
brauchen necesitar [neθesi'tar] <necesito, he necesitado>
braun ♂ ♀ marrón [ma'rron]
breit ♂ ancho ['antscho], ♀ ancha ['antscha]
Breite ancho ['antscho] m.
Bremse (eines Fahrzeugs) freno ['freno] m., (Stechfliege) tábano ['tabano] m.

bremsen frenar [fre'nar] <freno, he frenado>
Brief carta ['karta] f.
Briefmarke sello ['sejo] m., Ⓛ estampilla [estam'pija] f.
bringen *(hinbringen)* llevar [je'bar] <llevo, he llevado>, Können Sie mich zum Bahnhof bringen? ¿Me puede llevar a la estación? [me 'pue̯de je'bar a la esta'θi̯on], *(mitbringen)* traer [tra'er] <traigo, he traído>
Bronchitis bronquitis [bron'kitis] f.
Brot pan [pan] m.
Brötchen panecillo [pane'θijo] m.
Bruder hermano [er'mano] m.
Brust pecho ['petʃo] m.
Buch libro ['liβro] m.
buchen reservar [rreser'bar] <reservo, he reservado>
Buchstabe letra ['letra] f.
buchstabieren deletrear [deletre'ar] <deletreo, he deletreado>
Buchung reserva [rre'serβa] f.
Büro oficina [ofi'θina] f.
Bus autobús [au̯to'bus] m., Ⓛ guagua ['guagua] f., *(Reisebus)* autocar [au̯to'kar] m.
Bushaltestelle parada de autobús [pa'raða de au̯to'bus] f.
Bußgeld multa ['multa] f.
Butter mantequilla [mante'kija] f.

C

Café café [ka'fe] m.
campen acampar [akam'par] <acampo, he acampado>
Campingplatz camping ['kampiŋ] m.
CD cd [θe'ðe] m.
Cent céntimo ['θentimo] m.
Chance oportunidad [oportuni'ðað] f.
Chef, Chefin jefe ['tʃefe] m., jefa ['tʃefa] f.
christlich cristiano [kris'ti̯ano]
Cola coca cola® ['koka 'kola] f.
Computer ordenador [orðena'ðor] m., Ⓛ computadora [komputa'ðora] f.
Cousin, Cousine primo ['primo] m., prima ['prima] f.
Creme crema ['krema] f.

D

da *(weil)* puesto que ['pue̯sto ke], *(in dem Moment)* entonces [en'tonθes], *(dort)* ahí [a'i]
Dach tejado [te'tʃaðo] m.
Dame dama ['dama] f.
Damenbinde compresa [kom'presa] f.
Damentoilette servicio de señoras [ser'βiθi̯o de se'ɲoras] m.
daneben *(neben einer Sache)* al lado [al 'laðo], *(Da ist Peter.) Wer sitzt daneben?* (Ahí está Peter.) ¿Quién está sentado al lado? [(a'i es'ta 'peter) 'ki̯en es'ta sen'taðo al 'laðo]
Dank gracias ['graθi̯as], Vielen Dank! ¡Muchas gracias! ['mutʃas 'graθi̯as]
danke gracias ['graθi̯as]

danken agradecer [aɡraˈðeθer] <agradezco, he agradecido>
dann *(zeitlich)* luego [ˈluego], *(eine Konsequenz ausdrückend)* entonces [enˈtonθes]
das ♂ el [el], ♀ la [la]
dass que [ke]
Datum fecha [ˈfetscha] *f.*
Daumen pulgar [pulˈɡar] *m.*
Decke manta [ˈmanta] *f.*, ⓛcobija [koˈbicha] *f.*
defekt ♂ defectuoso [deˈfektuoso], ♀ defectuosa [deˈfektuosa]
dein, deine tu [tu]
denken pensar [penˈsar] <pienso, he pensado>
denn porque [ˈporke]
der el [el]
deutsch ♂ alemán [aleˈman], ♀ alemana [aleˈmana]
Deutscher, Deutsche alemán [aleˈman] *m.*, alemana [aleˈmana] *f.*
Deutschland Alemania [aleˈmania] *f.*
Dezember diciembre [diˈθiembre] *m.*
Diät dieta [ˈdieta] *f.*
dich *(reflexiv)* te [te] →*Kurzgrammatik S. 160*
dick *(Person)* ♂ gordo [ˈɡorðo], *(Person)* ♀ gorda [ˈɡorða], *(Schicht, Brett etc.)* ♂ grueso [ˈɡrueso], ♀ gruesa [ˈɡruesa]
die la [la]
Dienstag martes [ˈmartes] *m.*
dies ♂ este [ˈeste], ♀ esta [ˈesta], ♂♀ esto [ˈesto]
dieser, diese, dieses ♂ este [ˈeste], ♀ esta [ˈesta], *(wenn das Objekt vom Sprecher weiter entfernt ist)* ♂ ese [ˈese], ♂ esa [ˈesa]
Ding cosa [ˈkosa] *f.*
Diphtherie difteria [difˈteria] *f.*
direkt ♂ directo [diˈrekto], ♀ directa [diˈrekta]
Direktflug vuelo directo [ˈbuelo diˈrekto] *m.*
Donnerstag jueves [ˈchuebes] *m.*
doppelt ♂ ♀ doble [ˈdoble]
Doppelzimmer habitación doble [abitaˈθion ˈdoble] *f.*
Dorf pueblo [ˈpueblo] *m.*
dort allí [aˈji], **dort drüben** allí al otro lado [aˈji al ˈotro ˈlaðo]
Dose lata [ˈlata] *f.*
draußen fuera [ˈfuera]
drinnen dentro [ˈdentro]
Drittel tercio [ˈterθio] *m.*
drücken apretar [apreˈtar] <aprieto, he apretado>, *(Knopf)* pulsar [pulˈsar] <pulso, he pulsado>
Drucker impresora [impreˈsora] *f.*
du tú [tu]
dunkel ♂ oscuro [osˈkuro], ♀ oscura [osˈkura]
durch *(räumlich)* por [por], **eine Reise mit dem Zug durch Spanien** un viaje en tren por España [un biˈache en tren por esˈpaɲia], **durch den Fluss schwimmen** nadar por el río [naˈðar por el ˈrrio]
Durchsage aviso [aˈbiso] *m.*

dürfen poder [po'ðer] <puedo, he podido>

Durst sed [seð] f., **Durst haben** tener sed [te'ner seð] <tengo, he tenido>

Dusche ducha ['dutscha] f.

duschen ducharse [du'tscharse] <me ducho, me he duchado>

E

EC-Karte tarjeta eurocheque [tar'cheta eluro'tscheke] f.

Ehe matrimonio [matri'monio] m.

Ehefrau esposa [es'posa] f.

Ehemann esposo [es'poso] m.

Ehepaar matrimonio [matri'monio] m.

Ei huevo ['ueβo] m.

eigener, eigene, eigenes ♂ propio ['propio], ♀ propia ['propia]

eilig (wichtig) ♂ ♀ urgente [ur'chente], (schnell) ♂ rápido ['rrapiðo], ♀ rápida ['rrapiða]

ein, eine ♂ uno ['uno], (vor Vokalen) ♂ un [un], ♀ una ['una]

einfach ♂ ♀ fácil ['faθil]

Eingang entrada [en'traða] f.

einkaufen comprar [kom'prar] <compro, he comprado>

Einkaufszentrum centro comercial ['θentro komer'θial] m.

einladen invitar [inbi'tar] <invito, he invitado>

Einladung invitación [inbita'θion] f.

einlösen (Scheck, Gutschein) hacer efectivo [a'θer efek'tiβo] <hago, he hecho>

einmal una vez ['una beθ]

einpacken embalar [emba'lar] <embalo, he embalado>, (in Papier) empaquetar [empake'tar] <empaqueto, he empaquetado>

einsteigen subir [su'βir] <subo, he subido>

Einweg... ♂ ♀ desechable [dese'tschaβle]

Einzelzimmer habitación individual [aβita'θion indiβi'ðual] f.

Eis hielo ['ielo] m., (zum Essen) helado [e'laðo] m.

Eltern padres ['paðres] m. Pl.

E-Mail correo electrónico [ko'rreo elek'troniko] m.

Empfänger, Empfängerin destinatario [destina'tario] m., destinataria [destina'taria] f.

empfehlen recomendar [rekomen'dar] <recomiendo, he recomendado>

Ende final [fi'nal] m.

entgräten quitar las espinas [ki'tar las es'pinas] <quito, he quitado>

entschuldigen jdn entschuldigen disculpar a alguien [diskul'par a 'algien] <disculpo, he disculpado>, sich entschuldigen disculparse [diskul'parse] <me disculpo, me he disculpado>

Entschuldigung disculpa [dis'kulpa] f., **Entschuldigung!** ¡Disculpa! [dis'kulpa], (Höflichkeitsform) ¡Disculpe! [dis'kulpe]

entspannen sich entspannen relajarse [rrela'charse] <me relajo, me he relajado>

entwickeln desarrollar
[desarro'jar] <desarrollo, he desarrollado>
Entwicklung desarrollo
[desa'rrojo] *m.*
er él [el]
Erdbeere fresa ['fresa] *f.*, Ⓛ frutilla
[fru'tija] *f.*
Erdgeschoss planta baja ['planta
'bacha] *f.*
erklären aclarar [akla'rar] <aclaro,
he aclarado>
erlauben permitir [permi'tir] <permito, he permitido>
Ermäßigung descuento
[des'kuento] *m.*
erste ♂ primero [pri'mero], ♀ primera [pri'mera]
erwachsen ♂ adulto [a'dulto],
♀ adulta [a'dulta]
Erwachsene adulto [a'dulto] *m.*,
adulta [a'dulta] *f.*
erzählen contar [kon'tar] <cuento,
he contado>
es *(Personalpronomen: Person)*
♂ él [el], ♀ ella ['eja], *(Objekt)* lo
[lo]
essen comer [ko'mer], **zum Essen
ausgehen** salir a comer [sa'lir a
ko'mer] <como, he comido>
Essig vinagre [bi'nagre] *m.*
Etage piso ['piso] *m.*
Etikett etiqueta [eti'keta] *f.*
euch *(reflexiv)* os [os] →*Kurzgrammatik S. 160*
euer, eure ♂ vuestro ['buestro],
♀ vuestra ['buestra]
Euro euro ['euro] *m.*

Europa Europa [e|u'ropa] *f.*
Europäer, Europäerin europeo
[e|uro'peo] *m.*, europea
[e|uro'pea] *f.*
europäisch ♂ europeo [e|uro'peo],
♀ europea [e|uro'pea]

F

Fabrik fábrica ['fabrika] *f.*
Fahne bandera [ban'dera] *f.*
Fähre ferry ['ferri] *f.*
fahren ir [ir] <voy, he ido>, *(selber
am Steuer)* conducir [kondu'θir]
<conduzco, he conducido>
Fahrer, Fahrerin conductor
[konduk'tor] *m.*, conductora
[konduk'tora] *f.*
Fahrkarte billete [bi'jete] *m.*
Fahrplan horario [o'rario] *m.*
Fahrrad bicicleta [biθi'kleta] *f.*
Fahrt *(im Auto, Motorrad)* viaje
[bi'ache] *m.*, *(Strecke)* trayecto
[tra'jekto] *m.*
Fahrzeugschein carnet de conducir [kar'net de kondu'θir] *m.*
fallen caer [ka'er] <caigo, he
caído>, **etw. fallen lassen** dejar
caer algo [de'char ka'er 'algo]
<dejo, he dejado>
falsch ♂ falso ['falso], ♀ falsa
['falsa]
Familie familia [fa'milia] *f.*
familienfreundlich familienfreundlich sein estar adaptado a
familias [es'tar aða'ptaðo a
fa'milias]
Familienname apellido
[ape'jiðo] *m.*

Familienstand estado civil [es'taðo θi'βil] *m.*
Farbe color [ko'lor] *m.*
Fass barril [ba'rril] *m.*, *(kleiner)* barrica [ba'rrika] *f.*, **vom Fass** de barril [de ba'rril]
fast casi ['kasi]
Fax fax [fax] *m.*
faxen enviar por fax [enbi'ar por fax] <envío, he enviado>
Faxnummer número de fax ['numero de fax] *m.*
Februar febrero [fe'βrero] *m.*
fehlen faltar [fal'tar] <falto, he faltado>, **Eine Person fehlt noch.** Falta una persona. ['falta una per'sona]
Fehler error [e'rror] *m.*
Feier celebración [θeleβra'θion] *f.*
Feiertag día festivo ['dia fes'tiβo] *m.*, ⓛdía feriado ['dia fe'riado] *m.*
Feld campo ['kampo] *m.*
Fels roca ['rroka] *f.*
Fenster ventana [ben'tana] *f.*
Ferien vacaciones [baka'θiones] *f. Pl.*
Ferienhaus casa de vacaciones ['kasa de baka'θiones] *f.*
Fernglas prismáticos [pris'matikos] *m. Pl.*
fernsehen ver la televisión [ber la teleβi'sion] <veo, he visto>
Fernsehen televisión [teleβi'sion] *f.*
fertig ♂ terminado [termi'nado], ♀ terminada [termi'nada]
Fertiggericht plato precocinado ['plato prekoθi'nado] *m.*

Festland tierra firme ['tierra 'firme] *f.*, **das europäische Festland** el continente europeo [el konti'nente eu̯ro'peo]
Feuer fuego ['fuego] *m.*
Feuerzeug encendedor [enθende'dor] *m.*
Fieber fiebre ['fieβre] *f.*
Film película [pe'likula] *f.*
finden *(etw. Gesuchtes auffinden)* **etw./jdn finden** encontrar algo/a alguien [enkon'trar 'algo/a 'algien] <encuentro, he encontrado>, *(beurteilen)* **gut finden** parecer bien [pare'θer bien] <me parece, me ha parecido>, **Wie findest du ...?** ¿Qué te parece ...? [ke te pa'reθe]
Finger dedo ['dedo] *m.*
Firma empresa [em'presa] *f.*
Fisch pescado [pes'kado] *m.*
Fischstäbchen palitos de pescado [pa'litos de pes'kado] *m. Pl.*
flach ♂ plano ['plano], ♀ plana ['plana]
Flasche botella [bo'teja] *f.*
Flaschenöffner abrebotellas [aβreβo'tejas] *m.*
Fleisch carne ['karne] *f.*
Fleischer, Fleischerin carnicero [karni'θero] *m.*, carnicera [karni'θera] *f.*
Fleischerei carnicería [karniθe'ria] *f.*
fliegen *(durch die Luft)* volar [bo'lar] <vuelo, he volado>
Flug vuelo ['buelo] *m.*

Flughafen aeropuerto [aero'puerto] *m.*
Flugzeug avión [a'bion] *m.*
Fluss río ['rrio] *m.*
Formular formulario [formu'lario] *m.*, ein Formular ausfüllen rellenar un formulario [reje'nar un formu'lario] <relleno, he rellenado>
Foto foto ['foto] *f.*
fotografieren fotografiar [fotogra'fiar] <fotografío, he fotografiado>
Frage pregunta [pre'gunta] *f.*
fragen preguntar [pregun'tar] <pregunto, he preguntado>
französisch ♂ francés [fran'θes], ♀ francesa [fran'θesa]
Frau mujer [mu'cher] *f.*, *(Anrede für verheiratete Frau)* señora [se'ɲora], *(Anrede für junge, unverheiratete Frau)* señorita [seɲo'rita] *f.*
frei ♂ ♀ libre ['liβre]
Freitag viernes ['biernes] *m.*
Freizeit tiempo libre ['tiempo 'liβre] *m.*
fremd *(nicht vertraut)* ♂ extraño [ex'traɲo], ♀ extraña [ex'traɲa], *(nicht zum eigenen Land oder Volk gehörig)* ♂ extranjero [extran'chero], ♀ extranjera [extran'chera]
Fremdenverkehrsbüro oficina de turismo [ofi'θina de tu'rismo] *f.*
freuen sich freuen alegrarse [ale'grarse] <me alegro, me he alegrado>, sich über etw. freuen alegrarse por algo [ale'grarse por 'algo]
Freund, Freundin amigo [a'migo] *m.*, amiga [a'miga] *f.*, *(Liebesbeziehung)* novio ['noβio] *m.*, novia ['noβia] *f.*
Friseur, Friseurin peluquero [pelu'kero] *m.*, peluquera [pelu'kera] *f.*
früh *(Adverb)* pronto ['pronto]
früher *(zeitiger)* más pronto [mas 'pronto], Gibt es einen früheren Flug? ¿Hay un vuelo más pronto? [ai un 'buelo mas 'pronto], *(einst)* antaño [an'taɲo]
Frühling primavera [prima'βera] *f.*
Frühstück desayuno [desa'juno] *m.*
frühstücken desayunar [desaju'nar] <desayuno, he desayunado>
führen guiar [gi'ar] <guío, he guiado>
Führerschein carnet de conducir [kar'net de kondu'θir] *m.*
für para ['para], drei CDs für 10 Euro tres CDs por diez euros [tres θe'des por dieθ 'euros]
Fuß pie [pie] *m.*
Fußball fútbol ['futbol] *m.*

G

Gabel *(Essbesteck)* tenedor [tene'ðor] *m.*, *(des Fahrrads)* horquilla [or'kija] *f.*
Garage garaje [ga'rache] *m.*
Garten jardín [char'ðin] *m.*

Gärtner, Gärtnerin jardinero [charˈdinero] *m.*, jardinera [charˈdinera] *f.*
Gast huésped [ˈu̯espeð] *m.*, *(im Lokal)* cliente [kliˈente] *m./f.*
Gebäude edificio [eðiˈfiθio] *m.*
geben dar [dar] <doy, he dado>
Gebirge sierra [ˈsi̯erra] *f.*
geboren ♂ nacido [naˈθiðo], ♀ nacida [naˈθiða], Wann sind Sie geboren? ¿Cuándo ha nacido? [ˈku̯ando a naˈθiðo]
Geburtsdatum fecha de nacimiento [ˈfetʃa de naθiˈmi̯ento] *f.*
Geburtsort lugar de nacimiento [luˈɡar de naθiˈmi̯ento] *m.*
Geburtstag cumpleaños [kumpleˈaɲi̯os] *m.*, Herzlichen Glückwunsch zum Geburtstag! ¡Muchas felicidades! [ˈmutʃas feliθiˈðaðes]
Gedeck cubierto [kuˈbi̯erto] *m.*
gefallen gustar [ɡusˈtar] <gusto, he gustado>
Gefängnis cárcel [ˈkarθel] *f.*
gegen *(Ablehnung ausdrückend)* contra [ˈkontra], *(ungefähr)* hacia [ˈaθia], gegen 20 Uhr hacia las 20 horas [ˈaθia las ˈbei̯nte ˈoras]
Gegend *(Stadtteil)* barrio [ˈbarrio] *m.*, *(bestimmte Region)* zona [ˈθona] *f.*
gehen ir [ir] <voy, he ido>, Das Radio geht nicht. La radio no va. [la ˈrraðio no ba]
gehören pertenecer [perteneˈθer] <pertenezco, he pertenecido>

gelb ♂ amarillo [amaˈrijo], ♀ amarilla [amaˈrija]
Geld dinero [diˈnero] *m.*
Gemüse verdura [berˈðura] *f.*
Gepäck equipaje [ekiˈpache] *m.*
gerade *(zeitlich)* ahora mismo [aˈora ˈmismo], *(nicht krumm)* ♂ derecho [deˈretʃo], ♀ derecha [deˈretʃa]
geradeaus ♂ recto [ˈrekto], ♀ recta [ˈrekta]
Gericht *(zum Essen)* plato [ˈplato] *m.*
gern ♂ encantado [enkanˈtaðo], ♀ encantada [enkanˈtaða]
Geschäft comercio [koˈmerθio] *m.*
Geschenk regalo [rreˈɡalo] *m.*
geschieden ♂ divorciado [divorˈθi̯aðo], ♀ divorciada [divorˈθi̯aða]
Geschmack gusto [ˈɡusto] *m.*
Gesicht cara [ˈkara] *f.*
Gespräch conversación [konbersaˈθi̯on] *f.*
gestern ayer [aˈjer]
gesund ♂ sano [ˈsano], ♀ sana [ˈsana]
Gesundheit salud [saˈluð] *f.*, Gesundheit! ¡Jesús! [tʃeˈsus]
Getränk bebida [beˈbiða] *f.*
Gewicht peso [ˈpeso] *m.*
Glas *(Trinkglas)* vaso [ˈbaso] *m.*, *(mit Fuß)* copa [ˈkopa] *f.*
glauben creer [kreˈer] <creo, he creído>
gleich *(sofort)* ahora mismo [aˈora ˈmismo], *(übereinstimmend aber nicht identisch)* igual [iˈɡu̯al]

Gleis *(Schienen)* vía ['bia] *f.*, *(Bahnsteig)* andén [an'den] *m.*

Gleitschirmfliegen parapente [para'pente] *m.*

Glück felicidad [feliθi'ðað] *f.*, *(zufallsbedingt)* suerte ['suerte] *f.*, Glück haben tener suerte [te'ner 'suerte] <tengo, he tenido>

glücklich feliz [fe'liθ], *(zufallsbedingt)* con suerte [kon 'suerte]

Golf golf [golf] *m.*

Golfplatz campo de golf ['kampo de golf] *m.*

Grad grado ['graðo] *m.*

Gramm gramo ['gramo] *m.*

Gräte espina [es'pina] *f.*

gratulieren felicitar [feliθi'tar] <felicito, he felicitado>

grau gris [gris]

groß ♂♀ grande ['grande], *(hochgewachsen)* ♂ alto ['alto], ♀ alta ['alta]

Größe tamaño [ta'ma|njo] *m.*, *(Höhe)* altura [al'tura] *f.*

Großeltern abuelos [a'buelos] *m. Pl.*

Großmutter abuela [a'buela] *f.*

Großvater abuelo [a'buelo] *m.*

grün ♂♀ verde ['berðe]

Gruß saludo [sa'luðo] *m.*, Schöne Grüße an ...! ¡Saludos a ...! [sa'luðos a]

grüßen saludar [salu'ðar] <saludo, he saludado>, Grüß ... von mir! ¡Saluda a ... de mi parte! [sa'luða a ... de mi 'parte]

gültig ♂ válido ['baliðo], ♀ válida ['baliða]

Gurke pepino [pe'pino] *m.*, *(klein und eingemacht)* pepinillo [pepi'nijo] *m.*

gut ♂ bueno ['bueno], ♀ buena ['buena], *(Adverb)* bien [bien], gut gemacht bien hecho [bien 'etscho]

H

Haar pelo ['pelo] *m.*

haben tener [te'ner] <tengo, he tenido>, *(als Hilfsverb)* haber [a'ber] <he, he habido>

Hähnchen pollo ['pojo] *m.*

halb halb drei las dos y media [las dos i 'meðia]

halber, halbe, halbes ♂ medio ['meðio], ♀ media ['meðia], ein halbes Kilo medio kilo ['meðio 'kilo]

Halbpension media pensión ['meðia pen'sion] *f.*

Hälfte mitad [mi'tað] *f.*

hallo hola ['ola], *(am Telefon)* dígame ['digame]

Hals cuello ['kuejo] *m.*

halten sujetar [suche'tar] <sujeto, he sujetado>

Hand mano ['mano] *f.*

Handschuh guante ['guante] *m.*

Handtuch toalla [to'aja] *f.*

Handy móvil ['mobil] *m.*

Hauptspeise plato principal ['plato prinθi'pal] *m.*

Haus casa ['kasa] *f.*, zu Hause en casa [en 'kasa]

Haustier animal doméstico [ani'mal do'mestiko] *m.*

Hauswein vino de la casa ['bino de la 'kasa] *m.*
heiraten casarse [ka'sarse] <me caso, me he casado>
heiß caliente [ka'liente]
helfen ayudar [aju'ðar] <ayudo, he ayudado>
hell ♂ claro ['klaro], ♀ clara ['klara]
Hemd camisa [ka'misa] *f.*
Hepatitis hepatitis [epa'titis] *f.*
Herbst otoño [o'tolɲo] *m.*
Herd cocina [ko'θina] *f.*
Herr *(in der Anrede)* señor [se'lɲor] *m.*, *(höflich für ‚Mann')* caballero [kaβa'jero] *m.*
Herrentoilette servicio de caballeros [ser'βiθio de kaβa'jeros] *m.*
heute hoy [oi], heute Nacht esta noche ['esta 'notʃe]
hier aquí [a'ki], hier entlang por aquí [por a'ki]
Hilfe ayuda [a'juða] *f.*, Erste Hilfe primeros auxilios [pri'meros alu'xilios] *m. Pl.*
Himbeere frambuesa [fram'buesa] *f.*
hinten detrás [de'tras], *(auf der rückwärtigen Seite)* por la otra cara [por la 'otra 'kara]
hoch ♂ alto ['alto], ♀ alta ['alta]
Hochglanz brillo intenso ['brijo in'tenso] *m.*
Hochstuhl trona ['trona] *f.*
Höhe altura [al'tura] *f.*
Höhle cueva ['kueβa] *f.*
holen buscar [bus'kar] <busco, he buscado>, *(bringen)* traer [tra'er] <traigo, he traído>

homosexuell ♂ ♀ homosexual [omose'xual]
Honig miel [miel] *f.*
hören oír [o'ir] <oigo, he oído>, *(zuhören)* escuchar [esku'tʃar] <escucho, he escuchado>
Hose pantalón [panta'lon] *m.*, kurze Hose pantalón corto [panta'lon 'korto] *m.*
Hotel hotel [o'tel] *m.*
Huhn pollo ['pojo] *m.*
Hund perro ['perro] *m.*
Hunger hambre ['ambre] *m.*, Hunger haben tener hambre [te'ner 'ambre] <tengo, he tenido>
hungrig ♂ hambriento [am'briento], ♀ hambrienta [am'brienta]
husten toser [to'ser] <toso, he tosido>
Husten tos [tos] *f.*
Hustensaft jarabe para la tos [tʃa'raβe 'para la tos] *m.*

I

ich yo [jo]
Idee idea [i'ðea] *f.*
ihr *(Personalpronomen)* ♂ vosotros [bo'sotros], ♀ vosotras [bo'sotras] →*Kurzgrammatik S. 151*
ihr, ihre su [su] →*Kurzgrammatik S. 154–155*
Ihr, Ihre su [su] →*Kurzgrammatik S. 154–155*
immer siempre ['siempre], immer noch todavía [toða'βia]
Impfpass tarjeta de vacunación [tar'tʃeta de bakuna'θion] *f.*

in en [en]
Information información [informa'θion] *f.*
innen dentro ['dentro]
innerhalb dentro de ['dentro de], *(zeitlich)* en el plazo de [en el 'plaθo de]
Insekt insecto [in'sekto] *m.*
Insektenbiss picadura de insecto [pika'dura de in'sekto] *f.*
Insel isla ['isla] *f.*
Insulin insulina [insu'lina] *f.*
interessant ♂♀ interesante [intere'sante]
Internet internet [inter'net] *f.*

J

ja sí [si]
Jacke chaqueta [tscha'keta] *f.*
Jagd caza ['caθa] *f.*
Jahr año ['aɲo] *m.*
Jahreszeit estación (del año) [esta'θion (del 'aɲo)] *f.*
Januar enero [e'nero] *m.*
Jeans vaqueros [ba'keros] *m. Pl.*, ⓛjeans [chins] *m. Pl.*
jeder *(vor dem Nomen)* cada ['kada], *(als Pronomen)* todos ['todos]
jemand alguien ['algien]
jetzt ahora [a'ora]
Jogurt yogur [jo'gur] *m.*
jucken picar [pi'kar] <pica, ha picado>
Jucken picor [pi'kor] *m.*
Jugendherberge albergue juvenil [al'berge chube'nil] *m.*

Jugendlicher, Jugendliche joven ['choben] *m./f.*
Juli julio ['chulio] *m.*
jung ♂♀ joven ['choben]
Junge chico ['tschiko] *m.*
Juni junio ['chunio] *m.*
Juwelier, Juwelierin joyero [cho'jero] *m.*, joyera [cho'jera] *f.*

K

Kabel cable ['kable] *m.*
Kaffee café [ka'fe] *m.*
Kakao *(Pulver)* cacao [ka'kao] *m.*, *(Heißgetränk)* chocolate caliente [tschoko'late ka'liente] *m.*
Kakerlake cucaracha [kuka'ratscha] *f.*
kalt ♂ frío ['frio], ♀ fría ['fria]
Kamera cámara ['kamara] *f.*
Kamm peine ['peine] *m.*, ⓛpeinilla [pei'nija] *f.*
kämmen peinar [pei'nar] <peino, he peinado>
kämpfen luchar [lu'tschar] <lucho, he luchado>
Kappe gorra ['gorra] *f.*
kaputt ♂ roto ['rroto], ♀ rota ['rrota], **kaputt machen** romper [rrom'per] <rompo, he roto>
Karotte zanahoria [θana'oria] *f.*
Karte tarjeta [tar'cheta] *f.*, *(Postkarte)* postal [pos'tal] *f.*, *(Landkarte)* plano ['plano] *m.*, *(Speisekarte)* carta ['karta] *f.*
Kartoffel patata [pa'tata] *f.*, ⓛpapa ['papa] *f.*
Käse queso ['keso] *m.*
Kasse caja ['kacha] *f.*

Katze gato ['gato] *m.*
kaufen comprar [kom'prar] <compro, he comprado>
Kaufhaus gran almacén [gran alma'θen] *m. Pl.*
Kaugummi chicle ['tschikle] *m.*
Kehle garganta [gar'ganta] *f.*
kein, keine *(Pronomen)* ♂ ninguno [nin'guno], ♀ ninguna [nin'guna], *(vor Nomen)* Ich habe keine Zeit. No tengo tiempo. [no 'tengo 'tiempo]
Keks galleta [ga'jeta] *f.*
Keller sótano ['sotano] *m.*
Kellner, Kellnerin camarero [kama'rero] *m.*, camarera [kama'rera] *f.*
kennen conocer [kono'θer] <conozco, he conocido>, *(auswendig wissen)* saber [sa'ber] <sé, he sabido>
Ketchup ketchup ['ketchup] *m.*
Kilogramm kilogramo [kilo'gramo] *m.*
Kilometer kilómetro [ki'lometro] *m.*
Kind niño ['niɲjo] *m.*, niña ['niɲja] *f.*, Kinder niños ['niɲjos] *m. Pl.*, niñas ['niɲjas] *f. Pl.*
Kinderbecken piscina infantil [pis'θina infan'til] *f.*
kinderfreundlich ♂ adaptado a niños [aðap'taðo a 'niɲjos], ♀ adaptada a niños [aðap'taða a 'niɲjos]
Kindergarten jardín de infancia [char'ðin de in'fanθia] *m.*
Kinderwagen *(für Babys, zum Darin-Liegen)* cochecito para niños [kotsche'θito para 'niɲjos] *m.*, *(für Kleinkinder, zum Darin-Sitzen)* sillita para niños [si'jita 'para 'niɲjos] *f.*
Kino cine ['θine] *m.*
Kiosk quiosco ['kiosko] *m.*, *(für Tabakwaren)* estanco [es'tanko] *m.*
Kissen *(Kopfkissen)* almohada [al'moaða] *f.*, *(zum Darauf-Sitzen)* cojín [ko'chin] *m.*
Kissenbezug funda de almohada ['funda de al'moaða] *f.*
Kleid vestido [bes'tiðo] *m.*
Kleidung ropa ['rropa] *f.*
klein ♂ pequeño [pe'keɲjo], ♀ pequeña [pe'keɲja]
Kleingeld calderilla [kalde'rija] *f.*
Kneipe bar [bar] *m.*
Knochen hueso ['ueso] *m.*
Knopf botón [bo'ton] *m.*
Koch, Köchin cocinero [koθi'nero] *m.*, cocinera [koθi'nera] *f.*
kochen cocinar [koθi'nar] <cocino, he cocinado>, *(in kochendem Wasser)* cocer [ko'θer] <cuezo, he cocido>
Koffer maleta [ma'leta] *f.*
kommen venir [be'nir] <vengo, he venido>, *(ankommen)* llegar [je'gar] <llego, he llegado>
Kommission comisión [komi'sion] *f.*
Kompass brújula ['bruchula] *f.*
Konditorei pastelería [pastele'ria] *f.*
Kondom condón [kon'don] *m.*

können poder [po'ðer] <puedo, he podido>, *(die Fähigkeit, das Wissen haben)* saber [sa'βer] <sé, he sabido>
Konsulat consulado [konsu'laðo] *m.*
Kontinent continente [konti'nente] *m.*
Konto cuenta ['kuenta] *f.*
Kontonummer número de cuenta ['numero de 'kuenta] *m.*
Kontrolle control [kon'trol] *m.*
kontrollieren controlar [kontro'lar] <controlo, he controlado>
Konzert concierto [kon'θierto] *m.*
Kopf cabeza [ka'βeθa] *f.*
Kopfweh dolor de cabeza [do'lor de ka'βeθa] *m.*
Korb cesta ['θesta] *f.*
Korken corcho ['kortʃo] *m.*
Korkenzieher sacacorchos [saka'kortʃos] *m.*
Körper cuerpo ['kuerpo] *m.*
kosten costar [kos'tar] <cuesto, he costado>
Kostüm *(Jackett und Rock)* traje de chaqueta ['traxe de tʃa'keta] *m.*, *(Verkleidung)* disfraz [dis'fraθ] *m.*
Krabbe gamba ['gamba] *f.*, *(sehr klein)* camarón [kama'ron] *m.*
krank ♂ enfermo [en'fermo], ♀ enferma [en'ferma]
Krankenhaus hospital [ospi'tal] *m.*
Krankenpfleger, **Krankenpflegerin** enfermero [enfer'mero] *m.*, enfermera [enfer'mera] *f.*
Krankenschwester enfermera [enfer'mera] *f.*
Krankenwagen ambulancia [ambu'lanθia] *f.*
Krankheit enfermedad [enferme'ðað] *f.*
Kreditkarte tarjeta de crédito [tar'tʃeta de 'kreðito] *f.*
Kreditkartennummer número de tarjeta de crédito ['numero de tar'tʃeta de 'kreðito] *m.*
Krieg guerra ['gerra] *f.*
kriegen recibir [rreθi'βir] <recibo, he recibido>
Krücke muleta [mu'leta] *f.*
Küche cocina [ko'θina] *f.*, die spanische Küche la cocina española [la ko'θina espa'ɲola]
Kuchen pastel [pas'tel] *m.*, Ⓛtorta ['torta] *f.*
Kugelschreiber bolígrafo [bo'ligrafo] *m.*, Ⓛesfero [es'fero] *m.*
kühlen refrescar [rrefres'kar] <refresco, he refrescado>
Kühlschrank frigorífico [frigo'rifiko] *m.*
Kunst arte ['arte] *m.*
Kunsthandwerk artesanía [artesa'nia] *f.*
Kupplung embrague [em'brage] *m.*
Kurs curso ['kurso] *m.*
kurz ♂ corto ['korto], ♀ corta ['korta]
Kuss beso ['beso] *m.*
küssen besar [be'sar] <beso, he besado>
Küste costa ['kosta] *f.*

L

lächeln sonreír [sonrre'ir] <sonrío, he sonreído>
lachen reír [rre'ir] <río, he reído>
Ladegerät cargador [karga'ðor] *m.*
laden cargar [kar'gar] <cargo, he cargado>
Laden tienda ['tienda] *f.*
Laken sábana ['sabana] *f.*
Land país [pa'is] *m.*
lang ♂ largo ['largo], ♀ larga ['larga], Wie lang wird das dauern? ¿Cuánto se va a tardar? ['kuanto se ba a tar'ðar]
lange mucho tiempo ['mutscho 'tiempo], Müssen wir lange warten? ¿Tenemos que esperar mucho tiempo? [te'nemos ke espe'rar 'mutscho 'tiempo]
Länge longitud [lonchi'tuð] *f.*
langsam *(Adjektiv)* ♂ lento ['lento], ♀ lenta ['lenta], *(Adverb)* lentamente [lenta'mente]
Lastwagen camión [ka'mion] *m.*
Lauch puerro ['puerro] *m.*
laufen *(rennen)* correr [ko'rrer] <corro, he corrido>, *(zu Fuß unterwegs sein)* caminar [kami'nar] <camino, he caminado>
Läuse piojos ['piochos] *m. Pl.*
laut ♂ alto ['alto], ♀ alta ['alta], *(unangenehm)* ♂ ruidoso [rrui'ðoso], ♀ ruidosa [rrui'ðosa]
leben vivir [bi'bir] <vivo, he vivido>
Leben vida ['biða] *f.*
Lebensmittel alimento [ali'mento] *m.*
Leber hígado ['igaðo] *m.*
lecker ♂ rico ['rriko], ♀ rica ['rrika]
Leder piel [piel] *f.*
ledig ♂ soltero [sol'tero], ♀ soltera [sol'tera]
leer ♂ vacío [ba'θio], ♀ vacía [ba'θia]
legal legal [le'gal]
legen poner [po'ner] <pongo, he puesto>
leicht *(Gewicht)* ♂ ligero [li'chero], ♀ ligera [li'chera], *(einfach)* ♂ ♀ fácil ['faθil]
leider lamentablemente [lamentable'mente], leider ja/nein lamentablemente sí/no [lamentable'mente si/no]
leihen sich etw. leihen tomar prestado algo [to'mar pres'taðo algo] <tomo, he tomado>, jdm etw. leihen prestar algo a alguien [pres'tar 'algo a 'algien] <presto, he prestado>
Leine *(für die Wäsche)* lino ['lino] *m.*, *(für den Hund)* correa [ko'rrea] *f.*
leise ♂ bajo ['bacho], ♀ baja ['bacha]
lenken conducir [kondu'θir] <conduzco, he conducido>
lernen aprender [apren'der] <aprendo, he aprendido>, *(für Prüfung)* estudiar [estu'ðiar] <estudio, he estudiado>
lesbisch ♂ lésbico ['lesbiko], ♀ lésbica ['lesbika]
lesen leer [le'er] <leo, he leído>

letzter, letzte, letztes ♂ último ['ultimo], ♀ última ['ultima]
Leute gente ['chente] *f.*
Licht luz [luθ] *f.*
Liebe amor [a'mor] *m.*
lieben amar [a'mar] <amo, he amado>
Lied canción [kan'θion] *f.*
liegen *(in horizontaler Position)* estar tumbado/tumbada [es'tar tum'bađo/tum'bađa] <estoy, he estado>, *(sich befinden)* estar [es'tar] <estoy, he estado>
Likör licor [li'kor] *m.*
lila ♂ ♀ lila ['lila]
Limonade limonada [limo'nađa] *f.*
links a la izquierda [a la iθ'kierđa]
Linse *(Hülsenfrucht)* lenteja [len'techa] *f.*, *(Kontaktlinse)* lentilla [len'tija] *f.*, *(des Auges, einer Kamera)* lente ['lente] *f.*
Lippe labio ['labio] *m.*
Lippenstift barra de labios ['barra de 'labios] *f.*
Liter litro ['litro] *m.*
Lkw camión [ka'mion] *m.*
Locke rizo ['rriθo] *m.*
Löffel cuchara [ku'tschara] *f.*, *(für den Nachtisch)* cucharilla [kutscha'rija] *f.*
Lösung solución [solu'θion] *f.*
Lotion loción [lo'θion] *f.*
Luft aire ['aire] *m.*
Lunge pulmón [pul'mon] *m.*
lustig ♂ divertido [điber'tiđo], ♀ divertida [điber'tiđa]

M

machen hacer [a'θer] <hago, he hecho>
Mädchen chica ['tschika] *f.*
Mädchenname apellido de soltera [ape'jiđo de sol'tera] *m.*
Magen estómago [es'tomago] *m.*
Mai mayo ['majo] *m.*
man se [se], *(ich, wir)* uno ['uno]
manchmal a veces [a 'beθes]
Mangel *(Fehlerhaftigkeit)* defecto [đe'fekto] *m.*, *(nicht genug)* ein Mangel an etw. carencia de algo [ka'renθia de 'algo] *f.*
Mann hombre ['ombre] *m.*
männlich *(biologisch)* ♂ macho ['matscho], *(grammatikalisch, bewundernd)* ♂ masculino [masku'lino], ♀ masculina [masku'lina]
Mantel abrigo [a'briɡo] *m.*
Markt mercado [mer'kađo] *m.*
Marmelade mermelada [merme'lađa] *f.*
März marzo ['marθo] *m.*
Maschine máquina ['makina] *f.*
Masern sarampión [saram'pion] *m.*
Maß medida [me'điđa] *f.*, *(Stab o. Ä. zum Messen)* metro ['metro] *m.*
Massage masaje [ma'sache] *m.*
matt *(ohne Glanz)* ♂ ♀ mate ['mate]
Matte estera [es'tera] *f.*
Maus ratón [rra'ton] *m.*
Mayonnaise mahonesa [mao'nesa] *f.*
Medizin *(Heilkunst, Medikamente)* medicina [međi'θina] *f.*

Meer mar [mar] *m.*
Meeresfrüchte marisco [ma'risko] *m.*
Mehl harina [a'rina] *f.*
mehr más [mas]
mein, meine mi [mi]
meinen opinar [opi'nar] <opino, he opinado>
Meinung opinión [opi'nion] *f.*
meist la mayoría de las veces [la majo'ria de las 'beθes]
Melone melón [me'lon] *m.*
Mensch *(Person)* ser humano [ser u'mano] *m.*, *(im Gegensatz zu Tier)* hombre ['ombre] *m.*
Menstruation menstruación [menstrua'θion] *f.*
Menü *(mehrgängiges Gericht, einer Software)* menú [me'nu] *m.*
Messe feria ['feria] *f.*
Messer cuchillo [ku'tschijo] *m.*
Metal metal [me'tal] *m.*
Meter metro ['metro] *m.*
Metzger, Metzgerin carnicero [karni'θero] *m.*, carnicera [karni'θera] *f.*
mich *(reflexiv)* me [me] →*Kurzgrammatik S. 159–160*
Miete alquiler [alki'ler] *m.*
mieten alquilar [alki'lar] <alquilo, he alquilado>
Migräne migraña [mi'graɲja] *f.*
Mikrowelle microondas [mikro'ondas] *m.*
Milch leche ['letsche] *f.*
Milchprodukte productos lácteos [pro'duktos 'lakteos] *m. Pl.*
mild ♂ ♀ suave ['suabe]

Militär ejército [e'cherθito] *m.*
minus menos ['menos]
Minute minuto [mi'nuto] *m.*
mischen mezclar [meθ'klar] <mezclo, he mezclado>
mit con [kon]
mitbringen traer [tra'er] <traigo, he traído>
mitnehmen llevar [je'bar] <llevo, he llevado>
Mittag mediodía [medio'dia] *m.*, heute Mittag hoy a mediodía [oi a medio'dia], zu Mittag essen comer [ko'mer] <como, he comido>
Mittagessen comida [ko'mida] *f.*, ⓛ almuerzo [al'muerθo] *m.*
mittags a mediodía [a medio'dia]
Mittagsmenü menú para comidas [me'nu 'para ko'midas] *m.*
Mitte centro ['θentro] *m.*, Mitte Januar/des Monats a mediados de enero/del mes [a me'diados de e'nero/del mes]
Mittwoch miércoles ['mierkoles] *m.*
Möbel mueble ['mueble] *m.*
Mode *(Kleidung)* moda ['moda] *f.*
mögen gustar [gus'tar] <gusto, he gustado>, jd mag jdn/etw. gern a alguien le gusta alguien/algo [a 'algien le 'gusta 'algien/'algo]
möglich posible [po'sible]
Moment momento [mo'mento] *m.*
Monat mes [mes] *m.*
Mond luna ['luna] *f.*
Montag lunes ['lunes] *m.*
morgen mañana [ma'ɲjana], Bis morgen! ¡Hasta mañana! ['asta ma'ɲjana]

Morgen mañana [ma'ɪnjana] *f.*, **Guten Morgen!** ¡Buenos días! ['buenos 'dias], **heute Morgen** hoy por la mañana [oi por la ma'ɪnjana]

morgens por las mañanas [por las ma'ɪnjanas]

Moschee mezquita [meθ'kita] *f.*

Moskito mosquito [mos'kito] *m.*

Moskitonetz mosquitera [moski'tera] *f.*

Motor motor [mo'tor] *m.*

Motorrad motocicleta [motoθi'kleta] *f.*

müde ♂ cansado [kan'saðo], ♀ cansada [kan'saða]

Müll basura [ba'sura] *f.*

Mund boca ['boka] *f.*

Münze moneda [mo'neða] *f.*

Musik música ['musika] *f.*

muslimisch ♂ musulmán [musul'man], ♀ musulmana [musul'mana]

müssen tener que [te'ner ke] <tengo, he tenido>, **Wir müssen los!** ¡Tenemos que irnos! [te'nemos ke 'irnos]

mutig ♂ ♀ valiente [ba'li̯ente]

Mutter madre ['maðre] *f.*

Mütze gorro ['gorro] *m.*

N

nach *(einer Sache oder Person folgend)* después de [des'pu̯es de], **nach einer Stunde** una hora después ['una 'ora des'pu̯es], *(zu einem bestimmten Ort)* a [a], nach Madrid/Ankara a Madrid/Ankara [a ma'ðrið/an'kara]

Nachmittag tarde ['tarðe] *f.*, **heute Nachmittag** hoy por la tarde [oi por la 'tarðe]

nachmittags por la tarde [por la 'tarðe]

Nachname apellido [ape'ʝiðo] *m.*

Nachricht noticia [no'tiθi̯a] *f.*

Nachspeise postre ['postre] *m.*

nächster, nächste, nächstes ♂ ♀ siguiente [si'gi̯ente], **Der Nächste, bitte!** ¡El siguiente, por favor! [el si'gi̯ente por fa'βor]

Nacht noche ['notʃe] *f.*, **Gute Nacht!** ¡Buenas noches! ['bu̯enas 'notʃes], **letzte Nacht** anoche [a'notʃe]

nachts por las noches [por las 'notʃes]

Nagel *(aus Metall)* clavo ['klaβo] *m.*, *(von Fuss, Hand)* uña ['uɪnja] *f.*

Nagelknipser cortauñas [korta'uɪnjas] *m.*

Nagellack laca de uñas ['laka de 'uɪnjas] *f.*

nah *(Adverb)* cerca ['θerka], **nah(e) dem Fluss** cerca del río ['θerka del 'rrio]

nähen coser [ko'ser] <coso, he cosido>

Nahverkehrszug tren de cercanías [tren de θerka'nias] *m.*

Name nombre ['nombre] *m.*

Nase nariz [na'riθ] *f.*

Nationalität nacionalidad [naθi̯onali'ðað] *f.*

Natur naturaleza [natura'leθa] f.
Naturheilkunde medicina naturista [međi'θina natu'rista] f.
neben *(räumlich)* junto a ['chunto a]
neblig con niebla [kon 'niebla]
nehmen tomar [to'mar] <tomo, he tomado>
nein no [no]
nett ♂ ♀ agradable [agra'đable]
Netz red [rređ] f.
neu ♂ nuevo ['nuebo], ♀ nueva ['nueba]
nicht no [no], nicht mehr ya no [ja no], überhaupt nicht en absoluto [en abso'luto]
Nichtraucher, Nichtraucherin no fumador [no fuma'đor] m., no fumadora [no fuma'đora] f.
nichts nada ['nađa], Ich möchte nichts essen. No quiero comer nada. [no 'kiero ko'mer 'nađa]
nie nunca ['nunka], nie wieder/mehr nunca más ['nunka mas]
noch todavía [tođa'bia], noch einmal otra vez ['otra veθ], noch nicht todavía no [tođa'bia no]
Norden norte ['norte] m.
normal normal [nor'mal]
Notfall emergencia [emer'chenθia] f.
nötig ♂ necesario [neθe'sario], ♀ necesaria [neθe'saria]
November noviembre [no'biembre] m.
Nudeln pasta ['pasta] f.
Nummer número ['numero] m.
nur sólo ['solo], nur noch ... sólo ... ['solo]
Nuss nuez [nueθ] f.

O

ob si [si]
oben arriba [a'rriba], nach oben hacia arriba ['aθia a'rriba]
Obst fruta ['fruta] f.
oder o [o]
Ofen *(um zu backen)* horno ['orno] m., *(um zu heizen)* estufa [es'tufa] f.
offen ♂ abierto [a'bierto], ♀ abierta [a'bierta]
öffentlich ♂ público ['publiko], ♀ pública ['publika]
öffnen abrir [a'brir] <abro, he abierto>
oft con frecuencia [kon fre'kuenθia]
ohne sin [sin]
Ohr oído [o'iđo] m.
Oktober octubre [ok'tubre] m.
Öl aceite [a'θeite] m.
Onkel tío ['tio] m.
Oper ópera ['opera] f.
Optiker, Optikerin óptico ['optiko] m., óptica ['optika] f.
Orange naranja [na'rancha] f.
Ordnung orden [or'đen] m., in Ordnung de acuerdo [de a'kuerđo]
Ort lugar [lu'gar] m.
Osten Este ['este] m.
Österreich Austria ['austria] f.
Österreicher, Österreicherin austriaco [aus'triako] m., austriaca [aus'triaka] f.

österreichisch ♂ austriaco [aus'triako], ♀ austriaca [aus'triaka]
Ozean océano [o'θeano] m.

P

Paar (Schuhe, Socken etc.) par [par] m., (zwei Menschen, die zusammengehören) pareja [pa'recha] f.
Päckchen paquete [pa'kete] m., ein Päckchen Zigaretten una cajetilla de tabaco [una kache'tija de ta'bako]
packen (ergreifen) coger [ko'cher] <cojo, he cogido>, (einpacken) empaquetar [empake'tar] <empaqueto, he empaquetado>
Packung paquete [pa'kete] m.
Paket paquete [pa'kete] m.
Palast palacio [pa'laθio] m.
Papier papel [pa'pel] m., (Ausweis etc.) Papiere papeles [pa'peles] m. Pl.
Parfum perfume [per'fume] m.
Park parque ['parke] m.
parken aparcar [apar'kar] <aparco, he aparcado>, Ⓛparquear [parke'ar] <parqueo, he parqueado>
Parlament parlamento [parla'mento] m.
Partei (in der Politik) partido [par'tiđo] m.
Partner, Partnerin socio ['soθio] m., socia ['soθia] f., (Lebensgefährte) pareja [pa'recha] f.

Party fiesta ['fiesta] f.
Pass pasaporte [pasa'porte] m.
Patient, Patientin paciente [pa'θiente] m./f.
Pause pausa ['pausa] f., (im Theater) entreacto [entre'akto] m.
Pedal pedal [pe'đal] m.
Penis pene ['pene] m.
Pension (für Gäste) pensión [pen'sion] f.
Pfanne sartén [sar'ten] f.
Pfeffer pimienta [pi'mienta] f.
Pfeife (zum Rauchen) pipa ['pipa] f., (zum Pfeifen) silbato [sil'bato] m.
Pferd caballo [ka'bajo] m.
Pflanze planta ['planta] f.
Pille píldora ['pildora] f.
Pilz seta ['seta] f.
Pizza pizza ['piza] f.
Plan (Vorhaben) plan [plan] m., (Karte) plano ['plano] m.
Planschbecken piscina hinchable [pis'θina in'tschable] f.
Plastik plástico ['plastiko] m.
Platz lugar [lu'gar] m., (Sitzplatz) asiento [a'siento] m., (verfügbarer Raum) espacio [es'paθio] m., (in Straßenbezeichnungen, vor Gebäuden) plaza ['plaθa] f.
Plätzchen (Keks) galleta [ga'jeta] f.
plus más [mas]
Polizei policía [poli'θia] f.
Polizeiwache comisaría de policía [komisa'ria de poli'θia] f.
Pollen polen ['polen] m.
Porto franqueo [fran'keo] m.

Post *(Briefe, Päcken etc.)* correo [ko'rreo] *m.*, *(Filiale)* Correos [ko'rreos] *m. Pl.*
Postkarte postal [pos'tal] *f.*
Postleitzahl código postal ['kodigo pos'tal] *m.*
Praxis consulta [kon'sulta] *f.*
Preis *(einer Ware)* precio ['preθio] *m.*
preiswert ♂ barato [ba'rato], ♀ barata [ba'rata]
probieren probar [pro'bar] <pruebo, he probado>
Problem problema [pro'blema] *m.*
Programm programa [pro'grama] *m.*
Prospekt folleto [fo'jeto] *m.*
prost! ¡salud! [sa'lud]
protestieren protestar [protes'tar] <protesto, he protestado>
Prozent por ciento [por 'θiento] *m.*
prüfen comprobar [kompro'bar] <compruebo, he comprobado>
Pullover jersey [cher'sei] *m.*, Ⓓ pullover [pu'lober] *m.*
Pumpe bomba ['bomba] *f.*
Punkt punto ['punto] *m.*, *(zeitlich)* momento [mo'mento] *m.*
pünktlich puntual [pun'tual]
Puppe muñeca [mu'ɲeka] *f.*
putzen limpiar [lim'piar] <limpio, he limpiado>

Q

Quadratmeter metro cuadrado ['metro kua'drado] *m.*
Qualität calidad [kali'dad] *f.*
Qualle medusa [me'dusa] *f.*
Quarantäne cuarentena [kuaren'tena] *f.*
Quittung recibo [rre'θibo] *m.*

R

Rabatt descuento [des'kuento] *m.*
Rad *(Scheibe als Teil eines Mechanismus)* rueda ['rrueda] *f.*, *(Fahrrad)* bicicleta [biθi'kleta] *f.*, **Rad fahren** andar en bicicleta [an'dar en biθi'kleta]
Radfahrer, Radfahrerin ciclista [θi'klista] *m./f.*
Radio radio ['rradio] *f.*
Radweg carril-bici [ka'rril 'biθi] *m.*
rasieren afeitar [afei'tar] <afeito, he afeitado>
Rasierer maquinilla de afeitar [maki'nija de afei'tar] *f.*
Rasierklinge cuchilla de afeitar [ku'tschija de afei'tar] *f.*
Rasierschaum espuma de afeitar [es'puma de afei'tar] *f.*
Ratte rata ['rrata] *f.*
rauben robar [rro'bar] <robo, he robado>
rauchen fumar [fu'mar] <fumo, he fumado>
Raucher, Raucherin fumador [fuma'dor] *m.*, fumadora [fuma'dora] *f.*
Raum *(Zimmer)* habitación [abita'θion] *f.*, *(Platz)* espacio [es'paθio] *m.*
realistisch ♂ ♀ realista [rrea'lista]
Rebe vid [bid] *f.*
rechnen calcular [kalku'lar] <calculo, he calculado>

Rechnung factura [fak'tura] *f.*, *(im Restaurant)* cuenta ['kuenta] *f.*
rechts a la derecha [a la de'retscha]
recyceln reciclar [rreθi'klar] <reciclo, he reciclado>
Regal estantería [estante'ria] *f.*
Regen lluvia ['juβia] *f.*
Regenmantel chubasquero [tschuβas'kero] *m.*
Regenschirm paraguas [pa'raguas] *m.*
Regierung gobierno [go'βierno] *m.*
regnen llover [jo'βer] <llueve, ha llovido>
reich ♂ rico ['rriko], ♀ rica ['rrika], **reich an** rico/rica en ['rriko/'rrika en]
Reifen neumático [neu'matiko] *m.*
rein *(Adjektiv: unverschmutzt)* ♂ limpio ['limpio], ♀ limpia ['limpia], *(unvermischt, Edelmetall)* ♂ puro ['puro], ♀ pura ['pura]
Reinigung *(Geschäft)* tintorería [tintore'ria] *f.*, *(Vorgang des Reinigens)* limpieza [lim'pieθa] *f.*
Reis arroz [a'rroθ] *m.*
Reise viaje [bi'ache] *m.*
Reisebüro agencia de viajes [a'chenθia de bi'aches] *f.*
Reiseführer, Reiseführerin *(Person)* guía ['gia] *m./f.*
Reiseführer *(Buch)* guía de viaje ['gia de bi'ache] *f.*
reisen viajar [bia'char] <viajo, he viajado>
Reisepass pasaporte [pasa'porte] *m.*

Reisescheck cheque de viaje ['tscheke de bi'ache] *m.*
Reißverschluss cremallera [krema'jera] *f.*
reiten montar a caballo [mon'tar a ka'βajo] <monto, he montado>
Religion religión [rreli'chion] *f.*
Rennbahn *(für Tiere)* hipódromo [i'poδromo] *m.*, *(für Fahrad)* velódromo [be'loδromo] *m.*, *(für Autos)* circuito de carreras [θir'kuito de ka'rreras] *m.*
Rentner, Rentnerin jubilado [chuβi'laδo] *m.*, jubilada [chuβi'laδa] *f.*
Reparatur reparación [rrepara'θion] *f.*
reparieren reparar [rrepa'rar] <reparo, he reparado>
Reservat reserva [rre'serβa] *f.*
reservieren reservar [rreser'βar] <reservo, he reservado>
Reservierung reserva [rreser'βa] *f.*
Reservierungsnummer número de reserva ['numero de rre'serβa] *m.*
Restaurant restaurante [rrestau'rante] *m.*
retten salvar [sal'βar] <salvo, he salvado>
Rettungsweste chaleco salvavidas [tscha'leko salβa'βiδas] *m.*
Rezept receta [rre'θeta] *f.*
R-Gespräch llamada a cobro revertido [ja'maδa a 'koβro rreβer'tiδo] *f.*
Richter, Richterin juez ['chueθ] *m.*, jueza ['chueθa] *f.*

richtig ♂ correcto [ko'rrekto], ♀ correcta [ko'rrekta]
Richtung dirección [direk'θion] f.
riechen oler [o'ler] <huelo, he olido>
Rindfleisch carne de vacuno ['karne de ba'kuno] f.
Rock *(Kleidungsstück)* falda ['falda] f.
roh ♂ crudo ['kruđo], ♀ cruda ['kruđa]
Rollstuhl silla de ruedas ['sija de 'ruedas] f.
Rolltreppe escalera mecánica [eska'lera me'kanika] f.
romantisch ♂ romántico [rro'mantiko], ♀ romántica [rro'mantika]
rosa ♂ ♀ rosa ['rrosa]
Rose rosa ['rrosa] f.
Rosé rosado [rro'sađo] m.
Rost óxido ['oxiđo] m.
rot ♂ rojo ['rrocho], ♀ roja ['rrocha]
Rotwein vino tinto ['bino 'tinto] m.
Route ruta ['rruta] f.
Rücken espalda [es'palda] f., *(Rückseite)* dorso ['dorso] m.
Rucksack *(für eine Wanderung oder einen Ausflug)* mochila [mo'tschila] f.
Ruder remo ['remo] m.
ruhig ♂ tranquilo [tran'kilo], ♀ tranquila [tran'kila]
Ruine ruina ['rruina] f.
rund *(ohne Ecken)* ♂ redondo [rre'đondo], ♀ redonda [rre'đonda]

rutschen *(ausrutschen)* resbalar [rresba'lar] <resbalo, he resbalado>, *(Fahrzeug)* derrapar [derra'par] <derrapo, he derrapado>, *(auf einer Rutsche, abrutschen)* deslizarse [desli'θarse] <me deslizo, me he deslizado>

S

Safe caja fuerte ['kacha 'fuerte] f.
Saft zumo ['θumo] m.
Sahne nata ['nata] f., ⓛ crema ['krema] f.
Salat *(grüne Blätter, Pflanze)* lechuga [le'tschuga] f., *(angerichtet)* ensalada [ensa'lađa] f.
Salz sal [sal] f.
salzig ♂ salado [sa'lađo], ♀ salada [sa'lađa]
Samstag sábado ['sabađo] m.
Sand arena [a'rena] f.
Sandale sandalia [san'dalia] f.
satt ♂ lleno ['jeno], ♀ llena ['jena]
Sattel silla de montar ['sija de mon'tar] f., *(Fahrrad-, Motorradsattel)* sillín [si'jin] m.
Satz frase ['frase] f.
sauber ♂ limpio ['limpio], ♀ limpia ['limpia]
sauer *(Geschmack)* ♂ ácido ['aθiđo], ♀ ácida ['aθiđa]
Sauerstoffflasche *(für Taucher)* botella de oxígeno [bo'teja de o'xicheno] f.
Sauger *(für Babyfläschchen)* tetina [te'tina] f.
Sauna sauna ['sauna] f.
Schal bufanda [bu'fanda] f.

scharf *(Geschmack)* ♂ ♀ picante [pi'kante], *(Klinge)* ♂ afilado [afi'laðo], ♀ afilada [afi'laða]

Scheckkarte tarjeta eurocheque [tar'cheta eu̯ro'tscheke] *f.*

Schein *(Geld)* billete [bi'jete] *m.*, *(Anschein)* apariencia [apa'rienθia] *f.*

scheinen *(Sonne)* brillar [bri'jar] <brilla, ha brillado>, *(einen Eindruck erwecken)* parecer [pare'θer] <parece, ha parecido>

Schere tijera [ti'chera] *f.*

Schiff barco ['barko] *m.*

Schild cartel [kar'tel] *m.*, *(Wegweiser)* señal [se'lnjal] *f.*

Schinken jamón [cha'mon] *m.*

schlafen dormir [dor'mir] <duermo, he dormido>

Schlafzimmer dormitorio [dormi'torio] *m.*

Schläger *(für Tennis, Federball)* raqueta [rra'keta] *f.*, *(für Golf)* palo ['palo] *m.*, *(für Baseball, Kricket)* bate ['bate] *m.*

Schlange *(Tier)* serpiente [ser'piente] *f.*, *(wartende Menschen)* cola ['kola] *f.*

schlank ♂ delgado [del'gaðo], ♀ delgada [del'gaða]

Schlauch *(für einen Reifen)* cámara ['kamara] *f.*, *(zum Wässern)* manguera [man'gera] *f.*

schlecht *(Adjektiv: minderwertig, verwerflich)* ♂ malo ['malo], ♀ mala ['mala], *(Milch)* ♂ pasado [pa'saðo], ♀ pasada [pa'saða], *(Fleisch, Obst, Gemüse)* ♂ podrido [po'ðriðo], ♀ podrida [po'ðriða], *(Adverb)* mal [mal], jdm ist schlecht alguien se siente mal ['algi̯en se 'si̯ente mal]

schließen *(Tür, Fenster etc., Geschäftszeit unterbechen, ein Geschäft komplett aufgeben)* cerrar [θe'rrar] <cierro, he cerrado>

Schließfach *(für Wertsachen)* taquilla [ta'kija] *f.*, *(für Gepäck)* consigna [kon'signa] *f.*

Schloss *(zum Abschließen)* candado [kan'daðo] *m.*, *(Gebäude)* castillo [kas'tijo] *m.*

Schluss final [fi'nal] *m.*, am/zum Schluss al final [al fi'nal]

Schlüssel llave ['jaβe] *f.*

schmal *(Streifen, Durchlass)* ♂ estrecho [es'tretscho], ♀ estrecha [es'tretscha]

schmecken jd schmeckt etw. a alguien le gusta algo [a 'algi̯en le 'gusta algo] <gusta, ha gustado>, etw. schmeckt nach ... algo sabe a ... ['algo 'saβe a] <sabe, ha sabido>

Schmerz dolor [do'lor] *m.*

schmerzhaft ♂ doloroso [dolo'roso], ♀ dolorosa [dolo'rosa]

Schmerzmittel analgésico [anal'chesiko] *m.*

Schmetterling mariposa [mari'posa] *f.*

schmutzig ♂ sucio ['suθio], ♀ sucia ['suθia]

Schnaps aguardiente [aguar'di̯ente] *m.*

Schnecke caracol [kara'kol] *m.*, *(ohne Häuschen)* babosa [ba'bosa] *f.*
Schnee nieve ['nie̯be] *f.*
schneiden *(mit einer Klinge)* cortar [kor'tar] <corto, he cortado>
Schneider, Schneiderin modisto [mo'disto] *m.*, modista [mo'dista] *f.*
schnell *(adjektiv)* ♂ rápido ['rapiđo], ♀ rápida ['rapiđa], *(Adverb)* rápidamente [rapiđamente]
Schnorchel tubo de respiración ['tuβo de rrespira'θi̯on] *m.*
schnorcheln bucear con tubo [buθe'ar kon 'tuβo]
Schnuller chupete [tschu'pete] *m.*
Schnürsenkel cordón [kor'đon] *m.*
Schokolade chocolate [tschoko'late] *m.*
schon ya [ja]
schön ♂ bonito [bo'nito], ♀ bonita [bo'nita]
Schönheitssalon salón de belleza [sa'lon de be'je̯eθa] *m.*
Schrank armario [ar'mario] *m.*
schreiben escribir [eskri'βir] <escribo, he escrito>
schreien gritar [gri'tar] <grito, he gritado>, *(vor Schmerzen oder aus Angst)* chillar [tschi'jar] <chillo, he chillado>
schriftlich ♂ escrito [es'krito], ♀ escrita [es'krita]
schüchtern ♂ tímido ['timiđo], ♀ tímida ['timiđa]
Schuh zapato [θa'pato] *m.*

Schuhgeschäft zapatería [θapate'ria] *f.*
schuldig ♂ ♀ culpable [kul'paβle]
Schule colegio [ko'lechio] *m.*, *(Denkrichtung)* escuela [es'kue̯la] *f.*
Schulter hombro ['ombro] *m.*
Schuppe *(vom Fisch)* escama [es'kama] *f.*
Schuppen *(im Haar)* caspa ['kaspa] *f.*
Schüssel cuenco ['kue̯nko] *m.*
schützen proteger [prote'cher] <protejo, he protegido>
schwach *(nicht kräftig)* ♂ ♀ débil ['deβil]
Schwager, Schwägerin cuñado [ku'nja đo] *m.*, cuñada [ku'nja đa] *f.*
schwanger ♀ embarazada [embara'θađa]
Schwangerschaftstest test de embarazo [test de emba'raθo] *m.*
schwarz ♂ negro ['negro], ♀ negra ['negra]
Schwarzbrot pan negro [pan 'negro] *m.*
Schwein cerdo ['θerđo] *m.*
Schweinefleisch carne de cerdo ['karne de 'θerđo] *f.*
Schweiz Suiza ['sui̯θa] *f.*
Schweizer, Schweizerin suizo ['sui̯θo] *m.*, suiza ['sui̯θa] *f.*
Schweizer *(Adjektiv)* ♂ suizo ['sui̯θo], ♀ suiza ['sui̯θa]
schweizerdeutsch ♂ alemán suizo [ale'man 'sui̯θo], ♀ alemana suiza [ale'mana 'sui̯θa]

schwer *(Gewicht)* ♂ pesado [pe'sađo], ♀ pesada [pe'sađa], *(schwierig)* ♂ ♀ difícil [di'fiθil]
schwerhörig ♂ duro de oído ['duro de o'iđo], ♀ dura de oído ['dura de o'iđo]
Schwester hermana [er'mana] *f.*
Schwiegermutter suegra ['suegra] *f.*
Schwiegervater suegro ['suegro] *m.*
Schwimmbad piscina [pis'θina] *f.*
schwimmen nadar [na'đar] <nado, he nadado>
schwitzen sudar [su'đar] <sudo, he sudado>
schwul ♂ ♀ gay [gai̯]
See *(Meer)* mar [mar] *m.*, *(Binnengewässer)* lago ['lago] *m.*
seekrank ♂ mareado [mare'ađo], ♀ mareada [mare'ađa]
sehen ver [ber] <veo, he visto>
sehr mucho ['mutʃo]
Sehtest test de vista [test de 'bista] *m.*
Seide seda ['seđa] *f.*
Seife jabón [cha'bon] *m.*
Seil cuerda ['kuerđa] *f.*
Seilbahn *(in der Luft)* funicular [funiku'lar] *m.*
sein *(Vollverb)* ser [ser] <soy, he sido>, *(sich befinden)* estar [es'tar] <estoy, he estado>, *(Hilfsverb)* haber [a'ber] <he, he habido> →*Kurzgrammatik S. 158–159, 161*
sein, seine su [su]

seit *(bestimmter Zeitpunkt)* desde [desđe], **seit 2008** desde 2008 ['desđe dos mil 'otʃo], *(Zeitspanne)* desde hace ['desđe 'aθe], **seit drei Tagen** desde hace tres días ['desđe 'aθe tres 'dias]
Seite *(seitlicher Teil von etw.)* lado ['lađo] *m.*, *(in einem Buch)* página ['paχina] *f.*
Sekt cava ['kaba] *m.*
Sekunde segundo [se'gundo] *m.*
Selbstbedienung autoservicio [autoser'biθio] *m.*
Selbstversorger ... **für Selbstversorger** ... para los que cocinan por su cuenta ['para los ke ko'θinan por su 'kuenta]
selten *(ungewöhnlich)* raro ['rraro], *(nicht oft)* rara vez ['rrara beθ]
Semmel panecillo [pane'θijo] *m.*
senden enviar [enbi'ar] <envío, he enviado>, *(Rundfunk und Fernsehen)* emitir [emi'tir] <emito, he emitido>
Senf mostaza [mos'taθa] *f.*
September septiembre [sep'tiembre] *m.*
Serviette servilleta [serbi'jeta] *f.*
Sessel sillón [si'jon] *m.*
Sex sexo ['sexo] *m.*
Shampoo champú [tʃam'pu] *m.*
Show espectáculo [espek'takulo] *m.*
sich *(reflexiv)* se [se] →*Kurzgrammatik S. 160*, *(nach Präposition)* sí [si]
sicher ♂ seguro [se'guro], ♀ segura [se'gura]

Sicherheitsgurt cinturón de seguridad [θintu'ron de seguri'ðað] *m.*
sie *(Singular)* ella ['eja], *(Plural: maskulin)* ellos ['ejos], *(Plural: feminin)* ellas ['ejas]
Sie *(Singular)* usted [us'teð], *(Plural)* ustedes [us'tedes]
Silber plata ['plata] *f.*
Silvester Nochevieja [notsche'biecha] *f.*
singen cantar [kan'tar] <canto, he cantado>
Sitz asiento [a'siento] *m.*
sitzen sentarse [sen'tarse] <me siento, me he sentado>
Skateboard monopatín [monopa'tin] *m.*
Ski esquí [es'ki] *m.*
Skilift telesquí [tele'ski] *m.*
Skipass forfait [for'fait] *m.*
Skischuh bota de esquí ['bota de es'ki] *f.*
Skistock bastón de esquí [bas'ton de es'ki] *m.*
Skulptur escultura [eskul'tura] *f.*
Slipeinlage salvaslip [salba'slip] *m.*
Snowboard tabla de snowboard ['taβla de esnou'borð] *f.*
so *(auf diese Art und Weise)* así [a'si], *(vor einem Adjektiv)* tan [tan], **so schön/teuer** tan bonito/caro [tan bo'nito/'karo]
Socke calcetín [kalθe'tin] *m.*
Sofa sofá [so'fa] *m.*
sofort ahora mismo [a'ora 'mismo]
Sohn hijo ['icho] *m.*
Sojabohne soja ['socha] *f.*

Sojamilch leche de soja ['letsche de 'socha] *f.*
Soldat, **Soldatin** soldado [sol'daðo] *m./f.*
sollen deber [de'ber] <debo, he debido>, **Sie sollten ...** Debería ... [deβe'ria]
Sommer verano [be'rano] *m.*
Sonne sol [sol] *m.*
Sonnenbrand quemadura del sol [kema'ðura del sol] *f.*
Sonnenstich insolación [insola'θion] *f.*
Sonnenuntergang puesta de sol ['puesta de sol] *f.*
sonnig soleado [sole'aðo]
Sonntag domingo [do'mingo] *m.*
sorgen sich (um etw./jdn) sorgen preocuparse (por algo/alguien) [preoku'parse (por 'algo/'algien)] <me preocupo, me he preocupado>, **für etw./jdn sorgen** cuidar de algo/alguien [kui'dar de 'algo/'algien] <cuido, he cuidado>
Soße salsa ['salsa] *f.*
Souvenir recuerdo [rre'kuerðo] *m.*
sowohl ... als auch ... tanto ... como ['tanto ... 'komo]
Spanien España [es'paɲja] *f.*
Spanier, **Spanierin** español [espa'ɲjol] *m.*, española [espa'ɲjola] *f.*
spanisch ♂ español [espa'ɲjol], ♀ española [espa'ɲjola]
sparen ahorrar [alo'rrar] <ahorro, he ahorrado>, **etw. sparen** ahorrar algo [alo'rrar 'algo]

Spaß diversión [diβer'sion] f., etw. macht Spaß algo divierte ['algo di'βierte]
spät tarde ['tarðe]
später *(in der Zukunft)* más tarde [mas 'tarðe]
Spaziergang paseo [pa'seo] m.
Speck *(vom Schwein)* tocino [to'θino] m.
Speisekarte carta ['karta] f.
Speisewagen vagón restaurante [ba'gon restau'rante] m.
Spezialist, Spezialistin especialista [espeθia'lista] m./f.
Spezialität especialidad [espeθiali'ðað] f.
Spiegel espejo [es'pecho] m.
Spiegelei huevo frito ['ueβo 'frito] m.
spielen jugar [chu'gar] <juego, he jugado>, *(Musik)* tocar [to'kar] <toco, he tocado>
Spielregeln reglas del juego ['rreglas del 'chuego] f. Pl.
Spinat espinaca [espi'naka] f.
Spinne araña [a'raɲja] f.
Spirituosen bebidas con alto contenido de alcohol [be'βiðas kon 'alto konte'niðo de al'kol] f. Pl.
Spitzname mote ['mote] m.
Sport deporte [de'porte] m.
Sportgeschäft tienda de deportes ['tienda de de'portes] f.
Sportler, Sportlerin deportista [depor'tista] m./f.
Sprache lengua ['lengua] f., *(Ausdrucksweise)* lenguaje [len'guache] m.

sprechen hablar [a'βlar] <hablo, he hablado>
springen saltar [sal'tar] <salto, he saltado>
Spritze jeringa [che'ringa] f., jd bekommt eine Spritze a alguien le ponen una inyección [a 'algien le 'ponen 'una injek'θion]
Spur *(einer Straße)* carril [ka'rril] m.
Staatsangehörigkeit nacionalidad [naθionali'ðað] f.
Stadion estadio [es'taðio] m.
Stadt ciudad [θiu'ðað] f., *(Zentrum: zum Einkaufen)* centro ['θentro] m.
Stadtmauer muralla [mu'raja] f.
Stadtrundfahrt visita a la ciudad [bi'sita a la θiu'ðað] f.
Stadtzentrum centro de la ciudad ['θentro de la θiu'ðað] m.
stark ♂ ♀ fuerte ['fuerte]
Starthilfekabel cable de empalme ['kaβle de em'palme] m.
Statue estatua [es'tatua] f.
stechen *(mit Stachel, mit spitzem Gegenstand, z. B. Messer)* pinchar [pin'tschar] <pincho, he pinchado>, *(mit Rüssel)* picar [pi'kar] <pico, he picado>
stehen estar de pie [es'tar de pie] <estoy, he estado>
stehlen robar [rro'βar] <robo, he robado>
Steigbügel estribo [es'triβo] m.
steigen *(in die Luft, Höhe, auch figurativ)* ascender [asθen'der] <asciendo, he ascendido>, *(auf einen Berg oder Baum)* auf etw.

steigen subir a algo [su'βir a 'algo] <subo, he subido>
steil ♂ escarpado [eskar'paðo], ♀ escarpada [eskar'paða]
Steilküste acantilado [akanti'laðo] *m.*
Stein piedra ['pieðra] *f.*
Stelle *(geografisch definierbarer Ort)* lugar [lu'gar] *m.*, *(definierbarer Punkt in einem Bereich)* punto ['punto] *m.*, *(Position)* posición [posi'θion] *f.*, *(Anstellung)* puesto ['puesto] *m.*
stellen poner [po'ner] <pongo, he puesto>
sterben morir [mo'rir] <muero, he muerto>
Stiefel bota ['bota] *f.*
Stimme voz [boθ] *f.*
Stock planta ['planta] *f.*, im ersten Stock en la primera planta [en la pri'mera 'planta]
stornieren cancelar [kanθe'lar] <cancelo, he cancelado>
Stornierungsgebühr tasa de cancelación ['tasa de kanθela'θion] *f.*
Strand playa ['plaja] *f.*
Straße calle ['kaje] *f.*, *(außerhalb der Stadt)* carretera [karre'tera] *f.*
Straßenbahn tranvía [tran'bia] *m.*
Streifen *(längliches Stück Stoff, Plastik o. Ä.)* tira ['tira] *f.*, *(aus Farbe, als Markierung, Muster)* raya ['rraja] *f.*
Strom *(Elektrizität, Gewässer)* corriente [ko'rriente] *f.*
Strömung corriente [ko'rriente] *f.*

Strumpf *(kurz)* calcetín [kalθe'tin] *m.*, *(lang)* media ['meðia] *f.*
Stück *(Einzelteil)* pieza ['pieθa] *f.*, *(abgetrennt vom Ganzen)* trozo ['troθo] *m.*
Student, Studentin estudiante [estu'ðiante] *m./f.*
Stuhl silla ['sija] *f.*
Stunde hora ['ora] *f.*, eine viertel Stunde un cuarto de hora [un 'kuarto de 'ora]
Sturm tormenta [tor'menta] *f.*
suchen buscar [bus'kar] <busco, he buscado>, nach etw. suchen buscar algo [bus'kar 'algo]
Süden sur [sur] *m.*
Supermarkt supermercado [supermer'kaðo] *m.*
Suppe sopa ['sopa] *f.*
Suppenlöffel *(um Suppe damit zu essen)* cuchara sopera [ku'tschara so'pera] *f.*, *(Kelle)* cucharón [kutscha'ron] *m.*
süß ♂ ♀ dulce ['dulθe]
Süßstoff sacarina [saka'rina] *f.*

T

Tabak tabaco [ta'βako] *m.*
Tag día ['dia] *m.*, Guten Tag! ¡Buenos días! ['buenos 'dias]
Tagebuch diario [di'ario] *m.*
Tagessuppe sopa del día ['sopa del 'dia] *f.*
täglich *(Adjektiv)* ♂ diario [di'ario], ♀ diaria [di'aria], *(Adverb)* a diario [a di'ario]

tagsüber durante el día [du'rante el 'dia]

Tal valle ['baje] m.

Tampon tampón [tam'pon] m.

Tanga tanga ['tanga] f.

Tankstelle gasolinera [gasoli'nera] f.

Tante tía ['tia] f.

Tanz baile ['baile] m.

tanzen bailar ['bailar] <bailo, he bailado>

Tasche bolsa ['bolsa] f., *(an einem Kleidungsstück)* bolsillo [bol'sijo] m.

Taschenmesser navaja [na'bacha] f.

Taschenrechner calculadora [kalkula'ðora] f.

Taschentuch pañuelo [pa'ɲuelo] m., *(Papiertaschentuch)* pañuelo de papel [pa'ɲuelo de pa'pel] m.

Tasse taza ['taθa] f.

Tastatur teclado [te'klaðo] m.

taub ♂ sordo ['sorðo], ♀ sorda ['sorða]

tauchen bucear [buθe'ar] <buceo, he buceado>

Taucherausrüstung equipo de buceo [e'kipo de bu'θeo] m.

Taucherbrille gafas de buceo ['gafas de bu'θeo] f. Pl.

Taxi taxi ['taxi] m.

Taxifahrer, **Taxifahrerin** taxista [ta'xista] m./f.

Technik técnica ['teknika] f.

Tee té [te] m.

Teelöffel cucharilla [kutʃa'rija] f.

Teig masa ['masa] f.

Teil *(Anteil, Teil eines Ganzen)* parte ['parte] f., *(Ersatzteil)* pieza ['pieθa] f.

teilen *(aufsplitten)* dividir [diβi'ðir] <divido, he dividido>, etw. mit jdm teilen compartir algo con alguien [kompar'tir 'algo kon 'algien] <comparto, he compartido>

Teilzeit tiempo parcial ['tiempo par'θial] m.

Telefon teléfono [te'lefono] m.

Telefonbuch guía telefónica ['gia tele'fonika] f.

telefonieren *(gerade am Apparat sein)* hablar por teléfono [a'blar por te'lefono] <hablo, he hablado>, Ich muss dringend telefonieren. Tengo que llamar por teléfono urgentemente. ['tengo ke ja'mar por te'lefono urchente'mente]

Telefonkarte tarjeta de teléfono [tar'cheta de te'lefono] f.

Telefonnummer número de teléfono ['numero de te'lefono] m.

Telefonzelle cabina de teléfono [ka'bina de te'lefono] f.

Teller plato ['plato] m.

Tempel templo ['templo] m.

Tennisplatz pista de tenis ['pista de 'tenis] f.

Teppich alfombra [al'fombra] f.

Termin *(für ein Treffen)* cita ['θita] f., *(Ende einer Frist)* plazo ['plaθo] m.

Tetanus tétanos ['tetanos] m.

teuer ♂ caro ['karo], ♀ cara ['kara]
Theater teatro [te'atro] *m.*
Theaterstück pieza de teatro ['pieθa de te'atro] *f.*
Ticket billete [bi'jete] *m.*
Tier animal [ani'mal] *m.*
Tisch mesa ['mesa] *f.*
Tischtennis ping pong [ping pong] *m.*
Titel título ['titulo] *m.*
Tochter hija ['icha] *f.*
Tofu tofu ['tofu] *m.*
Toilette servicio [ser'biθio] *m.*, *(als Raum auch)* wáter ['bater] *m.*
Toilettenpapier papel higiénico [pa'pel i'chieniko] *m.*
Tollwut rabia ['rrabia] *f.*
Tomate tomate [to'mate] *m.*
Topf maceta [ma'θeta] *f.*, *(Kochtopf)* cazuela [ka'θuela] *f.*
Töpferwaren objetos de alfarería [ob'chetos de alfare'ria] *m. Pl.*
Tor *(beim Fußball)* portería [porte'ria] *f.*, *(Eingang)* portal [por'tal] *m.*
Torte tarta ['tarta] *f.*
tot ♂ muerto ['muerto], ♀ muerta ['muerta]
Touristeninformation información turística [informa'θion tu'ristika] *f.*
tragen llevar [je'bar] <llevo, he llevado>
Transport transporte [trans'porte] *m.*
Traube uva ['uba] *f.*
treffen *(eine Person)* quedar [ke'dar] <quedo, he quedado>, Wir treffen uns am Flughafen. Quedamos en el aeropuerto. [ke'damos en el alero'puerto]
Treppe escalera [eska'lera] *f.*
trinken beber [be'ber] <bebo, he bebido>
Trinkgeld propina [pro'pina] *f.*, Trinkgeld geben dar propina [dar pro'pina]
Trinkwasser agua potable ['agua po'table] *f.*
trocknen secar [se'kar] <seco, he secado>
tun hacer [a'θer] <hago, he hecho>, jd tut etw. gern a alguien le gusta hacer algo [a 'algien le 'gusta a'θer 'algo]
Tür puerta ['puerta] *f.*
Turm torre ['torre] *f.*
Tüte bolsa ['bolsa] *f.*

U

U-Bahn metro ['metro] *m.*
Übelkeit malestar [males'tar] *m.*
über *(sich beziehend auf, räumlich, bei Zahlenangaben, drückt aus, dass etw. überschritten wird)* sobre ['sobre], ein Buch über ... un libro sobre ... [un 'libro 'sobre], im Zimmer über uns en la habitación encima de nosotros [en la abita'θion en'θima de no'sotros], Temperaturen über 30° temperaturas por encima de los 30° [tempera'turas por en'θima de los 'treinta 'grados]
Überdosis sobredosis [sobre'dosis] *f.*

überfallen *(gewaltsam angreifen)* asaltar [asal'tar] <asalto, he asaltado>, *(um zu rauben)* atracar [atra'kar] <atraco, he atracado>

übermorgen pasado mañana [pa'saðo ma'ɲana]

Übernachtungsmöglichkeit alojamiento [aloxa'miento] *m.*

überraschen sorprender [sorpren'der] <sorprendo, he sorprendido>

überweisen transferir [transfe'rir] <transfiero, he transferido>

Überweisung transferencia [transfe'renθia] *f.*

Uhr reloj [rre'loch] *m.*, zehn Uhr las diez [las die̯θ]

Uhrzeit hora ['ora] *f.*

um *(zeitlich)* a la(s) [a la(s)], *(räumlich)* alrededor de [alreðe'ðor de], um zu para ['para]

umsteigen cambiar [kam'biar] <cambio, he cambiado>

umtauschen cambiar [kam'biar] <cambio, he cambiado>

umziehen mudarse [mu'ðarse] <me mudo, me he mudado>

und y [i]

Unfall accidente [akθi'ðente] *m.*

uns *(reflexiv)* nos [nos] →*Kurzgrammatik S. 160*

unser, unsere ♂ nuestro ['nu̯estro], ♀ nuestra ['nu̯estra]

unten abajo [a'ßacho], nach unten hacia abajo ['aθia a'ßacho]

unter *(räumlich)* debajo [de'ßacho], *(drückt aus, das etw. unterschritten wird)* por debajo [por de'ßacho]

Unterbringung alojamiento [aloxa'miento] *m.*

Untergeschoss piso bajo ['piso 'ßacho] *m.*

Unterhemd camiseta interior [cami'seta inte'rior] *f.*

Unterhose *(für Herr)* calzoncillo [kalθon'θijo] *m.*, Ⓟ pantaloncillos [pantalon'θijos] *m. Pl.*, *(für Dame)* braga ['braga] *f.*

Unterricht clase ['klase] *f.*

unterrichten dar clase [dar 'klase] <doy, he dado>

unterschreiben firmar [fir'mar] <firmo, he firmado>

Unterschrift firma ['firma] *f.*

Untertasse platillo [pla'tijo] *m.*

Urlaub vacaciones [baka'θiones] *f. Pl.*

USB-Kabel cable USB ['kaßle u|ese|ße] *m.*

V

Vagina vagina [ba'china] *f.*

Vater padre ['paðre] *m.*

Vegetarier, Vegetarierin vegetariano [becheta'riano] *m.*, vegetariana [becheta'riana] *f.*

vegetarisch ♂ vegetariano [becheta'riano], ♀ vegetariana [becheta'riana]

verbinden *(zusammenfügen, am Telefon)* poner con [po'ner kon] <pongo, he puesto>, *(mit Verbandszeug)* vendar [ben'dar] <vendo, he vendado>

verboten ♂ prohibido [proi'biđo], ♀ prohibida [proi'biđa]
verdienen ganar [ga'nar] <gano, he ganado>
vergessen olvidar [olbi'đar] <olvido, he olvidado>
vergewaltigen violar [bio'lar] <violo, he violado>
verheiratet ♂ casado [ka'sađo], ♀ casada [ka'sađa]
Verkehr tráfico ['trafiko] *m.*
Verkehrsmittel öffentliche Verkehrsmittel medio de transporte público ['međio de trans'porte 'publiko] *m.*
Verletzung lesión [le'sion] *f.*
verlieren perder [per'đer] <pierdo, he perdido>
Verlobter, Verlobte prometido [prome'tiđo] *m.*, prometida [prome'tiđa] *f.*
Vermieter, Vermieterin dueño ['due̯lnjo] *m.*, dueña ['due̯lnja] *f.*
verrückt ♂ loco ['loko], ♀ loca ['loka]
Versichertenkarte tarjeta del seguro médico [tar'cheta del se'guro 'međiko] *f.*
Versicherung seguro [se'guro] *m.*
verstehen entender [enten'der] <entiendo, he entendido>
verstopft *(Abfluss, Toilette)* ♂ atascado [atas'kađo], ♀ atascada [atas'kađa]
Verstopfung *(gestörte Verdauung)* estreñimiento [estre|nji'mie̯nto] *m.*
versuchen intentar [inten'tar] <intento, he intentado>

Vertrag contrato [kon'trato] *m.*
verwitwet ♂ viudo ['biuđo], ♀ viuda ['biuđa]
viel *(Adjektiv)* ♂ mucho ['mutscho], ♀ mucha ['mutscha], zu viel demasiado [dema'siađo]
viele muchos ['mutschos], zu viel demasiado [dema'siađo]
vielleicht quizá [ki'θa]
viertel cuarto ['kuarto], Viertel vor/nach eins la una menos/y cuarto [la 'una 'menos/i 'kuarto]
Viertel *(vierter Teil von etw.)* cuarto ['kuarto] *m.*
Vierteljahr trimestre [tri'mestre] *m.*
Visum visado [bi'sađo] *m.*
voll ♂ lleno ['jeno], ♀ llena ['jena]
voller lleno de ['jeno de]
Vollpension pensión completa [pen'sion kom'pleta] *f.*
Vollwertkost alimento completo [ali'mento kom'pleto] *m.*
Vollzeit jornada completa [chor'nađa kom'pleta] *f.*
von de [de], von Süden del sur [del sur], eine Nachricht von meinem Reiseleiter un mensaje de mi guía turístico [un men'sache de mi 'gia tu'ristiko]
vor *(räumlich)* delante de [de'lante de], *(zeitlich)* hace [a'θe], vor zehn Minuten hace diez minutos ['aθe die̯θ mi'nutos]
vorgestern anteayer [antea'jer]
Vormittag mañana [ma'lnjana] *f.*
vormittags por la mañana [por la ma'lnjana]
vorn delante [de'lante]

Vorname nombre ['nombre] *m.*
Vorort suburbio [su'burbio] *m.*
Vorsicht precaución [prekau'θion] *f.*, Vorsicht! ¡Cuidado! [kui'ðaðo]
vorsichtig con precaución [kon prekau'θion]
Vorspeise aperitivo [aperi'tiβo] *m.*
vorziehen preferir [prefe'rir] <prefiero, he preferido>

W

wachsen crecer [cre'θer] <crezco, he crecido>
wählen escoger [esko'cher] <escojo, he escogido>, *(am Telefon)* marcar [mar'kar] <marco, he marcado>
wahr verdad [ber'ðað]
Währung moneda [mo'neða] *f.*
Wald bosque ['boske] *m.*
wandern hacer marcha [a'θer 'martscha] <hago, he hecho>
wann cuando ['kuando]
warm caliente [ka'liente]
warnen advertir [aðβer'tir] <advierto, he advertido>
warten esperar [espe'rar] <espero, he esperado>
Wartezimmer sala de espera ['sala de es'pera] *f.*
warum por qué [por ke]
was que [ke]
Wäscherei lavandería [laβande'ria] *f.*
Waschmaschine lavadora [laβa'ðora] *f.*
Wasser agua ['agua] *f.*

wasserdicht ♂ ♀ impermeable [imper'meaβle]
Wasserfall cascada [kas'kaða] *f.*
Wasserhahn grifo ['grifo] *m.*
Wechselgeld cambio ['kambio] *m.*
Wechselkurs tipo de cambio ['tipo de 'kambio] *m.*
wechseln cambiar [kam'biar] <cambio, he cambiado>
Wecker despertador [desperta'ðor] *m.*
Weg camino [ka'mino] *m.*
wehtun doler [do'ler] <duele, ha dolido>
weiblich ♂ femenino [feme'nino], ♀ femenina [feme'nina]
Weihnachten Navidad [naβi'ðað] *f.*
Wein vino ['bino] *m.*
weiß ♂ blanco ['blanko], ♀ blanca ['blanka]
Weißwein vino blanco ['bino 'blanko] *m.*
wenig ♂ poco ['poko], ♀ poca ['poka]
weniger menos ['menos]
wer quien ['kien]
Werkstatt garaje [ga'rache] *m.*
Wertsachen artículos de valor [ar'tikulos de ba'lor] *m. Pl.*
wertvoll ♂ valioso [ba'lioso], ♀ valiosa [ba'liosa]
wessen cuyo ['kujo]
Westen oeste [o'leste] *m.*
Wickelraum sala para cambiar pañales ['sala 'para kam'biar pa'|njales] *f.*

Wiedersehen Auf Wiedersehen!
¡Adiós! [a'dios]
Wiese pradera [pra'ðera] *f.*
Wind viento ['biento] *m.*
Windel pañal [pa'lnjal] *m.*
windig ♂ ventoso [ben'toso], ♀ ventosa [ben'tosa]
Windschutzscheibe parabrisas [para'brisas] *m.*
Winter invierno [in'bierno] *m.*
wir nosotros [no'sotros]
wissen saber [sa'ber] <sé, he sabido>
wo donde ['donde]
Woche semana [se'mana] *f.*
Wochenende fin de semana [fin de se'mana] *m.*
wohnen vivir [bi'bir] <vivo, he vivido>
Wohnung piso ['piso] *m.*
Wohnwagen caravana [kara'bana] *f.*
Wohnzimmer cuarto de estar ['kuarto de es'tar] *m.*
Wort palabra [pa'labra] *f.*
Wörterbuch diccionario [dikθio'narjo] *m.*
wunderbar ♂ maravilloso [marabi'joso], ♀ maravillosa [marabi'josa]
Wurst salchicha [sal'tschitscha] *f.*
Wüste desierto [de'sierto] *m.*

Z

Zahl número ['numero] *m.*
zahlen pagar [pa'gar] <pago, he pagado>
Zahlung pago ['pago] *m.*
Zahlungsweise forma de pago ['forma de 'pago] *f.*
Zahn diente ['diente] *m.*
Zahnbürste cepillo de dientes [θe'pijo de 'dientes] *m.*
Zahnpasta dentífrico [den'tifriko] *m.*, Ⓛ crema dental ['krema den'tal] *f.*
Zahnstocher palillo mondadientes [pa'lijo monda'dientes] *m.*
Zange tenazas [te'naθas] *f. Pl.*
Zeh dedo del pie ['dedo del pie] *m.*
Zeit tiempo ['tiempo] *m.*, in letzter Zeit últimamente ['ultimamente]
Zeitschrift revista [rre'bista] *f.*
Zeitung periódico [pe'riodiko] *m.*
Zelt tienda de campaña ['tienda de kam'palnja] *f.*
zelten acampar [akam'par] <acampo, he acampado>
Zeltplatz campamento [kampa'mento] *m.*
Zentimeter centímetro [θen'timetro] *m.*
zentral ♂ ♀ central [θen'tral]
Zentrum centro ['θentro] *m.*
Ziege cabra ['kabra] *f.*
Zigarette cigarrillo [θiga'rijo] *m.*
Zigarre puro ['puro] *m.*
Zimmer habitación [abita'θion] *f.*
Zimmernummer número de habitación ['numero de abita'θion] *m.*
Zitrone limón [li'mon]
Zoll *(Behörde)* aduana [a'duana] *f.*, *(Abgabe)* derechos de aduana [de'retschos de a'duana] *m. Pl.*
zu *(vor dem Infinitiv, vor dem Zielort)* a [a], *(Adjektiv: verschlos-*

sen) ♂ cerrado [θe'rraðo], ♀ cerrada [θe'rraða]
Zucker azúcar [a'θukar] *m.*
zuckerfrei sin azúcar [sin a'θukar]
zufrieden ♂ satisfecho [satis'fetscho], ♀ satisfecha [satis'fetscha]
Zug tren [tren] *m.*
Zügel rienda ['rrienda] *f.*
Zündkerze bujía [bu'chia] *f.*
zurück de vuelta [de 'buelta], *(rückwärts)* hacia atrás ['aθia a'tras]

zurückgeben devolver [deβol'ber] <devuelvo, he devuelto>
zurückkehren regresar [rregre'sar] <regreso, he regresado>
zusammen juntos ['chuntos]
zustimmen aprobar [apro'βar] <apruebo, he aprobado>, einer Sache zustimmen estar de acuerdo con una cosa [es'tar de a'kuerðo kon 'una 'kosa] <estoy, he estado>
Zwiebel cebolla [θe'βoja] *f.*
zwischen entre ['entre]

Spanisch–Deutsch

A

a [a] an, nach, zu *(vor Uhrzeitangaben)* a la(s)... [a las] um
abajo [a'baʧo] unten
♂ **abierto** [a'bi̯erto], ♀ **abierta** [a'bi̯erta] auf, offen
abrebotellas [aβreβo'tejas] *m.* Flaschenöffner
abrelatas [aβre'latas] *m.* Dosenöffner
abrazo [a'βraθo] *m.* Umarmung
abrigo [a'βriɣo] *m.* Mantel
abril [a'βril] *m.* April
abrir [a'βrir] <abro, he abierto> öffnen
absolutamente [aβsoluta'mente] absolut
abuelo [a'bu̯elo] *m.*, **abuela** [a'bu̯ela] *f.* Großvater, Großmutter
abuelos [a'bu̯elos] *m. Pl.* Großeltern
♂ **acabado** [aka'βaðo], ♀ **acabada** [aka'βaða] *(rämlich: von einem Ort, zeitlich: vorbei)* aus
acampar [akam'par] <acampo, he acampado> zelten
acantilado [akanti'laðo] *m.* Steilküste
accidente [akθi'ðente] *m.* Unfall
acera [a'θera] *f.* Bürgersteig
aceite [a'θei̯te] *m.* Öl
aceituna [aθei̯'tuna] *f.* Olive
♂ **ácido** ['aθiðo], ♀ **ácida** ['aθiða] *(Geschmack)* sauer

aclarar [akla'rar] <aclaro, he aclarado> erklären
acompañar [akompa'ɲjar] begleiten
acostarse [akos'tarse] <me acuesto, me he acostado> sich hinlegen
adaptador [aðapta'ðor] *m.* Adapter
adelgazar [aðelɣa'θar] abnehmen
¡adiós! [a'ði̯os] auf Wiedersehen!
aduana [a'ðu̯ana] *f.* Zoll
adulto [a'ðulto] *m.*, **adulta** *f.* Erwachsene
♂ **adulto** [a'ðulto], ♀ **adulta** [a'ðulta] erwachsen
advertir [aðβer'tir] <advierto, he advertido> warnen
aeropuerto [aero'pu̯erto] *m.* Flughafen
afeitar [afei̯'tar] <afeito, he afeitado> rasieren
♂ **afilado** [afi'laðo], ♀ **afilada** [afi'laða] *(Klinge)* scharf
agencia de viajes [a'ʧenθia de bi'aches] *f.* Reisebüro
agosto [a'ɣosto] *m.* August
♂ ♀ **agradable** [aɣra'ðable] nett
agradecer [aɣraðe'θer] <agradezco, he agradecido> danken
agua ['aɣu̯a] *f.* Wasser agua potable ['aɣu̯a po'taβle] Trinkwasser
aguardiente [aɣu̯ar'ði̯ente] *m.* Schnaps
aguja [a'ɣuʧa] *f.* Nadel
ahí [a'i] da

ahora [a'ora] jetzt **ahora mismo** [a'ora 'mismo] sofort

ahorrar [alo'rrar] <ahorro, he ahorrado> sparen

aire ['aire] m. Luft **aire acondicionado** ['aire akondiθio'naðo] Klimaanlage

albergue juvenil [al'berge chuβe'nil] m. Jugendherberge

albornoz [alβor'noθ] m. Bademantel

alcohol [al'kol] m. Alkohol **sin alcohol** [sin al'kol] alkoholfrei

alemán [ale'man] m., **alemana** [ale'mana] f. Deutscher, Deutsche

♂ **alemán** [ale'man], ♀ **alemana** [ale'mana] deutsch

♂ **alemán suizo** [ale'man su'iθo], ♀ **alemana suiza** [ale'mana su'iθa] schweizerdeutsch

Alemania [ale'mania] f. Deutschland

alergia [a'lerchia] f. Allergie

alfombra [al'fombra] f. Teppich

alguien ['algien] jemand

alimento [ali'mento] m. Lebensmittel **alimento completo** [ali'mento kom'pleto] Vollwertkost

allí [a'ji] dort

almohada [al'moaða] f. (Kopf)kissen

almuerzo [al'muerθo] m. Mittagessen

alojamiento [alocha'miento] m. Übernachtungsmöglichkeit, Unterbringung

alquilar [alki'lar] <alquilo, he alquilado> mieten

alquiler [alki'ler] m. Miete

alrededor [alreðe'ðor] ringsherum **alrededor de** [alreðe'ðor de] um, ungefähr

♂ **alto** ['alto], ♀ **alta** ['alta] groß, hoch, laut

altura [al'tura] f. Größe, Höhe

almacén [alma'θen] m. Lager **gran almacén** [gran alma'θen] Kaufhaus

alubia [a'luβia] f. Bohne

alumno [a'lumno] m., **alumna** [a'lumna] f. Schüler, Schülerin, Student, Studentin

amar [a'mar] <amo, he amado> lieben

amargo [a'margo] bitter

♂ **amarillo** [ama'rijo], ♀ **amarilla** [ama'rija] gelb

♂ **ambos** ['ambos], ♀ **ambas** ['ambas] beide

ambulancia [ambu'lanθia] f. Krankenwagen

americana [ameri'kana] f. Jackett, Sacko

amigo [a'migo] m., **amiga** [a'miga] f. Freund, Freundin

amor [a'mor] m. Liebe

ampolla [am'poja] f. Blase

analgésico [anal'chesiko] m. Schmerzmittel

ancho ['antscho] m. Breite

♂ **ancho** ['antscho], ♀ **ancha** ['antscha] breit

andén [an'den] m. Bahnsteig

animal [ani'mal] m. Tier **animal doméstico** [ani'mal do'mestiko] Haustier

anillo [a'niɲo] *m.* Ring
antaño [an'taɲo] früher, einst
anteayer [antea'jer] vorgestern
antibiótico [anti'bjotiko] *m.* Antibiotikum
anuncio [a'nunθio] *m.* Anzeige
año ['aɲo] *m.* Jahr
apagar [apa'gar] <apago, he apagado> ausmachen
aparcar [apar'kar] <aparco, he aparcado> parken
apariencia [apa'rienθia] *f.* (An)schein
apellido [ape'ʎiðo] *m.* Familienname, Nachname
aperitivo [aperi'tiβo] *m.* Aperitif, Vorspeise
aprender [apren'der] <aprendo, he aprendido> lernen
apretar [apre'tar] <aprieto, he apretado> *(Knopf)* drücken
aprobar [apro'βar] <apruebo, he aprobado> zustimmen, *(Prüfung)* bestehen
aquí [a'ki] hier
araña [a'raɲa] *f.* Spinne
área de servicio ['area de ser'βiθio] *f.* Raststätte
árbol ['arβol] *m.* Baum
arena [a'rena] *f.* Sand
armario [ar'mario] *m.* Schrank
🕐 **aro** ['aro] *m.* Ohrring
arriba [a'rriβa] oben
arroyo [a'rrojo] *m.* Bach
arroz [a'rroθ] *m.* Reis
arte ['arte] *m.* Kunst
artesanía [artesa'nia] *f.* Kunsthandwerk

asaltar [asal'tar] <asalto, he asaltado> überfallen
ascender [asθen'der] <asciendo, he ascendido> *(in die Luft, Höhe, auch figurativ)* steigen
ascensor [asθen'sor] *m.* Aufzug
así [a'si] so **así que** [a'si ke] also
asiento [a'siento] *m.* Sitz
♂ **atascado** [atas'kaðo], ♀ **atascada** [atas'kaða] *(Abfluss, Toilette)* verstopft
atasco [a'tasko] *m.* Stau
atracar [atra'kar] <atraco, he atracado> überfallen, *(Schiff)* anlegen, *(in Lateinamerika)* (sexuell) belästigen
Austria ['austria] *f.* Österreich
austriaco [aus'triako] *m.*, **austriaca** [aus'triaka] *f.* Österreicher, Österreicherin
♂ **austriaco** [aus'triako], ♀ **austriaca** [aus'triaka] österreichisch
autobús [auto'βus] *m.* Bus
autocar [auto'kar] *m.* (Reise)bus
♂ **automático** [auto'matiko], ♀ **automática** [auto'matika] automatisch
autopista [auto'pista] *f.* Autobahn
autoservicio [autoser'βiθio] *m.* Selbstbedienung
avión [a'βion] *m.* Flugzeug
aviso [a'βiso] *m.* Durchsage
ayer [a'jer] gestern
ayuda [a'juða] *f.* Hilfe
ayudar [aju'ðar] <ayudo, he ayudado> helfen
azúcar [a'θukar] *m.* Zucker **sin azúcar** [sin a'θukar] zuckerfrei

azul [a'θul] blau

B

babosa [ba'bosa] f. *(ohne Häuschen)* Schnecke
bailar ['bailar] <bailo, he bailado> tanzen
baile ['baile] m. Tanz
bajar [ba'char] <bajo, he bajado> aussteigen, herunterholen, heruntergehen, abnehmen
♂ **bajo** ['bacho], ♀ **baja** ['bacha] niedrig, leise
balcón [bal'kon] m. Balkon
balón [ba'lon] m. Ball
banco ['banko] m. Bank
bandeja [ban'decha] f. Tablett
bandera [ban'dera] f. Fahne
bañarse [ba'ɲjarse] baden
bañera [ba'ɲjera] f. Badewanne
baño [ba'ɲjo] m. Bad
bar [bar] m. Kneipe
♂ **barato** [ba'rato], ♀ **barata** [ba'rata] preiswert
barco ['barko] m. Schiff
barrica [ba'rrika] f. (kleines) Fass
barril [ba'rril] m. Fass, Barrel
barrio ['barrio] m. *(Stadtteil)* Stadtviertel
báscula ['baskula] f. Waage
basura [ba'sura] f. Müll
bate ['bate] m. *(für Baseball)* Schläger
batería [bate'ria] f. Akku
batido [ba'tiðo] m. Shake
batidora [bati'ðora] f. Mixer
batir [ba'tir] <bato, he batido> schlagen

bebé [be'ße] m. Baby
beber [be'ßer] <bebo, he bebido> trinken
bebida [be'ßiða] f. Getränk
besar [be'sar] <beso, he besado> küssen
beso ['beso] m. Kuss
biberón [biße'ron] m. Babyfläschchen
bicicleta [biθi'kleta] f. Fahrrad
bien [bi'en] gut
billete [bi'jete] m. Fahrkarte, Ticket, (Geld)schein
ⓛ **birome** [bi'rome] m. Kugelschreiber
♂ **blanco** ['blanko], ♀ **blanca** ['blanka] weiß
blusa ['blusa] f. Bluse
boca ['boka] f. Mund
bocadillo [boka'ðijo] m. Sandwich
bodega [bo'ðega] f. Weinkeller
bolígrafo [bo'ligrafo] m. Kugelschreiber
bolsa ['bolsa] f. Tasche, Tüte
bolsillo [bol'sijo] m. *(an einem Kleidungsstück)* Tasche
bomba ['bomba] f. Bombe, Pumpe
bombilla [bom'bija] f. Glühbirne
♂ **bonito** [bo'nito], ♂ **bonita** [bo'nita] schön
bosque ['boske] m. Wald
bota ['bota] f. Stiefel
botella [bo'teja] f. Flasche
botón [bo'ton] m. Knopf
braga ['braga] f. *(für Damen)* Unterhose
ⓛ **brasier** [bra'sier] m. Büstenhalter

brazo ['braθo] *m.* Arm
brillar [bri'jar] <brilla, ha brillado> scheinen
brillo ['brijo] *m.* Glanz
bronquitis [bron'kitis] *f.* Bronchitis
brújula ['bruchula] *f.* Kompass
bucear [buθe'ar] <buceo, he buceado> tauchen
♂ **bueno** ['bu̯eno], ♀ **buena** ['bu̯ena] gut
bufanda [bu'fanda] *f.* Schal
bujía [bu'chia] *f.* Zündkerze
burbuja [bur'bucha] *f.* Blase
buscar [bus'kar] <busco, he buscado> suchen
buzón [bu'θon] *m.* Briefkasten

C

caballero [kaba'jero] *m.* Herr
caballo [ka'bajo] *m.* Pferd
cabeza [ka'beθa] *f.* Kopf
cable ['kable] *m.* Kabel cable USB ['kable ulese|be] USB-Kabel
cabra ['kabra] *f.* Ziege
cacahuete [kaka'u̯ete] *m.* Erdnuss
cacao [ka'kao] *m.* Kakao
cada ['kada] jeder
caer [ka'er] <caigo, he caído> fallen
café [ka'fe] *m.* Kaffee, Café
caja ['kacha] *f.* Kasse caja fuerte ['kacha 'fu̯erte] Safe
cajero [ka'chero] *m.,* **cajera** [ka'chera] *f.* Kassierer, Kassiererin cajero automático [ka'chero au̯to'matiko] Geldautomat
calcetín [kalθe'tin] *m.* Socke

calculadora [kalkula'dora] *f.* Taschenrechner
calcular [kalku'lar] <calculo, he calculado> rechnen
calderilla [kalde'rija] *f.* Kleingeld
calefacción [kalefak'θion] *f.* Heizung
calidad [kali'dad] *f.* Qualität
caliente [ka'li̯ente] warm
calle ['kaje] *f.* Straße
calzoncillo [kalθon'θijo] *m. (für Herren)* Unterhose
cama ['kama] *f.* Bett
cámara ['kamara] *f.* Kamera cámara (de aire) ['kamara (de 'ai̯re)] Schlauch
camarero [kama'rero] *m.,* **camarera** [kama'rera] *f.* Kellner, Kellnerin
camarón [kama'ron] *m. (sehr klein)* Krabbe
cambiar [kam'bi̯ar] <cambio, he cambiado> ändern, umsteigen, *(Geld)* wechseln
cambio [kam'bio] *m.* (Ver)änderung, Wechselgeld
caminar [kami'nar] <camino, he caminado> laufen
camino [ka'mino] *m.* Weg
camión [ka'mi̯on] *m.* Lastwagen, Lkw
camisa [ka'misa] *f.* Hemd
camiseta [kami'seta] *f.* T-Shirt camiseta interior [kami'seta inte'rior] Unterhemd
campamento [kampa'mento] *m.* Zeltplatz

camping ['kamping] *m.* Campingplatz

campo ['kampo] *m.* Feld

cancelar [kanθe'lar] <cancelo, he cancelado> stornieren

canción [kan'θion] *f.* Lied

candado [kan'daðo] *m. (zum Abschließen)* Schloss

♂ **cansado** [kan'saðo], ♀ **cansada** [kan'saða] müde, erschöpft

cantar [kan'tar] <canto, he cantado> singen

cara ['kara] *f.* Gesicht

caracol [kara'kol] *m.* Schnecke

caravana [kara'βana] *f.* Wohnwagen

carbón [kar'βon] *m.* Kohle

cárcel ['karθel] *f.* Gefängnis

cargador [karga'ðor] *m.* Ladegerät

cargar [kar'gar] <cargo, he cargado> laden

carne ['karne] *f.* Fleisch

carnet [kar'net] *m.* Ausweis **carnet de estudiante** [kar'net de estu'ðiante] Studentenausweis **carnet de identidad** [kar'net de iðenti'ðað] (Personal)ausweis

carnicería [karniθe'ria] *f.* Fleischerei

carnicero [karni'θero] *m.*, **carnicera** [karni'θera] *f.* Metzger, Metzgerin

♂ **caro** ['karo], ♀ **cara** ['kara] teuer

carretera [karre'tera] *f.* Straße

carril [ka'rril] *m. (einer Straße)* Spur

carril-bici [ka'rril 'biθi] *m.* Radweg

ⓛ**carro** ['karro] *m.* Auto

carta ['karta] *f.* Brief, (Speise)karte, (Spiel)karte

cartel [kar'tel] *m.* Schild, Plakat

casa ['kasa] *f.* Haus

♂ **casado** [ka'saðo], ♀ **casada** [ka'saða] verheiratet

casarse [ka'sarse] <me caso, me he casado> heiraten

cascada [kas'kaða] *f.* Wasserfall

casi ['kasi] fast

caspa ['kaspa] *f. (im Haar)* Schuppen

castillo [kas'tijo] *m.* Burg, Schloss

cava ['kaβa] *m.* Sekt

caza ['kaθa] *f.* Jagd

cazuela [ka'θuela] *f.* Topf

cd [θe'ðe] *m.* CD

cebolla [θe'βoja] *f.* Zwiebel

celebración [θeleβra'θion] *f.* Feier

cena ['θena] *f.* Abendessen

centímetro [θen'timetro] *m.* Zentimeter

céntimo ['θentimo] *m.* Cent

♂♀ **central** [θen'tral] zentral

centro ['θentro] *m.* Mitte, Zentrum **centro comercial** ['θentro komer'θial] Einkaufszentrum

cerca ['θerka] nah **cerca de** ['θerka de] bei

cerdo ['θerðo] *m.* Schwein

cerilla [θe'rija] *f.* Streichholz

♂ **cerrado** [θe'rraðo], ♀ **cerrada** [θe'rraða] zu, verschlossen

cerrar [θe'rrar] <cierro, he cerrado> schließen, abschließen, sperren

cerveza [θer'βeθa] *f.* Bier

cesta ['θesta] *f.* Korb

chaleco [tschaˈleko] *m.* Weste **chaleco salvavidas** [tschaˈleko salbaˈbiðas] Rettungsweste

champú [tschamˈpu] *m.* Shampoo

chaqueta [tschaˈketa] *f.* Jacke

chicle [ˈtschikle] *m.* Kaugummi

chico [ˈtschiko] *m.*, **chica** *f.* Junge, Mädchen

chillar [tschiˈjar] <chillo, he chillado> schreien

chiringuito [tschirinˈgito] *m.* Imbissstand

chocolate [tschokoˈlate] *m.* Schokolade **chocolate caliente** [tschokoˈlate kaˈli̯ente] heiße Schokolade, Kakao

chubasquero [tschubasˈkero] *m.* Regenmantel

chupete [tschuˈpete] *m.* Schnuller

ciclista [θiˈklista] *m./f.* Radfahrer, Radfahrerin

♂ **ciego** [ˈθi̯ego], ♀ **ciega** [ˈθi̯ega] blind

cigarrillo [θigaˈrrijo] *m.* Zigarette

cine [ˈθine] *m.* Kino

cita [ˈθita] *f. (für ein Treffen)* Termin

ciudad [θi̯uˈðað] *f.* Stadt

♂ **claro** [ˈklaro], ♀ **clara** hell

clase [ˈklase] *f.* Unterricht **dar clase** [dar ˈklase] unterrichten

clavo [ˈklabo] *m.* Nagel

cliente [kliˈente] *m./f. (im Lokal)* Gast

Ⓛ **cobija** [koˈbicha] *f.* Decke

coca cola® [ˈkola] *f.* Cola

cocer [koˈθer] <cuezo, he cocido> kochen, sieden

coche [ˈkotsche] *m.* Auto

cocina [koˈθina] *f.* Küche, Herd

cocinar [koθiˈnar] <cocino, he cocinado> kochen

cocinero [koθiˈnero] *m.*, **cocinera** [koθiˈnera] *f.* Koch, Köchin

código postal [ˈkoðigo posˈtal] *m.* Postleitzahl

coger [koˈcher] <cojo, he cogido> nehmen, greifen, festhalten, aufheben

cojín [koˈchin] *m. (zum Darauf-Sitzen)* Kissen

cola [ˈkola] *f.* (Menschen)Schlange, *(eines Tiers)* Schwanz, Schweif

colchón [kolˈtschon] *m.* Matratze

colegio [koˈlechi̯o] *m.* Schule

color [koˈlor] *m.* Farbe

comenzar [komenˈθar] <comienzo, he comenzado> anfangen, beginnen

comer [koˈmer] <como, he comido> essen

comercio [koˈmerθi̯o] *m.* Geschäft

comida [koˈmiða] *f.* Mittagessen

comisión [komiˈsi̯on] *f.* Kommission

♂ **cómodo** [ˈkomoðo], ♀ **cómoda** [ˈkomoða] bequem

♂ **completo** [komˈpleto], ♀ **completa** [komˈpleta] komplett, vollständig, ausgebucht

comprar [komˈprar] <compro, he comprado> kaufen

compresa [komˈpresa] *f.* Damenbinde

comprobar [komproˈbar] <compruebo, he comprobado> prüfen

ⓛ **computadora** [komputa'ðora] f. Computer
con [kon] mit
concierto [kon'θierto] m. Konzert
condón [kon'don] m. Kondom
conducir [kondu'θir] <conduzco, he conducido> fahren, lenken, leiten
conductor [konduk'tor] m., **conductora** [konduk'tora] f. Fahrer, Fahrerin, Leiter, Leiterin
conexión [konex'sion] f. Verbindung, *(auf Reisen)* Anschluss
confirmación [konfirma'θion] f. Bestätigung
confirmar [konfir'mar] <confirmo, he confirmado> bestätigen
conocer [kono'θer] <conozco, he conocido> kennen
conservar [konser'bar] <conservo, he conservado> behalten, beibehalten, konservieren
consigna [kon'signa] f. Schließfach
consulado [konsu'laðo] m. Konsulat
consulta [kon'sulta] f. Praxis
contar [kon'tar] <cuento, he contado> erzählen
contestar [kontes'tar] <contesto, he contestado> antworten
continente [konti'nente] m. Kontinent
contra ['kontra] gegen, dagegen
contrato [kon'trato] m. Vertrag
control [kon'trol] m. Kontrolle
controlar [kontro'lar] <controlo, he controlado> kontrollieren

conversación [konbersa'θion] f. Gespräch
copa ['kopa] f. *(Trinkglas mit Fuß)* Glas
corbata [kor'bata] f. Kravatte
corcho ['kortscho] m. Korken
cordón [kor'don] m. Schnürsenkel
correa [ko'rrea] f. Riemen, (Hunde)leine
♂ **correcto** [ko'rrekto], ♀ **correcta** [ko'rrekta] richtig
correo [ko'rreo] m. *(Briefe, Päcken etc.)* Post *(Filiale)* Correos [ko'rreos] die Post® correo electrónico [ko'rreo elek'troniko] E-Mail
correr [ko'rrer] <corro, he corrido> laufen
corriente [ko'rriente] f. *(Elektrizität)* Strom, *(Gewässer)* Strömung
cortar [kor'tar] <corto, he cortado> schneiden, abschneiden, durchschneiden, zerschneiden
cortauñas [korta'u|njas] m. Nagelknipser
cortina [kor'tina] f. Vorhang
♂ **corto** ['korto], ♀ **corta** ['korta] kurz
cosa ['kosa] f. Ding
coser [ko'ser] <coso, he cosido> nähen, annähen
costa ['kosta] f. Küste
costar [kos'tar] <cuesto, he costado> kosten
crecer [cre'θer] <crezco, he crecido> wachsen
creer [kre'er] <creo, he creído> glauben

crema ['krema] f. Creme, *(Milchprodukt)* Sahne **crema dental** ['krema den'tal] f. Zahnpasta

cremallera [krema'jera] f. Reißverschluss

♂ **cristiano** [kris'tiano], ♀ **cristiana** [kris'tiana] christlich

cruce ['kruθe] m. Kreuzung

♂ **crudo** ['kruðo], ♀ **cruda** ['kruða] roh

cuadro ['kuaðro] m. Rechteck, Bild, Gemälde

cuando ['kuanðo] *(zeitlich)* als, *(in Fragen)* wann

cuarentena [kuaren'tena] f. Quarantäne

cuarto ['kuarto] m. Viertel

cubierto [ku'bierto] m. Gedeck

cucaracha [kuka'ratscha] f. Kakerlake

cuchara [ku'tschara] f. Löffel **cuchara sopera** [ku'tschara so'pera] Suppenlöffel

cucharilla [kutscha'rija] f. Löffel, Teelöffel

cucharón [kutscha'ron] m. Suppenkelle

cuchillo [ku'tschijo] m. Messer

cuello ['kuejo] m. Hals

cuenco ['kuenko] m. Schüssel

cuenta ['kuenta] f. Konto, Rechnung

cuerda ['kuerða] f. Seil

cuerpo ['kuerpo] m. Körper

cueva ['kueβa] f. Höhle

¡cuidado! [kui'ðaðo] Achtung!

♂ ♀ **culpable** [kul'paβle] schuldig

cumpleaños [kumple'a|njos] m. Geburtstag

cuñado [ku'ɲaðo] m., **cuñada** [ku'ɲaða] f. Schwager, Schwägerin

Ⓛ **cura** [kura] f. (Heft)pflaster

curso ['kurso] m. Kurs

♂ ♀ **cutre** ['kutre] billig, schäbig

♂ **cuyo** ['kujo], ♀ **cuya** ['kuja] dessen, deren

D

dama ['dama] f. Dame

dar [dar] <doy, he dado> geben

de [de] aus, von

debajo [de'βacho] unter, darunter, unterhalb **por debajo** [por de'βacho] unter

deber [de'βer] <debo, he debido> sollen

♂ ♀ **débil** ['deβil] schwach, schwächlich

dedo ['deðo] m. Finger

defecto [de'fekto] m. Defekt, Mangel

♂ **defectuoso** [de'fektuoso], ♀ **defectuosa** [de'fektuosa] defekt

dejar [de'char] <dejo, he dejado> aufhören, *(an einer Stelle)* lassen

delante [de'lante] vorn **delante de** [de'lante de] vor

deletrear [deletre'ar] <deletreo, he deletreado> buchstabieren

♂ **delgado** [del'gaðo], ♀ **delgada** [del'gaða] schlank

dentífrico [den'tifriko] m. Zahnpasta

dentro ['dentro] drinnen, innen
dentro de ['dentro de] innerhalb (von), in
denuncia [de'nunθia] *f.* Anzeige
deporte [de'porte] *m.* Sport
deportista [depor'tista] *m./f.* Sportler, Sportlerin
♂ **derecho** [de'retscho], ♀ **derecha** [de'retscha] gerade **a la derecha** [a la de'retscha] rechts
derrapar [derra'par] <derrapo, he derrapado> schleudern, ins Schleudern geraten
desarrollar [desarro'jar] <desarrollo, he desarrollado> entwickeln
desarrollo [desa'rrojo] *m.* Entwicklung
desayunar [desaju'nar] <desayuno, he desayunado> frühstücken
desayuno [desa'juno] *m.* Frühstück
♂ **descafeinado** [deskafei'nado], ♀ **descafeinada** [deskafei'nada] entkoffeiniert
descuento [des'kuento] *m.* Ermäßigung, Rabatt
desde (hace) ['desde a'θe] seit
desierto [de'sierto] *m.* Wüste
deslizarse [desli'θarse] <me deslizo, me he deslizado> rutschen, gleiten
despegar [despe'gar] <despego, he despegado> abfliegen
despegue [des'pege] *m.* Abflug
despertador [desperta'dor] *m.* Wecker
después [des'pues] danach **después de** [des'pues de] nach

destinatario [destina'tario] *m.*, **destinataria** [destina'taria] *f.* Empfänger, Empfängerin
destornillador [destornija'dor] *m.* Schraubenzieher
detrás [de'tras] hinten **detrás de** [de'tras de] hinter
devolver [debol'ber] <devuelvo, he devuelto> zurückgeben
día ['dia] *m.* Tag **día festivo** ['dia fes'tibo] Feiertag
diario [di'ario] *m.* Tagebuch
♂ **diario** [di'ario], ♀ **diaria** [di'aria] täglich **a diario** [a di'ario] täglich
diccionario [dikθio'nario] *m.* Wörterbuch
diciembre [di'θiembre] *m.* Dezember
diente ['diente] *m.* Zahn
dieta ['dieta] *f.* Diät
♂ ♀ **difícil** [di'fiθil] schwer, schwierig
difteria [dif'teria] *f.* Diphtherie
¿dígame? ['digame] *(am Telefon)* hallo?
dinero [di'nero] *m.* Geld
dirección [direk'θion] *f.* Richtung, Adresse, Direktion, Leitung
♂ **directo** [di'rekto], ♀ **directa** [di'rekta] direkt
disculpa [dis'kulpa] *f.* Entschuldigung
¡disculpe! [dis'kulpe] Entschuldigung!
disfraz [dis'fraθ] *m.* Kostüm, Verkleidung

disminuido [disminu'iðo] *m.*, **disminuida** *f.* Behinderter, Behinderte
♂ **disminuido** [disminu'iðo], ♀ **disminuida** [disminu'iða] behindert
♂ **distinto** [dis'tinto], ♀ **distinta** [dis'tinta] anders, anderer, andere
diversión [diβer'sion] *f.* Spaß, Unterhaltung
♂ **divertido** [diβer'tiðo], ♀ **divertida** [diβer'tiða] lustig
dividir [diβi'ðir] <divido, he dividido> teilen, aufteilen
♂ **divorciado** [diβor'θiaðo], ♀ **divorciada** [diβor'θiaða] geschieden
♂♀ **doble** ['doβle] doppelt
doler [do'ler] <duele, ha dolido> wehtun
dolor [do'lor] *m.* Schmerz
♂ **doloroso** [dolo'roso], ♀ **dolorosa** [dolo'rosa] schmerzhaft
domingo [do'miŋgo] *m.* Sonntag
donde ['donde] wo
dormir [dor'mir] <duermo, he dormido> schlafen
dormitorio [dormi'torio] *m.* Schlafzimmer
dorso ['dorso] *m.* Rücken, Rückseite
ducha ['dutʃa] *f.* Dusche
ducharse [du'tʃarse] <me ducho, me he duchado> (sich) duschen
dueño ['dueɲo] *m.*, **dueña** ['dueɲa] *f.* Vermieter, Vermieterin
♂♀ **dulce** ['dulθe] süß

E

edad ['eðað] *f.* Alter
edificio [eði'fiθio] *m.* Gebäude
ejemplo [e'tʃemplo] *m.* Beispiel
ejército [e'tʃerθito] *m.* Militär
el [el] der, das
él [el] er, es
ella ['eja] sie, es
♂ **ellos** ['ejos], ♀ **ellas** ['ejas] sie
embajada [emba'tʃaða] *f.* Botschaft
embalar [emba'lar] <embalo, he embalado> einpacken
♀ **embarazada** [embara'θaða] schwanger
embrague [em'braɣe] *m.* Kupplung
emergencia [emer'tʃenθia] *f.* Notfall
emitir [emi'tir] <emito, he emitido> senden, ausstrahlen, abgeben, ausstoßen
empaquetar [empake'tar] <empaqueto, he empaquetado> packen, einpacken
emplear [emple'ar] <empleo, he empleado> benutzen
empresa [em'presa] *f.* Firma
en [en] in, bei, mit, zu, an
♂ **encantado** [enkan'taðo], ♀ **encantada** [enkan'taða] gern
encargar [enkar'ɣar] <encargo, he encargado> bestellen, beauftragen, betrauen
encendedor [enθende'ðor] *m.* Feuerzeug
enchufe [en'tʃufe] *m.* Stecker
enero [e'nero] *m.* Januar

enfermedad [enferme'ðað] *f.* Krankheit

enfermero [enfer'mero] *m.*, **enfermera** [enfer'mera] *f.* Krankenpfleger, Krankenpflegerin, Krankenschwester

♂ **enfermo** [en'fermo], ♀ **enferma** [en'ferma] krank

ensalada [ensa'laða] *f. (angerichtet)* Salat

escaparate [eskapa'rate] *m.* Schaufenster

entender [enten'ðer] <entiendo, he entendido> verstehen

entonces [en'tonθes] damals, da, dann

entrada [en'traða] *f.* Eingang, Anzahlung

entre ['entre] zwischen

enviar [enbi'ar] <envío, he enviado> senden, schicken

equipaje [eki'pache] *m.* Gepäck

error [e'rror] *m.* Fehler

erupción [erup'θion] *f.* Ausschlag

escalera [eska'lera] *f.* Treppe **escalera mecánica** [eska'lera me'kanika] Rolltreppe

escama [es'kama] *f. (vom Fisch)* Schuppe

escoger [esko'cher] <escojo, he escogido> wählen, aussuchen

escribir [eskri'βir] <escribo, he escrito> schreiben

♂ **escrito** [es'krito], ♀ **escrita** [es'krita] schriftlich

escuchar [esku'tschar] <escucho, he escuchado> hören

escuela [es'kuela] *f.* Schule

escultura [eskul'tura] *f.* Skulptur

♂ **ese** ['ese], ♀ **esa** ['esa] dieser, diese, dieses

Ⓛ**esfero** [es'fero] *m.* Kugelschreiber

espacio [es'paθio] *m. (frei)* Platz, *(Zimmer, Platz)* Raum

espalda [es'palða] *f.* Rücken

España [es'panja] *f.* Spanien

español [espa'njol] *m.*, **española** [espa'njola] *f.* Spanier, Spanierin

español [espa'njol] *m.* Spanisch

♂ **español** [espa'njol], ♀ **española** [espa'njola] spanisch

esparadrapo [espara'ðrapo] *m.* Heftpflaster

especialidad [espeθiali'ðað] *f.* Spezialität

especialista [espeθia'lista] *m./f.* Spezialist, Spezialistin

espectáculo [espek'takulo] *m.* Show

espejo [es'pecho] *m.* Spiegel

esperar [espe'rar] <espero, he esperado> warten

espina [es'pina] *f.* Gräte

espinaca [espi'naka] *f.* Spinat

esposo [es'poso] *m.*, **esposa** [es'posa] *f.* Ehemann, Ehefrau

esquí [es'ki] *m.* Ski

esquina [es'kina] *f.* Ecke

estadio [es'taðio] *m.* Stadion

estado [es'taðo] *m.* Zustand, Staat **estado civil** [es'taðo θi'βil] Familienstand

Ⓛ**estampilla** [estam'pija] *f.* Briefmarke

estancia [es'tanθia] *f.* Aufenthalt

estanco [es'tanko] *m. (für Tabakwaren)* Kiosk

estantería [estante'ria] *f.* Regal

estar [es'tar] <estoy, he estado> sein, sich befinden **estar tumbado/tumbada** [es'tar tum'baðo/tum'baða] liegen

estatua [es'tatua] *f.* Statue

♂ **este** ['este], ♀ **esta** ['esta], ♂♀ **esto** ['esto] dieser, diese, dieses

Este ['este] *m.* Osten

estera [es'tera] *f.* Matte

estómago [es'tomago] *m.* Magen, Bauch

♂ **estrecho** [es'tretscho], ♀ **estrecha** [es'tretscha] schmal

estreñimiento [estreɲi'miento] *m.* Verstopfung

estribo [es'triβo] *m.* Steigbügel

estudiante [estu'ðiante] *m./f.* Student, Studentin

estudiar [estu'ðiar] <estudio, he estudiado> lernen, studieren, untersuchen

estufa [es'tufa] *f.* Ofen

etiqueta [eti'keta] *f.* Etikett

euro ['euro] *m.* Euro

Europa [eu'ropa] *f.* Europa

europeo [euro'peo] *m.*, **europea** [euro'pea] *f.* Europäer, Europäerin

♂ **europeo** [euro'peo], ♀ **europea** [euro'pea] europäisch

excursión [exkur'sion] *f.* Ausflug

extintor [extin'tor] *m.* Feuerlöscher

♂ **extranjero** [extran'chero], ♀ **extranjera** [extran'chera] *(nicht vertraut, nicht zum eigenen Land oder Volk gehörig)* fremd

♂ **extraño** [ex'traɲjo], ♀ **extraña** [ex'traɲja] fremd

F

fábrica ['faβrika] *f.* Fabrik

♂♀ **fácil** ['faθil] einfach

factura [fak'tura] *f.* Rechnung

falda ['falda] *f.* Rock

♂ **falso** ['falso], ♀ **falsa** ['falsa] falsch

faltar [fal'tar] <falto, he faltado> fehlen

familia [fa'milia] *f.* Familie

farmacia [far'maθia] *f.* Apotheke

faro ['faro] *m.* Leuchtturm

fax [fax] *m.* Fax

febrero [fe'βrero] *m.* Februar

fecha ['fetscha] *f.* Datum

felicidad [feliθi'ðað] *f.* Glück

felicitar [feliθi'tar] <felicito, he felicitado> gratulieren

♂♀ **feliz** [fe'liθ] glücklich

♂ **femenino** [feme'nino], ♀ **femenina** [feme'nina] weiblich

♂ **feo** ['feo], ♀ **fea** ['fea] häßlich

feria ['feria] *f.* Messe

ferrocarril [ferroka'rril] *m.* Bahn

ferry ['ferri] *m.* Fähre

fiebre ['fieβre] *f.* Fieber

fiesta ['fiesta] *f.* Party

final [fi'nal] *m.* Ende, Schluss

firma ['firma] *f.* Unterschrift

firmar [fir'mar] <firmo, he firmado> unterschreiben

flor [flor] *f.* Blume

floristería [floriste'ria] *f.* Blumenladen
folleto [fo'ʝeto] *m.* Prospekt
forfait [for'fait] *m.* Skipass
formulario [formu'lario] *m.* Formular
foto ['foto] *f.* Foto
fotocopia [foto'kopia] *f.* Fotokopie
fotografiar [fotogra'fiar] <fotografío, he fotografiado> fotografieren
frambuesa [fram'buesa] *f.* Himbeere
♂ **francés** [fran'θes], ♀ **francesa** [fran'θesa] französisch
franqueo [fran'keo] *m.* Porto
frase ['frase] *f.* Satz
frecuencia [fre'kuenθia] *f.* Häufigkeit con frecuencia [kon fre'kuenθia] oft
frenar [fre'nar] <freno, he frenado> bremsen
freno ['freno] *m.* Bremse
fresa ['fresa] *f.* Erdbeere
frigorífico [frigo'rifiko] *m.* Kühlschrank
ⓁⒶ**frijol** [fri'chol] *m.* Bohne
♂ **frío** ['frio], ♀ **fría** ['fria] kalt
fruta ['fruta] *f.* Obst
ⓁⒶ**frutilla** [fru'tiʝa] *f.* Erdbeere
fuego ['fuego] *m.* Feuer
fuera ['fuera] draußen
♂♀ **fuerte** ['fuerte] stark
♂ **fumador** [fuma'ðor] *m.*, ♀ **fumadora** [fuma'ðora] *f.* Raucher, Raucherin no fumador/no fumadora [no fuma'ðor no fuma'ðora] Nichtraucher/Nichtraucherin
fumar [fu'mar] <fumo, he fumado> rauchen
funicular [funiku'lar] *m.* Seilbahn
fútbol ['futbol] *m.* Fußball

G

galleta [ga'ʝeta] *f.* Keks, Plätzchen
gamba ['gamba] *f.* Krabbe, Garnele
ganar [ga'nar] <gano, he ganado> verdienen, gewinnen
garaje [ga'rache] *m.* Garage, *(zu Reparatur)* Werkstatt
garganta [gar'ganta] *f.* Kehle
gasolinera [gasoli'nera] *f.* Tankstelle
gato ['gato] *m.* Katze
♂♀ **gay** [gai] schwul
gente ['chente] *f.* Leute
gobierno [go'bierno] *m.* Regierung
golf [golf] *m.* Golf
♂ **gordo** ['gorðo], ♀ **gorda** ['gorða] dick
gorra ['gorra] *f.* Kappe
gorro ['gorro] *m.* Mütze
gracias ['graθias] danke
grado ['graðo] *m.* Grad
gramo ['gramo] *m.* Gramm
♂♀ **grande** ['grande] groß
granizo [gra'niθo] *m.* Hagel
grifo ['grifo] *m.* Wasserhahn
gris [gris] grau
gritar [gri'tar] <grito, he gritado> schreien
♂ **grueso** ['grueso], ♀ **gruesa** ['gruesa] dick
ⓁⒶ**guagua** ['guagua] *f.* Bus
guante ['guante] *m.* Handschuh
guerra ['gerra] *f.* Krieg

guía ['gia] *m./f.* Reiseführer, Reiseführerin

guiar [gi'ar] <guío, he guiado> führen

gustar [gus'tar] <gusto, he gustado> gefallen, schmecken a alguien le gusta algo [a 'algien le 'gusta 'algo] jdm gefällt/schmeckt etw.

gusto ['gusto] *m.* Geschmack

H

haber [a'ber] <he, he habido> haben, sein

habitación [aβita'θion] *f.* Zimmer habitación doble [aβita'θion 'doβle] Doppelzimmer habitación individual [aβita'θion indiβi'dual] Einzelzimmer

hablar [a'βlar] <hablo, he hablado> sprechen

hacer [a'θer] <hago, he hecho> machen, tun *(Scheck, Gutschein)* hacer efectivo [a'θer efek'tiβo] einlösen hacer marcha [a'θer 'martʃa] wandern

hacia ['aθia] nach, gegen hacia atrás ['aθia a'tras] zurück

hambre ['ambre] *m.* Hunger

♂ **hambriento** [am'briento], ♀ **hambrienta** [am'brienta] hungrig

harina [a'rina] *f.* Mehl

hasta ['asta] bis

hebilla [e'βija] *f.* Schnalle

helado [e'lado] *m.* Eis

hepatitis [epa'titis] *f.* Hepatitis

hermano [er'mano] *m.*, **hermana** [er'mana] *f.* Bruder, Schwester

hielo ['ielo] *m.* Eis

hígado ['igado] *m.* Leber

hijo ['icho] *m.*, **hija** ['icha] *f.* Sohn, Tochter

hilo ['ilo] *m.* Faden

hipódromo [i'podromo] *m.* Rennbahn

hola ['ola] hallo

hombre ['ombre] *m.* Mann, Mensch

hombro ['ombro] *m.* Schulter

♂♀ **homosexual** [omose'xual] homosexuell

hora ['ora] *f.* Stunde, Uhrzeit

horario [o'rario] *m.* Fahrplan

hormiga [or'miga] *f.* Ameise

horno ['orno] *m.* Ofen

horquilla [or'kija] *f. (des Fahrrads)* Gabel, *(für die Haare)* Haarnadel

hospital [ospi'tal] *m.* Krankenhaus

hotel [o'tel] *m.* Hotel

hoy ['oi] heute

hueso ['ueso] *m.* Knochen

huésped ['uespeð] *m.* Gast

huevo ['ueβo] *m.* Ei huevo frito ['ueβo 'frito] Spiegelei

♂ **húmedo** ['umedo], ♀ **húmeda** ['umeda] feucht

I

idea [i'dea] *f.* Idee

iglesia [i'glesia] *f.* Kirche

♂♀ **igual** [i'gual] gleich

imagen [i'machen] *f.* Bild

♂♀ **impermeable** [imper'meaβle] wasserdicht

importe [im'porte] *m.* Betrag

impreso [imˈpreso] *m.* Ausdruck
impresora [impreˈsora] *f.* Drucker
imprimir [impriˈmir] <imprimo, he imprimido> ausdrucken
información [informaˈθion] *f.* Auskunft, Information **información turística** [informaˈθion tuˈristika] Touristeninformation
♂ **incómodo** [inkoˈmoðo], ♀ **incómoda** [inkoˈmoða] unbequem
inglés [inˈgles] *m.* Englisch
ingrediente [ingreˈðiente] *m.* Zutat
insecto [inˈsekto] *m.* Insekt
insolación [insolaˈθion] *f.* Sonnenstich
insulina [insuˈlina] *f.* Insulin
intentar [intenˈtar] <intento, he intentado> versuchen
♂♀ **interesante** [intereˈsante] interessant
internet [interˈnet] *m.* Internet
invierno [inˈbierno] *m.* Winter
invitación [inbitaˈθion] *f.* Einladung
invitar [inbiˈtar] <invito, he invitado> einladen
ir [ir] <voy, he ido> gehen
isla [ˈisla] *f.* Insel

J

jabón [chaˈbon] *m.* Seife
jamón [chaˈmon] *m.* Schinken
jardín [charˈðin] *m.* Garten
jardinero [charðiˈnero] *m.*, **jardinera** [charðiˈnera] *f.* Gärtner, Gärtnerin
jarra [ˈcharra] *f.* Krug
⓵**jeans** [chins] *m. Pl.* Jeans

jefe [ˈchefe] *m.*, **jefa** [ˈchefa] *f.* Chef, Chefin
jeringa [cheˈringa] *f.* Spritze
jersey [cherˈsei] *m.* Pullover
jornada [chorˈnaða] *f.* Arbeitstag **jornada completa** [chorˈnaða komˈpleta] Vollzeit
joven [ˈchoben] *m./f.* Jugendlicher, Jugendliche
♂♀ **joven** [ˈchoben] jung
joyero [choˈjero] *m.*, **joyera** [choˈjera] *f.* Juwelier, Juwelierin
jubilado [chuβiˈlaðo] *m.*, **jubilada** [chuβiˈlaða] *f.* Rentner, Rentnerin
jueves [ˈchueβes] *m.* Donnerstag
juez [ˈchueθ] *m.*, **jueza** [ˈchueθa] *f.* Richter, Richterin
jugar [chuˈgar] <juego, he jugado> spielen
♂ **jugoso** [chuˈgoso], ♀ **jugosa** [chuˈgosa] saftig
julio [ˈchulio] *m.* Juli
⓵**jugo** [ˈchugo] *m.* Saft
junio [ˈchunio] *m.* Juni
junto [ˈchunto] **junto a** [ˈchunto a] bei, neben
♂ **junto** [ˈchunto], ♀ **junta** [ˈchunta] gemeinsam, zusammen

K

ketchup [ˈketschup] *m.* Ketchup
kilogramo [kiloˈgramo] *m.* Kilogramm
kilómetro [kiˈlometro] *m.* Kilometer

L

la [la] die, das
labio [ˈlaβio] *m.* Lippe

lado ['laðo] *m.* Seite **al lado** [al 'laðo] daneben **al lado de** [al 'laðo de] neben

lago ['lago] *m. (Binnengewässer)* See

lamentablemente [lamenta'ble'mente] leider

lapicero [lapi'θero] *m.* Bleistift

♂ **largo** ['largo], ♀ **larga** ['larga] lang

lata ['lata] *f.* Dose

lavabo [la'βaβo] *m.* Waschbecken

lavadora [laβa'ðora] *f.* Waschmaschine

lavandería [laβande'ria] *f.* Wäscherei

lazarillo [laθa'rijo] *m.* Blindenhund

le [le] ihn, ihm, ihr

leche ['letshe] *f.* Milch

lechuga [le'tshuga] *f.* (Kopf)salat

leer [le'er] <leo, he leído> lesen

legal [le'gal] legal

lengua ['lengu̯a] *f.* Sprache

lenguaje [len'gu̯ache] *m.* Sprache

lentamente [lenta'mente] langsam

lente ['lente] *f. (des Auges, einer Kamera)* Linse

lenteja [len'techa] *f. (Hülsenfrucht)* Linse

lentilla [len'tija] *f.* Kontaktlinse

♂ **lento** ['lento], ♀ **lenta** ['lenta] langsam

♂ **lésbico** ['lesβiko], ♀ **lésbica** ['lesβika] lesbisch

lesión [le'si̯on] *f.* Verletzung

letra ['letra] *f.* Buchstabe

levantarse [leβan'tarse] <me levanto, me he levantado> aufstehen

♂♀ **libre** ['liβre] frei

libro ['liβro] *m.* Buch

licor [li'kor] *m.* Likör

♂ **ligero** [li'chero], ♀ **ligera** [li'chera] leicht

♂♀ **lila** ['lila] lila

limón [li'mon] *m.* Zitrone

limonada [limo'naða] *f.* Limonade

limpiar [lim'pi̯ar] <limpio, he limpiado> putzen

limpieza [lim'pi̯eθa] *f.* Reinigung, Putzen

♂ **limpio** ['limpi̯o], ♀ **limpia** ['limpi̯a] sauber

linterna [lin'terna] *f.* Taschenlampe

litera [li'tera] *f.* Platz im Schlafwagen

litro ['litro] *m.* Liter

llamada [ja'maða] *f.* Anruf

llamar [ja'mar] <llamo, he llamado> rufen, anrufen

llamarse [ja'marse] <me llamo, me he llamado> heißen

llave ['jaβe] *f.* Schlüssel

llegada [je'gaða] *f.* Ankunft

llegar [je'gar] <llego, he llegado> kommen, ankommen

♂ **lleno** ['jeno], ♀ **llena** ['jena] voll, satt **lleno/llena de** ['jeno/'jena de] voller

llevar [je'βar] <llevo, he llevado> *(hinbringen, mitbringen)* bringen, *(mit sich)* mitnehmen, *(transportieren)* tragen

llover [jo'ber] <llueve, ha llovido> regnen
lluvia ['juβia] f. Regen
lo [lo] es, das(, was)
loción [lo'θion] f. Lotion
♂ **loco** ['loko], ♀ **loca** ['loka] verrückt
longitud [lonchi'tuð] f. Länge
luchar [lut'schar] <lucho, he luchado> kämpfen
luego ['luego] dann
lugar [lu'gar] m. Ort, Platz, Stelle
luna ['luna] f. Mond
lunes ['lunes] m. Montag
luz [luθ] f. Licht

M

maceta [ma'θeta] f. Topf
macho ['matscho] m. (biologisch, grammatikalisch, bewundernd) männlich
madera [ma'ðera] f. Holz
madre ['maðre] f. Mutter
♂ **maduro** [ma'ðuro], ♀ **madura** [ma'ðura] reif
mahonesa [mao'nesa] f. Mayonnaise
mal [mal] schlecht
malestar [males'tar] m. Übelkeit
maleta [ma'leta] f. Koffer
♂ **malo** ['malo], ♀ **mala** ['mala] schlecht
🕒 **malteada** [malte'aða] f. Shake
manguera [man'gera] f. Schlauch
mano ['mano] f. Hand
manta ['manta] f. Decke
mantel [man'tel] m. Tischdecke
mantequilla [mante'kija] f. Butter

manzana [man'θana] f. Apfel
manzanilla [manθa'nija] f. Kamille
mañana [ma'ɲjana] f. Morgen, Vormittag
mañana [ma'ɲjana] (Adverb) morgen
mapa ['mapa] m. Landkarte
máquina ['makina] f. Maschine (für Zigaretten, Getränke usw)
máquina expendedora ['makina expende'ðora] Automat
mar [mar] m. Meer, See
♂ **maravilloso** [maraβi'joso], ♀ **maravillosa** [maraβi'josa] wunderbar
marcar [mar'kar] <marco, he marcado> markieren, (eine Telefonnummer) wählen
♂ **mareado** [mare'aðo], ♀ **mareada** [mare'aða] seekrank
mareo [ma'reo] m. Schwindel
mariposa [mari'posa] f. Schmetterling
marisco [ma'risko] m. Meeresfrüchte
♂♀ **marrón** [ma'rron] braun
martes ['martes] m. Dienstag
marzo ['marθo] m. März
más [mas] mehr, (in Mathematik) plus
masa ['masa] f. Teig
masaje [ma'sache] m. Massage
♂ **masculino** [masku'lino], ♀ **masculina** [masku'lina] männlich
♂♀ **mate** ['mate] matt
matrícula [ma'trikula] f. Anmeldung, Immatrikulation, Kfz-Kennzeichen

matricularse [matriku'larse] <me matriculo, me he matriculado> sich anmelden, sich einschreiben, sich immatrikulieren

matrimonio [matri'monjo] *m.* Ehe, Eheschließung, Ehepaar

mayo ['majo] *m.* Mai

me [me] mich, mir

media ['meðja] *f.* Strumpf, Socke

medicina [meði'θina] *f.* Medizin
medicina naturista [meði'θina natu'rista] Naturheilkunde

médico ['meðiko] *m./f.* Arzt, Ärztin

medida [me'ðiða] *f.* Maß

♂ **medio** ['meðjo], ♀ **media** ['meðja] halber, halbe, halbes

mediodía [meðjo'dia] *m.* Mittag a mediodía [a meðjo'dia] mittags

medusa [me'ðusa] *f.* Qualle

mejor [me'xor] besser

melón ['melon] *m.* Melone

menos ['menos] weniger, *(in Mathematik)* minus

menstruación [menstrua'θjon] *f.* Menstruation

menú [me'nu] *m.* Menü

mercado [mer'kaðo] *m.* Markt

mermelada [merme'laða] *f.* Marmelade

mes [mes] *m.* Monat

mesa ['mesa] *f.* Tisch

metal [me'tal] *m.* Metal

metro ['metro] *m.* Maß(stab), Meter, U-Bahn metro cuadrado ['metro kua'ðraðo] Quadratmeter

mezclar [meθ'klar] <mezclo, he mezclado> mischen, vermischen, verrühren

mezquita [meθ'kita] *f.* Moschee

mi [mi] mein, meine

microondas [mikro'ondas] *m.* Mikrowelle

miel ['mjel] *f.* Honig

miércoles ['mjerkoles] *m.* Mittwoch

migraña [mi'graɲja] *f.* Migräne

minuto [mi'nuto] *m.* Minute

minifalda [minifalda] *f.* Minirock

mitad [mi'tað] *f.* Hälfte

mochila [mo'tschila] *f. (für eine Wanderung oder einen Ausflug)* Rucksack

moda ['moða] *f.* Mode

modisto [mo'ðisto] *m.*, **modista** [mo'ðista] *f.* Schneider, Schneiderin

momento [mo'mento] *m.* Moment

moneda [mo'neða] *f.* Münze, *(zum wechseln, eines Landes)* Währung

monopatín [monopa'tin] *m.* Skateboard

montaña [mon'taɲja] *f.* Berg

morir [mo'rir] <muero, he muerto> sterben

mosca ['moska] *f.* Fliege

mosquitera [moski'tera] *f.* Moskitonetz

mosquito [mos'kito] *m.* Moskito

mostaza [mos'taθa] *f.* Senf

mote ['mote] *m.* Spitzname

motocicleta [motoθi'kleta] *f.* Motorrad

motor [mo'tor] *m.* Motor

móvil ['moβil] *m.* Handy

mucho ['mutscho] sehr, viel

♂ **mucho** ['mutscho], ♀ **mucha** ['mutscha] viel
mudarse [mu'ðarse] <me mudo, me he mudado> *(in eine neue Behausung)* umziehen, *(Kleidung wechseln)* sich umziehen
mueble ['mueβle] *m.* Möbel
♂ **muerto** ['muerto], ♀ **muerta** ['muerta] tot
mujer [mu'cher] *f.* Frau
muleta [mu'leta] *f.* Krücke
multa ['multa] *f.* Bußgeld
muñeca [mu'ɲeka] *f.* Puppe
muralla [mu'raja] *f.* Stadtmauer
música ['musika] *f.* Musik
♂ **musulmán** [musul'man], ♀ **musulmana** [musul'mana] muslimisch

N

nacionalidad [naθionali'ðað] *f.* Nationalität, Staatsangehörigkeit
nada ['naða] nichts
nadar [na'ðar] <nado, he nadado> schwimmen
naranja [na'rancha] *f.* Orange
nariz [na'riθ] *f.* Nase
nata ['nata] *f.* Sahne
naturaleza [natura'leθa] *f.* Natur
navaja [na'bacha] *f.* Taschenmesser
Navidad [naβi'ðað] *f.* Weihnachten
♂ **necesario** [neθe'sario], ♀ **necesaria** [neθe'saria] nötig
necesitar [neθesi'tar] <necesito, he necesitado> brauchen, benötigen
♂ **negro** ['negro], ♀ **negra** ['negra] schwarz

neumático [neu'matiko] *m.* Reifen
nevar [ne'βar] <nieva, ha nevado> schneien
niebla ['nieβla] *f.* Nebel
nieve ['nieβe] *f.* Schnee
♂ **ninguno** [nin'guno], ♀ **ninguna** [nin'guna] kein, keine
niño ['niɲjo] *m.*, **niña** ['niɲja] *f.* Kind
no [no] nein, nicht
noche ['notsche] *m. (früh)* Abend, *(nach Einbruch der Dunkelheit)* Nacht
Nochevieja ['notsche'βiecha] *f.* Silvester
nombre ['nombre] *m.* Vorname, Name
♂♀ **normal** [nor'mal] normal
norte ['norte] *m.* Norden
nos [nos] uns
♂ **nosotros** [no'sotros], ♀ **nosotras** [no'sotras] wir
noticia [no'tiθia] *f.* Nachricht
noviembre [no'βiembre] *m.* November
novio ['noβio] *m.*, **novia** ['noβia] *f.* Freund, Freundin
♂ **nuestro** ['nuestro], ♀ **nuestra** unser, unsere
♂ **nuevo** ['nueβo], ♀ **nueva** ['nueβa] neu
nuez [nueθ] *f.* Nuss
número ['numero] *m.* Nummer, Zahl
nunca ['nunka] nie

O

o [o] oder **o sea** [o 'sea] also
océano [o'θeano] *m.* Ozean

octubre [ok'tuβre] *m.* Oktober
♂ **ocupado** [oku'paðo], ♀ **ocupada** [oku'paða] besetzt
oeste [o|'este] *m.* Westen
oferta [o'ferta] *f.* Angebot
oficina [ofi'θina] *f.* Büro
ofrecer [ofre'θer] <ofrezco, he ofrecido> anbieten
oído [o'iðo] *m.* Ohr
oír [o'ir] <oigo, he oído> *(zuhören)* hören
ojo ['ocho] *m.* Auge
oler [o'ler] <huelo, he olido> riechen
olor [o'lor] *m.* Geruch
olvidar [olβi'ðar] <olvido, he olvidado> vergessen
ópera ['opera] *f.* Oper
opinar [opi'nar] <opino, he opinado> meinen
opinión [opi'nion] *f.* Meinung
oportunidad [oportuni'ðað] *f.* Chance
óptico ['optiko] *m.*, **óptica** ['optika] *f.* Optiker, Optikerin
orden ['orðen] *m.* Ordnung
ordenador [orðena'ðor] *m.* Computer
oreja [o'recha] *f.* Ohr
os [os] euch
♂ **oscuro** [os'kuro], ♀ **oscura** [os'kura] dunkel
otoño [o'to|ɲo] *m.* Herbst
♂ **otro** ['otro], ♀ **otra** ['otra] anderer, andere, anderes
óxido ['oxiðo] *m.* Rost

P

paciencia [pa'θienθia] *f.* Geduld
paciente [pa'θiente] *m./f.* Patient, Patientin
padre ['paðre] *m.* Vater los padres [los 'paðres] die Eltern
pagar [pa'gar] <pago, he pagado> zahlen, bezahlen
página ['pachina] *f. (in einem Buch)* Seite
pago ['pago] *m.* Zahlung
país [pa'is] *m.* Land
paisaje [pai'sache] *m.* Landschaft
pájaro ['pacharo] *m.* Vogel
palabra [pa'laβra] *f.* Wort
palacio [pa'laθio] *m.* Palast
palillo mondadientes [pa'lijo monda'ðientes] *m.* Zahnstocher
palo ['palo] *m.* Stab, Pfahl, Mast, Golfschläger
pan [pan] *m.* Brot
panadería [panaðe'ria] *f.* Bäckerei
panadero [pana'ðero] *m.*, **panadera** [pana'ðera] *f.* Bäcker, Bäckerin
panecillo [pane'θijo] *m.* Brötchen, Semmel pan negro [pan 'negro] Schwarzbrot
pantalla [pan'taja] *f.* Bildschirm
pantalón [panta'lon] *m.* Hose
⓵ **pantaloncillos** [pantalon'θijos] *m. pl. (für Herren)* Unterhose
pañal [pa'ɲal] *m.* Windel
pañuelo [pa'ɲuelo] *m.* Taschentuch
⓵ **papa** ['papa] *f.* Kartoffel

papel [pa'pel] *m.* Papier **papel higiénico** [pa'pel i'chieniko] Toilettenpapier

paquete [pa'kete] *m.* Päckchen, Paket, Packung

par [par] *m. (Schuhe, Socken etc.)* Paar

para ['para] für, zu

parabrisas [para'brisas] *m.* Windschutzscheibe

parada [pa'rađa] *f.* Halt, Haltestelle, Zwischenstopp

paraguas [pa'raguas] *m.* Regenschirm

parapente [para'pente] *m.* Gleitschirmfliegen

parasol [para'sol] *m.* Sonnenschirm

parecer [pare'θer] <parece, ha parecido> aussehen, scheinen

pareja [pa'recha] *f. (zwei Menschen, die zusammengehören)* Paar

parlamento [parla'mento] *m.* Parlament

parque ['parke] *m.* Park

ⓛ**parquear** [parke'ar] <parqueo, he parqueado> parken

parte ['parte] *f. (Anteil, Teil eines Ganzen)* Teil

partido [par'tiđo] *m. (in der Politik)* Partei, *(Sport)* Spiel

♂ **pasado** [pa'sađo], ♀ **pasada** *(Milch, Fleisch)* schlecht, *(Periode)* vorbei **pasado mañana** [pa'sađo ma'ɲnjana] übermorgen

pasaporte [pasa'porte] *m.* (Reise)pass

paseo [pa'seo] *m.* Spaziergang

pasta ['pasta] *f.* Nudeln

pastel [pas'tel] *m.* Kuchen

pastelería [pastele'ria] *f.* Konditorei

pata ['pata] *f. (Tier)* Bein

patata [pa'tata] *f.* Kartoffel

pausa ['pausa] *f.* Pause

peaje [pe'ache] *m.* Autobahngebühr

peatón [pea'ton] *m.*, **peatona** [pea'tona] *f.* Fussgänger, Fussgängerin

pecho ['petscho] *m.* Brust

pedal [pe'đal] *m.* Pedal

pedir [pe'đir] <pido, he pedido> bestellen, bitten

pegar [pe'gar] <pego, he pegado> (an)kleben, zusammenheften, schlagen, verprügeln

peinar [pei'nar] <peino, he peinado> kämmen

peine ['peine] *m.* Kamm

ⓛ**peinilla** [pei'nija] *f.* Kamm

película [pe'likula] *f.* Film

pelo ['pelo] *m.* Haar

pelota [pe'lota] *f.* Ball

peluquero [pelu'kero] *m.*, **peluquera** [pelu'kera] *f.* Friseur, Friseurin

pendiente [pen'diente] *m.* Ohrring

pene ['pene] *m.* Penis

pensar [pen'sar] <pienso, he pensado> denken

pensión [pen'sion] *f. (für Gäste)* Pension **media pensión** ['međia pen'sion] Halbpension **pensión completa** [pen'sion kom'pleta] Vollpension

pepinillo [pepiˈniχo] *m. (klein und eingemacht)* (Essig)gurke
pepino [peˈpino] *m.* Gurke
♂ **pequeño** [peˈkeɲo], ♀ **pequeña** [peˈkeɲa] klein
pera [ˈpera] *f.* Birne
percha [ˈpertʃa] *f.* Kleiderbügel
perder [perˈðer] <pierdo, he perdido> verlieren
perfume [perˈfume] *m.* Parfum
periódico [peˈrioðiko] *m.* Zeitung
permanecer [permaneˈθer] <permanezco, he permanecido> bleiben
permitir [permiˈtir] <permito, he permitido> erlauben
pero [ˈpero] aber
perro [ˈperro] *m.* Hund
pertenecer [perteneˈθer] <pertenezco, he pertenecido> gehören
♂ **pesado** [peˈsaðo], ♀ **pesada** [peˈsaða] *(Gewicht)* schwer
pescado [pesˈkaðo] *m.* Fisch
peso [ˈpeso] *m.* Gewicht
petición [petiˈθion] *f.* Bitte
♂♀ **picante** [piˈkante] scharf, pikant
picar [piˈkar] <pico, he picado> stechen, jucken
picor [piˈkor] *m.* Jucken
pie [pie] *m.* Fuß
piedra [ˈpieðra] *f.* Stein
piel [piel] *f.* Leder
pierna [ˈpierna] *f.* Bein
pieza [ˈpieθa] *f.* Stück, Teil, Ersatzteil
pijama [piˈtʃama] *m.* Schlafanzug
pila [ˈpila] *f.* Batterie
píldora [ˈpilðora] *f.* Pille

pimienta [piˈmienta] *f.* Pfeffer
pinchar [pinˈtʃar] <pincho, he pinchado> stechen, eine Spritze geben
ping pong [ping pong] *m.* Tischtennis
piojos [ˈpioxos] *m. Pl.* Läuse
pipa [ˈpipa] *f.* Pfeife
piscina [pisˈθina] *f.* Schwimmbad
piscina hinchable [pisˈθina inˈtʃable] Plantschbecken piscina infantil [pisˈθina infanˈtil] Kinderbecken
piso [ˈpiso] *m.* Etage, Wohnung
piso bajo [ˈpiso ˈbacho] Untergeschoss
pizza [ˈpiθa] *f.* Pizza
plan [plan] *m.* Plan
plancha [ˈplantʃa] *f.* Bügeleisen
plano [ˈplano] *m.* Karte, Plan
♂ **plano** [ˈplano], ♀ **plana** [ˈplano] flach, eben
planta [ˈplanta] *f.* Pflanze, Stock(werk) planta baja [ˈplanta ˈbacha] Erdgeschoss
plástico [ˈplastiko] *m.* Plastik
plata [ˈplata] *f.* Silber
plátano [ˈplatano] *m.* Banane
platillo [plaˈtijo] *m.* Untertasse
plato [ˈplato] *m.* Teller, Gericht
plato precocinado [ˈplato prekoθiˈnaðo] Fertiggericht plato principal [ˈplato prinθiˈpal] Hauptspeise
playa [ˈplaja] *f.* Strand
plaza [ˈplaθa] *f. (verfügbarer Raum, in Straßenbezeichnungen, vor Gebäuden)* Platz

plazo [ˈplaθo] *m.* Termin
plomo [ˈplomo] *m.* Blei sin plomo [sin ˈplomo] bleifrei
♂♀ **pobre** [ˈpoβre] arm
♂ **poco** [ˈpoko], ♀ **poca** [ˈpoka] wenig
poder [poˈðer] <puedo, he podido> dürfen, können
♂ **podrido** [poˈðriðo], ♀ **podrida** [poˈðriða] faulig, verfault, verdorben
polen [ˈpolen] *m.* Pollen
policía [poliˈθia] *f.* Polizei
pollo [ˈpojo] *m.* Hähnchen, Huhn
pomelo [poˈmelo] *m.* Grapefruit
poner [poˈner] <pongo, he puesto> stellen, legen, setzen poner con [poˈner kon] verbinden mit
por [por] durch, wegen, für, um por ciento [por ˈθiento] Prozent ¿por qué? [por ke] warum?
porque [ˈporke] weil
portal [porˈtal] *m. (Eingang)* Tor
portería [porteˈria] *f. (beim Fußball)* Tor
posible [poˈsiβle] möglich
posición [posiˈθion] *f.* Position, Stellung, Stelle
postal [posˈtal] *f.* Postkarte
postre [ˈpostre] *m.* Nachspeise
pradera [praˈðera] *f.* Wiese
precaución [prekauˈθion] *f.* Vorsicht con precaución [kon prekauˈθion] vorsichtig
precio [ˈpreθio] *m. (einer Ware)* Preis
preferir [prefeˈrir] <prefiero, he preferido> vorziehen

pregunta [preˈgunta] *f.* Frage
preguntar [pregunˈtar] <pregunto, he preguntado> fragen
preservativo [preserβaˈtiβo] *m.* Präservativ
primavera [primaˈβera] *f.* Frühling
♂ **primero** [priˈmero], ♀ **primera** [priˈmera] erste
♂ **primo** [ˈprimo], ♀ **prima** [ˈprima] Cousin, Cousine
principio [prinˈθipio] *m.* Anfang
prismáticos [prisˈmatikos] *m. Pl.* Fernglas
probar [proˈβar] <pruebo, he probado> probieren
problema [proˈβlema] *m.* Problem
producto [proˈðukto] *m.* Produkt productos lácteos [proˈðuktos ˈlakteos] Milchprodukte
profesión [profeˈsion] *f.* Beruf
programa [proˈgrama] *m.* Programm
♂ **prohibido** [proiˈβiðo], ♀ **prohibida** [proiˈβiða] verboten
prometido [promeˈtiðo] *m.,* **prometida** [promeˈtiða] *f.* Verlobter, Verlobte
pronto [ˈpronto] prompt, schnell, bald más pronto [mas ˈpronto] früher
♂ **pronunciado** [pronunˈθiaðo], ♀ **pronunciada** [pronunˈθiaða] ausgeprägt
propina [proˈpina] *f.* Trinkgeld
♂ **propio** [ˈpropio], ♀ **propia** [ˈpropia] eigener, eigene
proteger [proteˈcher] <protejo, he protegido> schützen

protestar [protes'tar] <protesto, he protestado> protestieren

♂ **público** ['puβliko], ♀ **pública** ['puβlika] öffentlich

pueblo ['pueβlo] *m.* Dorf, Volk

puerro ['puerro] *m.* Lauch

puerta ['puerta] *f.* Tür

puesto ['puesto] *m.* Stelle, Anstellung *(weil)* puesto que ['puesto ke] da

pulgar [pul'gar] *m.* Daumen

ⓁⒸ**pullover** [pu'loβer] *m.* Pullover

pulmón [pul'mon] *m.* Lunge

pulsar [pul'sar] <pulso, he pulsado> *(Knopf)* drücken

punto ['punto] *m.* Punkt

puntual [pun'tual] pünktlich

puro ['puro] *m.* Zigarre

♂ **puro** ['puro], ♀ **pura** ['pura] rein, pur

Q

que [ke] als, dass, *(reflexiv)* der, die, das, was

qué [ke] was

quedar [ke'ðar] <quedo, he quedado> (ver)bleiben

queja ['kecha] *f.* Beschwerde

queso ['keso] *m.* Käse

quien ['kien] wer

quiosco ['kiosko] *m.* Kiosk

quizá [ki'θa] vielleicht

R

rabia ['rraβia] *f.* Tollwut

radio ['rraðio] *f.* Radio

rápidamente ['rapiðamente] schnell

♂ **rápido** ['rrapiðo], ♀ **rápida** ['rapiða] schnell

raqueta [rra'keta] *f. (für Tennis, Federball)* Schläger

♂ **raro** ['rraro], ♀ **rara** ['rrara] selten, seltsam

rata ['rrata] *f.* Ratte

ratón [rra'ton] *m.* Maus

raya ['rraja] *f.* Streifen, Linie, Strich

♂ ♀ **realista** [rrea'lista] realistisch

receta [rre'θeta] *f.* Rezept

recibir [reθi'βir] <recibo, he recibido> bekommen

recibo [rre'θiβo] *m.* Quittung

reciclar [rreθi'klar] <reciclo, he reciclado> recyceln

recoger [reko'cher] <recojo, he recogido> abholen

recomendar [rekomen'dar] <recomiendo, he recomendado> empfehlen

♂ **recto** ['rekto], ♀ **recta** ['rekta] gerade todo recto ['todo 'rekto] geradeaus

recuerdo [rre'kuerðo] *m.* Souvenir

red [rreð] *f.* Netz red de metro [rreð de 'metro] U-Bahnnetz red de ferrocarril [rreð de ferroka'rril] Eisenbahnnetz

♂ **redondo** [rre'ðondo], ♀ **redonda** [rre'ðonda] rund

refrescar [rrefres'kar] <refresco, he refrescado> (ab)kühlen, erfrischen

refresco [rre'fresko] *m.* Erfrischungsgetränk

regalo [rre'galo] *m.* Geschenk

regresar [rregre'sar] <regreso, he regresado> zurückkehren
reír [rre'ir] <río, he reído> lachen
religión [rreli'chion] f. Religion
rellenar [rreje'nar] <relleno, he rellenado> ausfüllen
reloj [rre'loch] m. Uhr
remitente [remi'tente] m./f. Absender, Absenderin
remo ['rremo] m. Ruder
reparación [rrepara'θion] f. Reparatur
reparar [rrepa'rar] <reparo, he reparado> reparieren
resaca [re'saka] f. Brandung **tener resaca** [te'ner re'saka] <tengo, he tenido> einen Kater haben
resbalar [rresba'lar] <resbalo, he resbalado> *(ausrutschen, auf einer Rutsche, abrutschen)* rutschen
reserva [rre'serba] f. Buchung, Reservierung, Reservat, Naturpark
reservar [rreser'bar] <reservo, he reservado> buchen, reservieren
responder [respon'der] <respondo, he respondido> antworten
respuesta [res'puesta] f. Antwort
restaurante [rrestau'rante] m. Restaurant
retener [rete'ner] <retengo, he retenido> behalten, zurückhalten
revisor [rrebi'sor] m., **revisora** [rrebi'sora] f. Schaffner, Schaffnerin
revista [rre'bista] f. Zeitschrift

♂ **rico** ['rriko], ♀ **rica** ['rrika] lecker, reich
rienda [rri'enda] f. Zügel
río ['rrio] m. Fluss
rizo ['rriθo] m. Locke
robar [rro'bar] <robo, he robado> rauben, stehlen
roca ['rroka] f. Fels
rodilla [rro'dija] f. Knie
♂ **rojo** ['rrocho], ♀ **roja** ['rrocha] rot
♂ **romántico** [rro'mantiko], ♀ **romántica** [rro'mantika] romantisch
ropa ['rropa] f. Kleidung
rosa ['rrosa] f. Rose
♂♀ **rosa** ['rrosa] rosa
rosado [rro'sado] Rosé
♂ **roto** ['rroto], ♀ **rota** ['rrota] kaputt
rueda ['rrueda] f. *(Scheibe als Teil eines Mechanismus, Fahrrad)* Rad
♂ **ruidoso** [rrui'doso], ♀ **ruidosa** [rrui'dosa] *(unangenehm)* laut
ruina ['rruina] f. Ruine
ruta ['rruta] f. Route

S

sábado ['sabado] m. Samstag
sábana ['sabana] f. Bettlaken
saber [sa'ber] <sé, he sabido> kennen, können, wissen, schmecken **algo sabe a algo** ['algo 'sa'be a 'algo] etw. schmeckt nach etw.
sacacorchos [saka'kortschos] m. Korkenzieher
sacapuntas [saka'puntas] m. Anspitzer

sacar [sa'kar] (heraus)nehmen, ausreißen
sacarina [saka'rina] *f.* Süßstoff
saco ['sako] *m.* Sack saco de dormir ['sako de dor'mir] Schlafsack
sal [sal] *f.* Salz
♂ **salado** [sa'laðo], ♀ **salada** [sa'laða] salzig
salchicha [sal'tschitscha] *f.* Wurst
salida [sa'liða] *f.* Ausgang, Ausfahrt, Abfahrt, Abflug
salir [sa'lir] <salgo, he salido> abfahren, abreisen
salsa ['salsa] *f.* Soße
saltar [sal'tar] <salto, he saltado> springen
salud [sa'luð] *f.* Gesundheit ¡Salud! [sa'luð] Prost!
saludar [salu'ðar] <saludo, he saludado> grüßen
saludo [sa'luðo] *m.* Gruß
salvar [sal'βar] <salvo, he salvado> retten
salvaslip [salβa'slip] *m.* Slipeinlage
sandalia [san'dalia] *f.* Sandale
sangre ['sangre] *f.* Blut
♂ **sano** ['sano], ♀ **sana** ['sana] gesund
sarampión [saram'pion] *m.* Masern
sartén [sar'ten] *f.* Pfanne
♂ **satisfecho** [satis'fetscho], ♀ **satisfecha** [satis'fetscha] zufrieden
sauna ['sauna] *f.* Sauna
se [se] man, sich, ihm, ihr, ihnen, Ihnen
secadora [seka'ðora] *f.* Wäschetrockner

secar [se'kar] <seco, he secado> trocknen
sed [seð] *f.* Durst
seda ['seða] *f.* Seide
segundo [se'gundo] Sekunde
seguro [se'guro] *m.* Versicherung
♂ **seguro** [se'guro], ♀ **segura** [se'gura] sicher
sello ['sejo] *m.* Briefmarke
semáforo [se'maforo] *m.* Ampel
semana [se'mana] *f.* Woche
sentarse [sen'tarse] <me siento, me he sentado> sitzen
señal [se'ɲjal] *f.* Zeichen, Merkmal
señor [se'ɲjor] *m.*, **señora** [se'ɲjora] *f.* Herr, Frau, Dame
señorita [seɲjo'rita] *f.* Frau, Fräulein
septiembre [sep'tiembre] *m.* September
ser [ser] *m.* Wesen ser humano [ser u'mano] Mensch
ser [ser] <soy, he sido> sein
serpiente [ser'piente] *f.* Schlange
servicio [ser'βiθio] *m.* Service, Toilette
servilleta [serβi'jeta] *f.* Serviette
seta ['seta] *f.* Pilz
sexo ['sexo] *m.* Sex
si [si] wenn, falls, ob
sí [si] ja, sich
sida ['siða] *m.* Aids
siempre ['siempre] immer
sierra ['sierra] *f.* Gebirge, Säge
significar [signifi'kar] <significo, he significado> bedeuten
♂♀ **siguiente** [si'giente] nächster, nächste, nächstes

silbato [sil'bato] *m. (zum Rauchen, zum Pfeifen)* Pfeife
silla ['sija] *f.* Stuhl **silla de montar** ['sija de mon'tar] Sattel
sillín [si'jin] *m.* Sattel
sillón [si'jon] *m.* Sessel
sin [sin] ohne
sobre ['sobre] über, auf
sobredosis [sobre'dosis] *f.* Überdosis
socio ['soθio] *m.*, **socia** ['soθia] *f.* Partner, Partnerin
sofá [so'fa] *m.* Sofa
soja ['socha] *f.* Sojabohne
sol [sol] *m.* Sonne
soldado [sol'daðo] *m./f.* Soldat, Soldatin
♂ **soleado** [sole'aðo], ♀ **soleada** [sole'aða] sonnig
solicitud [soliθi'tuð] *f.* Antrag
♂ **solo** ['solo], ♀ **sola** ['sola] allein
sólo ['solo] nur
♂ **soltero** [sol'tero], ♀ **soltera** [sol'tera] ledig
solución [solu'θion] *f.* Lösung
sonreír [sonrre'ir] <sonrío, he sonreído> lächeln
sopa ['sopa] *f.* Suppe
♂ **sordo** ['sorðo], ♀ **sorda** ['sorða] taub
sorprender [sorpren'der] <sorprendo, he sorprendido> überraschen
sótano ['sotano] *m.* Keller
su [su] *(Possessivartikel: Singular)* ihr(e), sein(e), *(Höflichkeitsform)* Ihr(e)
♂♀ **suave** ['suaβe] mild

subir [su'βir] <subo, he subido> einsteigen
suburbio [su'βurβio] *m.* Vorort
♂ **sucio** ['suθio], ♀ **sucia** ['suθia] schmutzig
sudar [su'dar] <sudo, he sudado> schwitzen
suegro ['suegro] *m.*, **suegra** ['suegra] *f.* Schwiegervater, Schwiegermutter
suerte ['suerte] *f.* Glück, Glücksfall
Suiza [su'iθa] *f.* Schweiz
suizo [su'iθo] *m.*, **suiza** [su'iθa] *f.* Schweizer, Schweizerin
♂ **suizo** [su'iθo], ♀ **suiza** [su'iθa] Schweizer
sujetador [suchetaðor] *m.* Büstenhalter
sujetar [suche'tar] <sujeto, he sujetado> halten
sumar [su'mar] addieren
supermercado [supermer'kaðo] *m.* Supermarkt
sur [sur] *m.* Süden

T

tabaco [ta'βako] *m.* Tabak
tábano ['taβano] *m. (Stechfliege)* Bremse
⏱ **tajalápiz** [tacha'lapi'θ] *m.* Anspitzer
tamaño [ta'maɲjo] *m.* Größe
también [tam'bien] auch
tampón [tam'pon] *m.* Tampon
tan [tan] so
tanga ['tanga] *m./f.* Tanga
taquilla [ta'kija] *f.* Schließfach
tarde ['tarðe] *f.* Abend

tarde ['tarðe] spät **más tarde** [mas 'tarðe] später
tarjeta [tar'cheta] *f.* Karte **tarjeta eurocheque** [tar'cheta eʲuro'tscheke] Scheckkarte, EC-Karte
tarta ['tarta] *f.* Torte
taxi ['taxi] *m.* Taxi
taxista [ta'xista] *m./f.* Taxifahrer, Taxifahrerin
taza ['taθa] *f.* Tasse
té [te] *m.* Tee
te [te] dir, dich
teatro [te'atro] *m.* Theater
teclado [te'klaðo] *m.* Tastatur
técnica ['teknika] *f.* Technik
tejado [te'chaðo] *m.* Dach
teléfono [te'lefono] *m.* Telefon
telesquí [tele'ski] *m.* Skilift
televisión [teleβi'sion] *f.* Fernsehen
templo ['templo] *m.* Tempel
tenazas [te'naθas] *f. Pl.* Zange
tenedor [tene'ðor] *m.* Gabel
tener [te'ner] <tengo, he tenido> haben **tener que** [te'ner ke] müssen
tercio ['terθio] *m.* Drittel
♂ **terminado** [termi'naðo], ♀ **terminada** [termi'naða] fertig, beendet
terraza [te'rraθa] *f.* Terrasse
tétanos ['tetanos] *m.* Tetanus
tetina [te'tina] *f. (für Babyfläschchen)* Sauger
ti [ti] dir **a ti** [a ti] dich
tiempo ['tiempo] *m.* Zeit **tiempo libre** ['tiempo 'liβre] Freizeit

tiempo parcial ['tiempo par'θial] Teilzeit
tienda ['tienða] *f.* Laden **tienda de campaña** ['tienða de kampa|nja] Zelt
♂ **tierno** ['tierno], ♀ **tierna** ['tierna] zart
tierra ['tierra] *f.* Erde **tierra firme** ['tierra 'firme] Festland
tijera [ti'chera] *f.* Schere
♂ **tímido** ['timiðo], ♀ **tímida** ['timiða] schüchtern
tintorería [tintore|ria] *f.* Reinigung
tío ['tio] *m.*, **tía** ['tia] *f.* Onkel, Tante
tira ['tira] *f.* Streifen, Lasche
tirita [ti'rita] *f.* (Heft)pflaster
título ['titulo] *m.* Titel
toalla [to'aja] *f.* Handtuch
tocar [to'kar] <toco, he tocado> *(Musik)* spielen
tocino [to'θino] *m.* Speck
todavía [toða'βia] noch
♂ **todos** ['toðos], ♀ **todas** ['toðas] alle, jeder
tofu ['tofu] *m.* Tofu
tomar [to'mar] <tomo, he tomado> nehmen
tomate [to'mate] *m.* Tomate
tormenta [tor'menta] *f.* Sturm
Ⓛ **toronja** [to'roncha] *f.* Grapefruit
torre ['torre] *f.* Turm
Ⓛ **torta** ['torta] *f.* Kuchen
tos [tos] *f.* Husten
toser [to'ser] <toso, he tosido> husten
trabajar [traβa'char] <trabajo, he trabajado> arbeiten
trabajo [tra'βacho] *m.* Arbeit

traer [tra'er] <traigo, he traído> bringen, mitbringen
tráfico ['trafiko] *m.* Verkehr
traje ['trache] *m.* Anzug
♂ **tranquilo** [tran'kilo], ♀ **tranquila** [tran'kila] ruhig
transferencia [transfe'renθia] *f.* Überweisung
transferir [transfe'rir] <transfiero, he transferido> überweisen
transporte [trans'porte] *m.* Transport
tranvía [tran'bia] *m.* Straßenbahn
trayecto [tra'jekto] *m.* Strecke, Weg, Fahrt
tren [tren] *m.* Zug, *(Institution)* Bahn
trimestre [tri'mestre] *m.* Vierteljahr, Trimester
trona ['trona] *f.* Hochstuhl
trozo ['troθo] *m.* Stück
tu [tu] dein, deine
tú [tu] du

U

♂ **último** ['ultimo], ♀ **última** ['ultima] letzter, letzte, letztes
un [un] *(vor Vokalen)* ein, eine
unidad [uni'ðað] *f. (Scheibe)* Stück
universidad [unibersi'ðað] *f.* Universität
♂ **uno** ['uno], ♀ **una** ['una] *(ich, wir)* man, *(vor Substantiven)* ein, eine
uña ['ulŋa] *f.* Nagel
♂♀ **urgente** [ur'chente] dringend, eilig
usted [us'teð] *(Singular)* Sie
ustedes [us'teðes] *(Plural)* Sie
uva ['uba] *f.* Traube

V

vacaciones [baka'θiones] *f. Pl.* Ferien, Urlaub
♂ **vacío** [ba'θio], ♀ **vacía** [ba'θia] leer
vacunar [baku'nar] <vacuno, he vacunado> impfen
vagina [ba'china] *f.* Vagina
vagón restaurante [ba'gon restau'rante] *m.* Speisewagen
♂ **válido** ['baliðo], ♀ **válida** ['baliða] gültig
♂♀ **valiente** [ba'liente] mutig, tapfer
♂ **valioso** [ba'lioso], ♀ **valiosa** [ba'liosa] wertvoll
valle ['baje] *m.* Tal
vaqueros [ba'keros] *m. Pl.* Jeans
vaso ['baso] *m.* Glas
vegetariano [becheta'riano] *m.*, **vegetariana** [becheta'riana] *f.* Vegetarier, Vegetarierin
♂ **vegetariano** [becheta'riano], ♀ **vegetariana** [becheta'riana] vegetarisch
vejiga [be'chiga] *f. (Organ)* Blase
velódromo [be'loðromo] *m. (für Fahrad)* Rennbahn
vendar [ben'ðar] <vendo, he vendado> *(mit Verbandszeug)* verbinden
venir [be'nir] <vengo, he venido> *(ankommen)* kommen
ventana [ben'tana] *f.* Fenster

♂ **ventoso** [ben'toso], ♀ **ventosa** [ben'tosa] windig
ver [ber] <veo, he visto> sehen
verano [be'rano] *m.* Sommer
verdad [ber'ðað] *f.* Wahrheit
♂♀ **verde** ['berðe] grün
verdura [ber'ðura] *f.* Gemüse
vestido [bes'tiðo] *m.* Kleid
vez [beθ] *f.* Mal a veces [a 'beθes] manchmal *(ungewöhnlich, nicht oft)* rara vez ['rrara beθ] selten una vez ['una beθ] einmal
vía ['bia] *f.* Weg, Straße, Gleis, Schiene
vía ['bia] via, über
viajar [bia'char] <viajo, he viajado> reisen
viaje [bi'ache] *m. (im Auto, Motorrad, Strecke)* Fahrt, Reise
vid [bið] *f.* Rebe
vida ['biða] *f.* Leben
♂ **viejo** ['biecho], ♀ **vieja** ['biecha] alt
viento ['biento] *m.* Wind
viernes ['biernes] *m.* Freitag
vinagre [bi'nagre] *m.* Essig
vino ['bino] *m.* Wein vino blanco ['bino 'blanko] Weißwein vino tinto ['bino 'tinto] Rotwein
violar [bio'lar] <violo, he violado> vergewaltigen
visado [bi'saðo] *m.* Visum
visita [bi'sita] *f.* Besuch, Besichtigung
visitar [bisi'tar] <visito, he visitado> besuchen

♂ **viudo** ['biuðo], ♀ **viuda** ['biuða] verwitwet
vivir [bi'bir] <vivo, he vivido> leben, wohnen
volante [bo'lante] *m.* Steuerrad
volar [bo'lar] <vuelo, he volado> fliegen
♂ **vosotros** [bo'sotros], ♀ **vosotras** [bo'sotras] *(Personalpronomen)* ihr
voz [boθ] *f.* Stimme
vuelo ['buelo] *m.* Flug vuelo directo ['buelo di'rekto] Direktflug
♂ **vuestro** ['buestro], ♀ **vuestra** ['buestra] euer, eure
vuelta ['buelta] *f.* Rückreise de vuelta [de 'buelta] zurück

W

wáter ['bater] *m.* Toilette

Y

y [i] und
ya [ja] schon
yo [jo] ich
yogur [jo'gur] *m.* Jogurt

Z

zanahoria [θana'oria] *f.* Karotte
zapatería [θapate'ria] *f.* Schuhgeschäft
zapatero [θapa'tero] *m.*, **zapatera** [θapa'tera] *f.* Schuster, Schusterin
zapato [θa'pato] *m.* Schuh
zona ['θona] *f.* Zone, Gegend
zumo ['θumo] *m.* Saft

Alles gepackt?

Gesundheit

Verbandszeug
Blasenpflaster
Tabletten (Schmerztabletten, Kohletabletten ...)
Andere wichtige Medikamente
Sonnenschutzmittel
Insektenschutzmittel
Ersatzbrille
Kontaktlinsen, Linsenflüssigkeit usw.
Sonnenbrille
Ohrstöpsel

Dokumente

Ausweise (Reisepass, intern. Führerschein, Visum)
Grüne Versicherungskarte
Auslandsreiseversicherung
Geld in der Landeswährung
Kreditkarte, Debitkarte

Elektronik

Handy
PDA
Fotoapparat, SD-Karte, Akku (Ladekabel, Ersatz SD-Karte, Ersatzakku)
Rasierapparat
Ladegeräte, Kabel und Adapter für alle elektronischen Geräte

Reiseinformationen

Hueber Sprachführer
Landkarten
Reiseführer

Wichtige Adressen
Wichtige Telefonnummern (z. B. die Hotline des Kreditkarteninstituts für Notfälle)
Schreibzeug
Reiseliteratur (Buch, Zeitung)

Körperpflege

Handtücher, Waschlappen
Shampoo
Conditioner
Seife
Spiegel
Rasierwasser
Rasierschaum
Rasierer und Klingen
Kamm, Haarbürste, Haargummis
Badeschlappen
Gesichts- und Körpercreme
Nagelschere, Nagelfeile
Zahnbürste, Zahnpasta
Reinigungstabletten
Tampons, Binden
Wattestäbchen
Toilettenpapier
Taschentücher

Kleidung

Jacke,
Mantel
Handschuhe
Halstuch, Schal
Pullover
T-Shirts
Hemden
Lange Hosen, kurze Hosen
Kleider
Röcke

Blusen
Sportkleidung
Unterwäsche (Unterhosen, Unterhemden, BHs)
Badehose, Badeanzug
Sonnenhut
Regenbekleidung
Schuhe (Sportschuhe, Wanderschuhe)

Fürs Zelten

Zelt
Heringe
Plane
Hammer
Spaten
Zeltlampe
Taschenlampe
Schlafsack
Isomatte
Strandmatte
Klappstuhl
Geschirr
Holzbrett
Besteck
Scharfes Messer
Regenschirm
Essgeschirr
Spülmittel
Geschirrtücher
Topfset
Gaskocher
Gaspatronen
Feuerzeug

Sonstiges

Regenschirm
Reisewaschmittel

Zahlen
Números

Q01	0	cero [ˈθero]
Q02	1	uno [ˈuno]
Q03	2	dos [dos]
Q04	3	tres [tres]
Q05	4	cuatro [ˈku̯atro]
Q06	5	cinco [ˈθinko]
Q07	6	seis [ˈse̯is]
Q08	7	siete [ˈsi̯ete]
Q09	8	ocho [ˈotscho]
Q10	9	nueve [ˈnu̯eβe]
Q11	10	diez [ˈdi̯eθ]
Q12	11	once [ˈonθe]
Q13	12	doce [ˈdoθe]
Q14	13	trece [ˈtreθe]
Q15	14	catorce [kaˈtorθe]
Q16	15	quince [ˈkinθe]
Q17	16	dieciséis [di̯eθiˈse̯is]
Q18	17	diecisiete [di̯eθiˈsi̯ete]
Q19	18	dieciocho [di̯eθiˈotscho]
Q20	19	diecinueve [di̯eθinu̯eβe]
Q21	20	veinte [ˈbe̯inte]
Q22	21	veintiuno [be̯intiˈuno]
Q23	22	veintidós [be̯intiˈdos]
Q24	23	veintitrés [be̯intiˈtres]
Q25	24	veinticuatro [be̯intiˈku̯atro]
Q26	25	veinticinco [be̯intiˈθinko]